シリーズ

社会学のアクチュアリティ：批判と創造　8

都市社会とリスク

Urban Society and the Risk

豊かな生活をもとめて

藤田弘夫・浦野正樹［編］
Fujita Hiro　Urano Masaki

東信堂

シリーズ
社会学のアクチュアリティ：批判と創造
企画フェロー

武川 正吾（東京大学教授）
友枝 敏雄（九州大学教授）
西原 和久（名古屋大学教授）
藤田 弘夫（慶應義塾大学教授）
山田 昌弘（東京学芸大学教授）
吉原 直樹（東北大学教授）
（五〇音順）

はしがき

今では豊かな生活を享受することが当たり前のようになっている。巷には欲望をそそるさまざまな商品で満ち溢れている。先進国では普通の人たちが、かつてはごくわずかな王侯、貴族、宗教者、大商人だけが享受できたような贅をつくした生活を営んでいる。そうした生活を生み出したのが、都市である。都市は豊かな生活を実現する舞台となってきた。しかし都市の活動を維持することは、簡単なことではない。都市での生活は日々の飲食の確保はいうにおよばず、ペスト、赤痢、インフルエンザ、コレラ、結核などの感染症の蔓延、火事・水害・地震などのリスクにさらされることを意味した。経済発展は裏面でこれらのリスクを克服する過程でもあった。このため都市はさまざまな科学や技術を発達させてきた。現代社会はこれらの活動を担う精緻な組織なくしてありえない。

社会はさまざまな姿を隠し持っている。権力関係が網の目のように張りめぐらされた現代社会は一面で、人びとが買いだめに走っただけでも崩壊する脆さをもった社会である。その社会はまた、途上国の農村に餓死者を出させてでも食糧を調達してくる強靭さをもつ社会である。その拠点をなす都市には、さまざまな軋轢や摩擦が日常化している。こうしたなかで、人間の豊かさの追求は大量の廃棄物、大気の汚染、自然の破壊、地球の温暖化など、これまで経験したことのない問題を突きつけるにいたっている。

近代ヨーロッパで発展した経営の概念は、社会のあり方を大きく変えた。経営の概念の発展は人類のさまざまな可能性を実現させた。現代の豊かな生活を陰で支えているものこそ、経営である。社会に張りめぐらされた経営組織から豊かな社会を分析する(第1章)。人びとの豊かな生活への希求は強いものであった。農村から都市に集まった下層階級は不況や戦争にもかかわらず、一貫して豊かな生活を実現しようとしてきた。そのなかで、中流社会を生み出したのである。そしてついには、中流社会を実現させた近代家族すら否定しかけているのである(第2章)。日本は豊かな生活を実現させた。戦後の経済の高度成長のなかでの各種の家庭電化製品や自動車など耐久消費財の普及は、それまでの生活を一変させた。豊かな生活は何よりも高度な消費のなかで営まれている。ここでは、現在この道を歩んでいるベトナムとの対比のなかで語られる(第3章)。

生活の基本は衣食住だといわれる。日本はこのうち衣と食に関しては世界の最高水準にあることは間違いないだろう。しかし住宅に関しては、かつてウサギ小屋といわれたほど貧しい。なぜ、日本は良好な住宅環境を生み出せなかったのだろうか。ここでは、日本における公共性のあり方に焦点を当てながら、まちづくりと都市計画を論じる(第4章)。日本の都市の建設は激しいスクラップ・アンド・ビルドを繰り返してきた。そのなかで、歴史のなかで形成されてきた街なみすら、経済効率のもとスクラップの対象としている。その結果、日本の街なみは雑然とした愛着のもちにくいものとなっている。しかしそうしたなかでも、伝統的な街なみの保存と新しい都市の建設と調和が模索されている(第5章)。

消費社会はその一方で、深刻なゴミ問題を生み出している。豊かな社会は膨大な廃棄物を生み出している。さらに、大気汚染、土壌汚染、水質汚濁、地球の温暖化などが急速に進んでいる。今日、人類が生きていくためには、循環社会の建設が避けて通れない問題となっている(第6章)。都市は豊かな生活ばかりではない。都市にはつねに繁栄にあずかれない貧しい人びとがいる。ここでは、豊かな社会の隠された側面を、ホームレスの生活を通じて明らかにしていくこととする(第7章)。

人間の密集する都市はさまざまなリスクの上に成り立っている。地震、火災、洪水などは人びとの生活を脅かしてきた。このため都市は戦争に際して、放火されたり爆撃されたりしたのである。都市生活は火災にとどまらず、地震などさまざまな災害と背中合わせである。都市社会に潜むさまざまなリスクを阪神大震災に言及しながら明らかにしていく(第8章)。豊かな社会を実現させた日本も、経済危機が叫ばれて久しい。こうしたなかで、日本は未曾有の高齢化社会を迎えようとしている。終章では、各論文を都市社会とリスクの関係に言及しながらもう一度振り返るとともに、社会発展の新たな道を模索する。

編者記

目　次／都市社会とリスク——豊かな生活をもとめて

都市社会とリスク——豊かな生活をもとめて

序章　都市と社会の論理
——批判の営みとしての社会学と主体への問い——

藤田　弘夫

1　豊かさのなかの都市

(1)九・一一事件と二一世紀

二〇〇一年九月一一日のニューヨークでの事件は二一世紀最初の大事件となった。アメリカのシンボルである世界貿易センター・ビルは旅客機の突入で燃え上がった。巨大な垂直にそそり立つツインタワーの相次ぐ崩壊は、新しい対立の到来を暗示する大惨事となった。

米ソは過去半世紀にわたって、ことごとく対立してきた。戦後の世界を秩序づけてきたのが東西の対立による冷戦構造であった。アメリカはソヴィエトの崩壊後、パックス・アメリカーナのもと世界の一極支配を進めていた。そのアメリカに新たな挑戦者が現れた。テロ集団は何の予告もなしに世界貿易センター・ビル、ホワイトハウス、ペンタゴンというアメリカの心臓部にいきなり攻撃を仕掛けたのである。

古来、都市にはシンボルとなる高い建物がある。それは教会、モスク、寺院などの宗教施設か王宮や議事堂などの政治施設であった。しかし二〇世紀には、そのいずれでもない高層ビルがアメリカで出現する。高層ビルは富と繁栄のシンボルである。ニューヨークの摩天楼はアメリカ資本主義の経済的繁栄の象徴である。高層ビルは経済的繁栄を象徴するものとなっている。このため近代化にともなって、高層ビルは世界中に広がっていった。大都市ともなれば、どこの国にも高層ビルが林立している。貧しき発展途上国にも、きらびやかな高層ビル群がある。しかしながら、世界には経済的繁栄に預かれない多くの人がいる。資本主義の発展はさまざまな問題を生み出している。

世界には豊かさと貧しさとが混在している。九・一一事件は東西対立の解消後、二〇世紀の間に解決されないで残っている問題があるばかりか、二一世紀の世界に新たな問題が提起されていることを改めて知らせることとなった。テロ集団はニューヨークとワシントンという世界を秩序づけている二つの都市を標的としたのである。とくに世界貿易センター・ビルは資本主義の繁栄を象徴するものとなっていた。

(2) 飽食と飢餓の世界

ニューヨーク、ワシントン、ロンドン、パリ、ベルリン、シンガポール、北京、上海、東京などの都市は世界の秩序を生み出す拠点となっている。とくにニューヨークは世界経済の動向を左右する司令塔ともなっている。大都市は人間の活動の中心地となっている。そこには、ありとあらゆるものが集まっている。

今日ほど多くの人たちが豊かな生活をしている時代もないだろう。先進国では、ごく普通の人たちが、かつての王侯貴族や大商人のような贅沢な食事を享受している。そして、飽食のなかで肥満が進行している。現在、アメリカの成人の約六〇%、ヨーロッパ全体の約五〇%が肥満に分類されるといわれている。巷にはスナック菓子や炭酸飲料があふれている。アメリカでは肥満の子供が六〇〇〇万人おり、五〇〇〇万人のこどもが肥満の一歩手前だという。途上国でも中国やブラジルなどでは肥満が急速に進行中である。多くの人びとが肥満で悩んでいる。

肥満児は世界各地で増加中である。とくに中国での肥満児の増加は急である。ダイエットが人びとの関心の的となっている。チリのように政府指導のダイエット運動を展開するところまで出現している。肥満人口は、数え方にもよるが、世界に約一二億人いるといわれている。

その一方で、食事の楽しみはおろか、生きるために最低限の栄養さえとれていない多くの人たちがいる。奇妙に聞こえるかもしれないが、現代ほど多くの飢餓人口を抱えている時代もないのである。世界の飢餓人口は一九七〇年代の中期に、だいたい四億人から六億人ともいわれていた。肥満人口の増加にもかかわらず、飢餓人口は減少するどころか、かえって増加しているのである。飢餓人口の数は何を基準として計算するかで、その数値はかなり違ってくる。その後、飢餓人口は五億とも一一億人と考えられてきた(George: 1977= 一九八四)。世界の飢餓人口は二一世紀の突入時点で、肥満人口と同じ約一二億人に達していたと推測されている。

世界の飢餓人口の比率は紆余曲折を経て現在にいたっている。しかしながら、絶対数の上では増加の一途をたどってきている。地球の人口が五億人を越えたのは一七世紀中頃であると考えられているが、当時の人口の全員が飢えていたとしても、飢餓人口は五億人である。世界の人口が一〇億人を越えたのは一八二五年頃だと考えられている。かりにこの時、世界の全員が飢えていたとしても、飢餓人口は一〇億人であり、現在の飢餓人口一二億人にはとどかない(Newman: 1990)。多くの人が豊かな生活を享受する一方で、無数の人たちが人知れず飢餓に苦しんでいる。

多くの人間が肥満に悩むアメリカで、人口の一〇%が慢性的に飢え、三〇〇万人以上の人たちが路上生活をおくっている。飽食の影で生きるのに必要な最低限の栄養ですらとれないでいる人たちがいる。大都市のグルメを誇るレストランの傍に、食糧を探しているホームレスがいる。

こうしたホームレスの存在にもかかわらず、都市は一般に農村よりもはるかに豊かな生活を営むところとなっている。世界の飢餓人口のほとんどが農村にいる。現代文明は何よりも都市文明である。都市は社会の拠点であるのみならず、豊かな社会に不可欠なものとなっている。では、その都市とは、人間にとって何なのだろうか。また、いったい都市とはどのような論理で形成されるのだろうか。

2　都市の形成のメカニズム

(1) 都市の定義と発展の論理

都市はさまざまに定義することが可能である。都市が大規模な人口集積地であることを否定するものはいない。都市とは、大量の人口が集積する「大集落」である。昔も今も、都市の建設が大事業であることにかわりはない。都市の建設には、大きな負担がともなう。それにもかかわらず、人間は、なぜ、都市を建設するのだろうか。

高名な歴史家F・ブローデルは、古今東西の都市を比較検討した結果、都市の建設は良い生活が求められると予想される場合にかぎられるという(Braudel: 1979 = 一九八五：二一三)。都市の建設はその負担以上のものが得られると判断された時になされた。もちろん、誰もが都市を建設できるわけではない。都市が建設できるのは、あくまでそれに必要な人的、物的資源を動員できるだけの力をもつ人間だけである。

都市は、大量の人的、物的資源を動員できる権力を担う人間がさまざまな目的を遂行していくうえで、特定の場所に拠点を定め、そこにたんなる居住を越えた大規模な施設が必要だと判断された場合に建設される。大量の人的、物的資源を動員できる多種多様な権力は、それぞれの目的の達成のために〈ルール〉を作り出しながら、独自の機関を組織し特定の場所に活動のための物的施設を建設するなかで、都市を形成しているのである。

都市は政治・宗教・商品の生産や交換などの中心として建設されるのである。したがって、都市はそうした目的を達成するのに適した場所に建設されなければならない。政治都市は統治のために、宗教都市は信仰のために適したところに、経済都市は大きな川の合流点や港に適したところ、また商品生産のための原料が生産されるところなどに建設される。

都市には、さまざまな〈ルール〉のもとに人的、物的資源を統合しようとする機関が集積している。この意味で、都市は「統合機関」の集積地である(矢崎、一九九二:四四二)。したがって、都市は狭い空間に政治、経済、宗教、教育、娯楽、医療などの機関と、これに直接的、間接的に構成された人びとと、そのためのさまざまな施設が密集することになる。

つまり都市的定住は、多種多様な統合機関を収容する施設と統合機関に直接、間接に関係をもつ人びとの住居の場所的集積によって惹起されたのである。都市はL・マンフォードのいうように、人間が〈最大の便益〉を〈最小の空間〉に納めようとするなかで生み出されたのである(Mumford: 1969: 97)。

都市の盛衰は統合機関の活動次第である。都市はそこに立地する機関による人的、物的資源の〈統合〉が高まれば活気を帯びて豊かになり、人口も増大する。発展する都市では「機関」の活動が拡大するのみならず、次々と新しい統合機関が作られていく。これに対して、「機関」による人的、物的資源の〈統合〉が低下している都市は沈滞して貧困となり、人口も減少していく。衰退する都市では、機関の活動が縮小したり、停止したりしている。つまり都市の盛衰は、そこに立地する機関が総体として、どこまで人的、物的資源を〈統合〉できるのかにかかっているのである。

都市とは、大量の人口が多種多様な統合機関によって直接的、間接的に構成されている集落である。しかし人間が都市という形態をもって密集して生活することには、長所もあれば欠点もある。換言すると、人々の活動には都市を〈成長させる論理〉とそれを〈縮小させる論理〉の二つの『力』が拮抗しながら存在している。

古来、都市は、王宮、教会ばかりか、道路、橋、水道など目を見張るばかりの壮大な建造物を生み出してきた。そして何よりもそこは豊かな生活の営まれる場であった。だが、壮大な施設や豊かな生活の維持は、大きな負担であった。現代都市はそれらの施設に加えて、鉄道、高速道路、エレベーターなど膨大なエネルギー消費を前提とした都市づくりをしている。都市のさまざまな施設は、建設後ただちに老朽化への道をたどりはじめる。鉄とコンクリートでできた建造物とて、不滅ではない。都市は刻々とその姿を変えていく。豊かな社会のさらなる発展のために、莫大な資源とエネルギーの消費が不可欠となっている。都市はその維持のために、その内外に大きな負担を生み出すのである。

(2) 都市発展のメカニズム

都市は新しい秩序が生み出されるところであるだけに、それを快く思わない勢力の攻撃の的となる。また、都市は富や財産が蓄積されている場所でもある。それゆえに都市は危険をはらむ場所となっている。近代以前の都市は――日本のような例外があるにせよ――城壁のような人工の構築物によって、防御されていた。城壁は大砲の出現まで、最良の防御手段であった。都市の城壁は国境での警備が強化されるとともに、役割を終えることになる。都市の城壁はどこでも都市発展の障害物として消滅していった。

伝統的に大都市といえば、まれに商業の中心地だったこともあるが、もっぱら大帝国の首都だった。というのも、強力な政治権力だけが、商業的にも大規模な都市への食糧供給を保障できたからである。大都市はさまざまな物資の生産地であった。しかし産業化以前の大都市は基本的に消費都市であった。歴史的大都市の多くは、荘園領主の居住地である。たとえば、江戸は徳川氏ばかりでなく、各藩の拠点でもあった。各藩は収入の大部分を実は江戸で消費していたのである。徳川氏の支出に加えて、各藩での支出が、さらに多くの人や物資を江戸に引きつけたのである。

伝統的な都市の規模を一変させたのが、産業革命である。都市は産業化の進展とともに劇的に巨大化する。都市化と産業化はメダルの両面だといわれるほどである。では、いかなる意味で都市化と産業化はメダルの両面なのだろうか。都市化と産業化は密接な関係をもつものではあっても、都市化＝産業化ではない。産業の発展は必ずしも都市化をもたらすものではない。財やサービスの生産や流通には、それに適した場所があった。産業革命でさえ、それは最初農村部で進行していったのである。

たとえば、産業革命を担うことになる工場群も、はじめは動力源となる田園地帯の河川の急流部沿いに建設された。それがマンチェスターにやってきたのは、蒸気機関が発達を遂げた一七九〇年代になってからである。ところが、蒸気が工場の動力源になるやいなや工場は集積の利益をもとめて、狭い場所に続々と建設されたのである。マンチェスターを世界初の工業国の心臓部にしたのは、蒸気機関による紡績だったのである。

工場の集積が産業都市の原型である。資本主義的企業は、大量の労働力を必要とした。企業の発展には、工場や事務所の拡張が欠くことのできないことである。工場労働者の住宅が工場や事務所の周辺に張り付いていった。しかしそれでいて、資本の再生産に必要なのは、あくまで工場や事務所である。労働者のための住宅の確保は企業活動とまったく無関係ではなかったとしても、副次的なことでしかない。住宅問題が資本主義の古典的問題となるのは、このためである。都市は産業化のなかで、消費都市から生産都市へと変化する。都市の労働力の需要は一気に上昇する。人びとは生産に従事するため都市に流れ込み、都市は労働者の街となる。都市は急激に膨張するのである。こうして、都市は王侯貴族、宗教者、商人・職人など一部の人の住むところではなく、普通の人が労働者として住むところとなったのである。

(3) 都市の成長と農村の創出

都市は大量の食糧をはじめ生活資料を消費する。しかし都市は食糧を生産しない以上、それらを何らかの形で、村落に依存せざるを得ない。したがって、都市の出現とともに、その傘下にある村落は農業生産を飛躍的に上昇させなければならない。村落は都市に集積した多数の人口を養わなければならなくなる。自給自足的村落は、その変貌を余儀なくされるのである。都市は村落に食糧のみならず、多種多様な必需品の生産を要求する。都市の成立によって、周辺の村落は急激に〈農業化〉していくのである。農耕集落としての村落は「農村」へと変貌することになる。ここに村落の農業化がはじまったのである。この点では、R・レッドフィールドの主張するように、都市が出現するまで「農民」はいなかった。都市と無関係に生活しているのは、農耕民であっても農民ではないのである（R. Redfield, 1953＝一九七八：八三）。都市は外部の村落を「農村」として内部化するとともに、そこでの生活を秩序づけていった。つまり〈都市化〉〈農業化〉とは表裏一体のものなのである。

村落はどこでも、都市とのかかわりで、その姿を変えていく。都市の発展は村落の農村としての発展を招来する。都市の発展は未開な荒野を広大な農地に変えていった。そのためには、森林の大規模

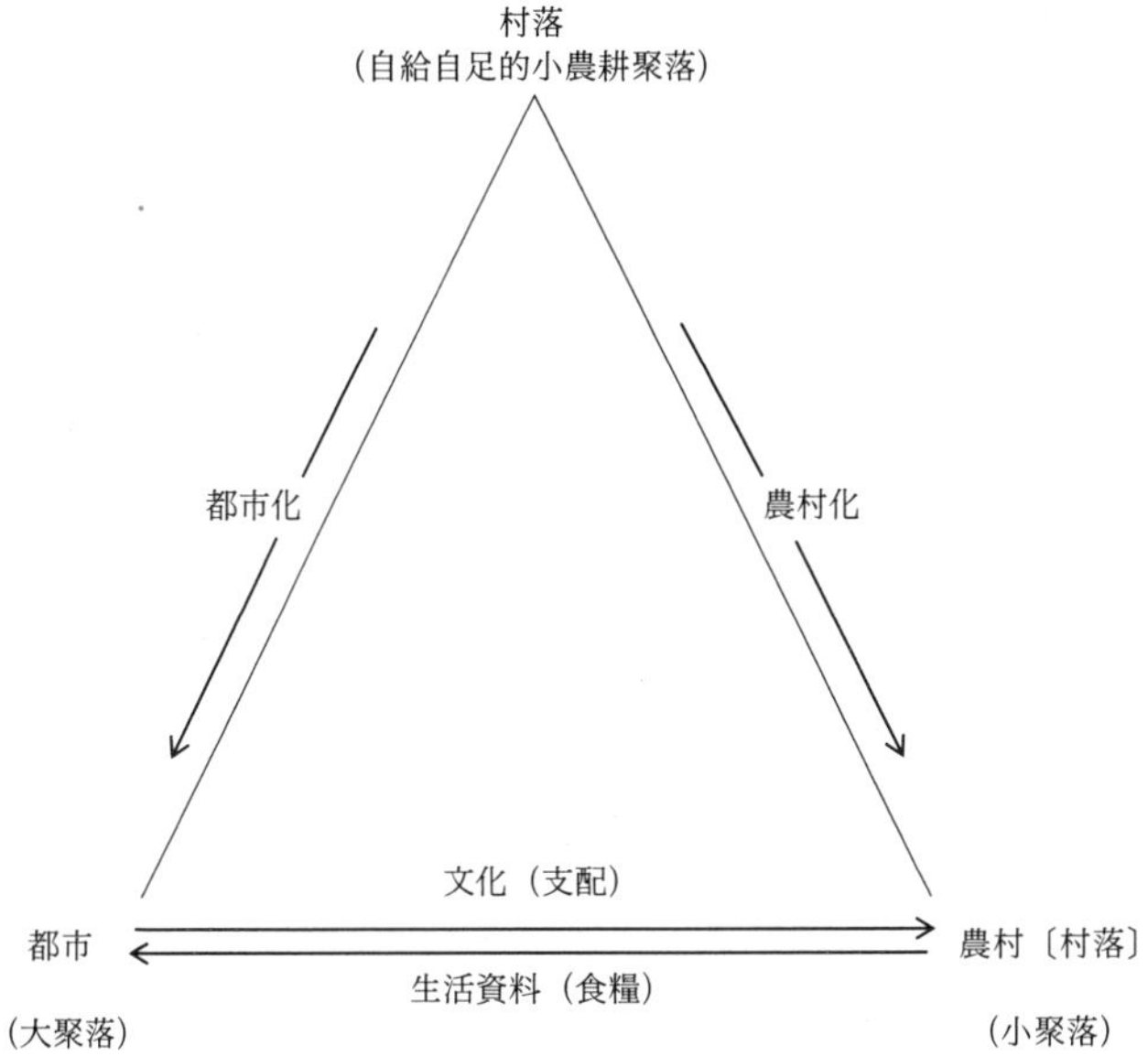

図1　〈都市―農村〉関係図

な伐採が進められた。J・ウェストビーは地中海沿岸地域の森林の消失について、それが最も早く進んだのは、成長する帝国とともに養うべき非農業民が増大した時期だと述べている(Westoby, 1989 = 一九九〇：七九)。

ヨーロッパの都市の需要を満たすためコーヒー、紅茶、さとうきび、バナナ、ゴムなどの農園が世界の各地に開かれていった。西欧における産業化の進展とこれにもとづく都市の飛躍的発展は、世界中に大きな影響を与えていった。南北アメリカ、オーストラリア、ニュージーランドでの農業の発展はヨーロッパにおける都市の発展なくしてはありえなかった。

日本の農村とて、欧米の都市の発展と無関係ではいられなかった。開国後日本の都市は欧米諸国との関係から農村に変化を求めていった。日本でも江戸時代の近畿地方や東海地方には、綿花畑が広がっていた。ところが、明治政府は綿工業を発展させるために、綿花を低価格で購入できる海外に求めた。こうして紡績業の飛躍的な発展とは裏腹に近畿や東海の農村から綿花の栽培は一掃されてしまった。また、欧米の都市で絹織物の需要が増えるとなると、それに応えるため日本全国の農山村に桑畑が広がっていった。しかし世界恐慌で、日本の養蚕農家は大打撃を受ける。その後のナイロンの発明で、養蚕は壊滅的な打撃を受けるとともに桑畑も消滅していった。

さらに戦後の高度経済成長期まで伝統的な日本農村の景観をかたちづくってきた麦畑や大豆の栽培が消えてしまったのも、政府の輸入自由化のためであった。ウルグアイ・ラウンドで決着したコメの関税化は稲作ばかりではなく、日本の農村全体に大きな影響を与えている。また、西欧や日本の木材需要はアフリカや東南アジアの森林を縮小させた。

都市は常に村落の〈農村〉〈漁村〉〈山村〉としてのありかたを規定してきた。この意味で、都市が「村落」を作り上げてきた。村落の景観を生み出してきたものこそ、都市にほかならないのである。

今日では、都市に水や電気を送るため山深い渓谷にいきなり巨大なダムが建設されたり、静かな海岸に突如として巨大な原子力発電所が出現したりする。都市は食糧をはじめとする生活資料はもちろんのこと、エネルギー源までをも農村地帯に依存せざるを得ないのである。したがって、通信、道路、鉄道、港湾、空港、送電線などの建設とその維持は、都市の死活問題となっている。都市は農村部との関係なくして、ひとときも存在し得ないのである。今日、都市と都市、都市と農村、農村と農村は国境を越えて密接に関係している。そのつながりなくして、現代社会は存在し得ない。しかもその関係は、グローバリゼーションのもと、ますます密接となっている。

都市という人間の密集は分散していたのではなし得ない巨大な力を人間に与えた。しかし都市の密集はまた、人びとにさまざまなリスクを負わせることともなった。

3　都市と三つのリスク

(1) 第一のリスク

都市のリスクの第一は、疫病の蔓延である。大量の人間の密集した生活は、廃棄物や糞尿で伝染病の原因となる不潔さが充満しやすいことを意味する。都市はとかく不健康な場所であり、平均寿命も短かかった。このため長い間、都市は「墓場」や「蟻地獄」といわれてきたのである。

都市の維持は一面で不潔さとの戦いであった。天然痘、マラリア、インフルエンザ、ペストなどは猛威を揮ってきた。とくにヨーロッパや西アジアの都市は繰り返し大規模なペストの流行に見舞われた。一六六五年のロンドンではペストで六八〇〇〇人、何と全人口の四分の一が失われたのである。W・H・マックニールによると、都市人の平均寿命が農村より高くなったのは、二〇世紀に入ってからだという(McNeill, 1976 = 一九八五：二四六)。近代医学の発展は人間を疫病の苦難から解放するのに大きな役割を果たしはじめる。それでも、とかく都市は疫病の巣窟となりやすかった。都市は産業革命後もコレラや結核に苦しんできた。ともあれ、近代医学は人間の寿命を大きく伸ばすことを可能にしたのである。いかに産業化が都市化を随伴するといっても、そこに医学の発展がなければ、それは不可能であった。

人びとの健康を蝕んできたのは疫病ばかりではない。大気や水の汚染も、また人々の健康を蝕んできた。とくに産業化の進展とともに、工場や暖房の出す石炭公害が深刻化していった。先進国では技術の進歩にともない工場による大気の汚染をかなりの程度まで制御するにいたっている。しかし自動車の増加にともなう大気汚染は、再び深刻なものとなっている。モータリゼーションの進行で、光化学スモッグで悩まされる都市が増えている。

都市では、衛生上の管理を怠ると、すぐに疫病がはびこってしまう。モスクワなどでは、ソヴィエトの崩壊後の政治的混乱のなか、一時さまざまな伝染病が復活した。また、ニューヨーク、ロスアンジェルス、シカゴなどアメリカの都市、パリ、ロンドン、ミラノなどの西欧の都市では、エイズが新しい伝染病となっている。

(2) 第二のリスク

そのリスクの第二は、火災、水害、地震などの災害である。もちろん火災を発生させる危険は孤立して生活しようが、密集して生活しようが、それほど変わるものではない。しかし狭いところに密集しての生活には、分散して住むのとは違い「類焼」の危険がある。古来、都市は火災に悩まされてきた。古代ローマ、ロンドン、江戸などは繰り返し大規模な火災に遭ってきた。火事と喧嘩は江戸の華とまでいわれた。江戸が東京となっても火災は頻発し、一八七九年と一八八一年の火災では日本橋と神田などで、一万戸以上の罹災を記録している(石塚、一九九一:三七)。また、地震にともなう火災の危険も増大していた。それが現実のものとなったのが、一九二三年の関東大震災であった。関東大震災は一三八万人の罹災者と 九万人余りの死者・行方不明者を出した。

また、戦争などに際して、都市が敵による焼き打ちを誘発する要素となっているのも、都市が類焼に弱かったからである。わけても、第二次世界大戦では、航空機による大規模な都市への爆撃が行われた。今日では、都市への攻撃のために、おびただしい数の爆撃機やミサイルが保有されている。都市は戦争にともなう爆撃といった大規模なものではなくとも、放火に悩まされている。最近日本では、タバコの火の不始末にかわって、放火が火災原因の第一位になった。また、モータリゼーションの発展にともなって、交通事故は日常的なリスクとなっている。

(3)第三のリスク

都市のリスクの第三は、飲食の問題である。疫病や災害が人々にとって、どちらかというと偶発的な事柄であるのに対して、食糧をはじめとする生活資料の問題は都市民が抱える日常的問題である。人間の生活は飲食なしにあり得ない。都市は食糧の確保に大きな力を注がなければならなかった。したがって、特定の都市だけが膨張するのではなく、類似の機能をもつ小都市が各地に形成されることとなるのである。

人間にとって水は飲料用としてばかりでなく、快適な生活を営むには不可欠である。しかし人びとはそれでいて、安全の確保のためにも、また健康上の理由からも、水の確保に困難な高台や丘陵に住むことが多かった。このため水道のないところでは、水汲みが人々の大きな労働となっていた。快適な生活には大量の水を必要とする。このため都市は大量の水を消費する。したがって都市は、どこでも水問題を抱え込んだ。こうしたなかで、古代ローマの水道の建設は大規模な土木工事をともなったことで有名である。都市は輸送の面からも、生活用水の確保の面からも川沿いに発達する。しかしその川は都市の発展とともに、汚染が進行し、飲料水として適さなくなる。ロンドン、パリ、江戸など大都市での水道の建設は、都市生活の改善に大きな役割をはたした。

都市は産業化の進展で、さらに大量の水を必要とするようになる。都市は高度な土木技術を駆使して、大量の水を確保しようとする。なかでも半砂漠地帯にあるロスアンジェルスは、数百キロ離れたコロラド川から水を運んでいる。また、地下水のくみ上げも多くの都市で行われている。だが、大量の地下水のくみ上げは地盤沈下の原因となっている。現在、第三世界の大都市は、どこも水の確保に悩んでいる。水の問題は成長する大都市に共通の課題となっている。もっとも、なかにはクウェートのように、莫大な費用をものともせず、海水を淡水化して水を確保しているところも出現している。

政治権力による都市の食糧供給は不安定さを免れなかった。都市の食糧問題を解決したものこそ、資本主義の発展である。資本主義の発展は広大な領域と多種多様な人びとを経済的手段によって安定した相互作用の下に置いたのである。今日、都市は農村の事情とは無関係に食糧で溢れ返っている。それどころか、都市は農村に飢餓をもたらしてでも食糧を調達することができる。

4　現代日本の都市と都市社会

(1)日本の近代化と都市

一九世紀半ばのペリーの来航は日本に決定的な変化を与えた。日本は伝統的な政治形態を放棄し一九世紀末には近代国家の様相を整えるにいたった。日本は文明開化のもと近代化の道を邁進する。大日本帝国は日清、日露の二度の戦争に勝利し、二〇世紀初頭には世界の表舞台に登場する。しかし第二次世界大戦の敗北で大日本帝国は灰燼に帰した。

今度は一転して、ただひたすら経済成長をもとめてひた走りに走った。そしてついに、日本は敗戦後わずか四半世紀で、世界二位の経済大国にのし上がるのである。その間、劇的な都市化が進行し、日本人の生活形態は根底から変化することになる。こうしたなかで、有史以来の日本の歴史を転換させるような米の過剰生産や農村部での過疎などという事態が進行する。日本人は都市社会に生きるようになる。日本製品は世界を席巻するようになり、その後も日本の経済は拡大し続けた。

経済大国日本には、世界の富が集まってきた。日本人は伝統的な貧しさから解放され、豊かさを享受するようになる。日本人は世界でもっとも豊かな国民だといわれるようになる。現在、日本の都市では、かつてない新しい事態が進行している。日本で一九八〇年代後半から、外国系住人が急増するようになる。わが国には、七〇万人にものぼる韓国・朝鮮系住民が以前から住んでいる。しかしかれらに加えて、中国、フィリピン、パキスタン、イラン、ブラジル、ペルーなどからの労働者が急増した。日本の豊かさは外国人労働者を引きつけている。地域社会の国際化が水面下で進行している。

人間生活の基本は衣・食・住だといわれる。現在の日本はそのうち〈食べ物〉と〈着る物〉に関しては、世界の最高水準にある。最近では、中産階級の人々までもが、グルメに明け暮れ、ブランド品を競い合っている。こうした衣や食に対して、日本の住宅の貧しさについては、改めていうまでもないだろう。日本の住宅事情の悪さは、世界にその名を轟かせている(藤田、一九九八)。

(2) 豊かな社会の貧しい住環境

日本の都市ではケバケバしい色彩で描かれた商品広告が、電信柱や建物の壁面から屋根の上までところ狭しと溢れている。街並みはブロック塀と氾濫する広告に圧倒されている。

広告は人目のつくところならどこにでも、山の中腹にまで建てられ、せっかくの自然の景観を壊している。街路は狭い道路に自動車や自転車がひしめき合い、通勤電車はまさに痛勤電車と化している。

それでいて、周囲からは見えないように塀で囲まれた未利用地が都市の中心部に広がっていることがめずらしくない。狭隘な住宅が雑然と並ぶ景観に経済大国の面影はない。日本の都市はけっして快適な生活を保障するにいたっていない。では、何が日本の都市にこのような混乱をもたらしているのだろうか。

日本の都市の特長の一つは、何といっても欧米諸国に比較して極端に高い地価である。日本の土地資産の総額は、一九九〇年には約二四〇〇兆円にも達し、アメリカ合衆国の土地総額の二倍にもなった。日本の土地を売れば世界中の陸地が買えるとまでいわれた。しかしその土地価格の天文学的な高さに比して、土地の保有に関しては、きわめて負担が軽い。それどころか、土地保有には資産の保持や資産の増大はもちろんのこと、さまざまな節税のメリットがある。逆説的にいえば、土地保有の安さや税法上のメリットが日本における異常な地価を生み出しているのである。土地はたんに生活のためのものではないのである。

さらに日本には、街並みを規制するような欧米的な「都市計画」がない。日本の都市には、幹線道路など一部の項目を除いて、原則として都市計画がないのである。なるほど、わが国には大正八年以来「都市計画法」という法律が存在し続けているし、市町村にも基本計画がある。それどころか、市街地の規制に関連しては数えきれないほどの法律がある。だが、山ほどの法律の存在にもかかわらず、その実、土地利用に関しては、欧米と比べて比較にならないほど、規制がゆるいのである(寺尾、一九九七)。

日本の都市計画は幹線道路など基本的な土地利用にとどまっており、生活道路や街並みにまで及んでいない。これに対して、アメリカのゾーニング規制、イギリスの開発許可制度、ドイツの地区詳細計画、フランスの土地占有改革などの規制は詳細をきわめている。もちろん実際の開発規制は州、都市などによって、実に多様である。しかし欧米の都市開発は何らかの形で、強力な統制のもとに置かれている。

日本は恐ろしいほど〈規制〉の多い社会であるといわれている。しかしこと物的施設の建設に関しては、その規制はきわめて弱い。その結果、日本の都市では、狭い土地を有効に利用するため、建物の高さや方向、外壁のデザイン、色彩などが周囲と調整されないまま街づくりがなされている。そこでは何よりも経済の論理が優先されている。日照権の関係でいびつな屋根の形をもつマンションも珍しくない(藤田、一九九三・二〇〇三：第七章参照)。

こうした都市づくりを背後でささえているのが、日本における土地に対する「私権」の大きさである。これには、日本の「公―私」関係のあり方が深くかかわっている。日本では公は私に対して優位性をもっている。公は「公共性」のもとに私を規制したのである。公共性は私のためのものではない。日本では、公と私は対立概念である。したがって、人びとは私を守るため設定された私権にしがみつくこととなった(藤田、二〇〇三：第六章参照・二〇〇四)。その結果、街並みといった街の公共性には関心を払わなくなった。

日本人はささいなところにまで神経が行き届く人びとである。しかし街並みを視野にいれたような都市計画には、あまりにも無関心である。それどころか、街の景観に決定的な影響をあたえる電柱の埋設化や広告の規制にも、さしたる関心を示さない。むしろ、私有地の価値を減ずる可能性のある規制を拒否しようとした。

5　都市社会の未来

(1)グローバリゼーションと日本の都市

日本の都市の活動はかげりを見せている。日本の都市は国際的な都市間競争に遅れをとりはじめている。多国籍企業は東京の交通アクセスの悪さ、地価の高さ、各様の規制などによって、その拠点を上海、香港、シンガポール、ソウルなどに移している。一九八〇年代後半のニューヨーク、ロンドン、東京の三極構造は過去のものとなっている。

社会はさまざまな姿を隠しもっている。権力関係が網の目のように張りめぐらされた現代社会は一面で、人びとが買いだめに走っただけでも崩壊する〈ガラス〉のような脆さをもった社会である。その社会はまた、第三世界の農村に餓死者を続出させてでも食糧を調達してくる、銃弾をもはね返す〈防弾ガラス〉のような強靭さをもつ社会でもある。その拠点をなす都市には、さまざまな軋轢や摩擦が日常化している。こうしたなかで、人間の豊かさへの追求は大量の廃棄物、大気の汚染、地球の温暖化など、これまで経験したことのない問題を人びとに突きつけるにいたっている。

富と貧困とは紙一重である。貧困の問題は何ら解決の糸口が見えない。かつての『マッチ売りの少女』の世界は、今やホームレスやストリート・チルドレンの問題となって、世界中にひろがっている。多くの人が世界の経済が拡大するなかで、その繁栄にあずかれないでいる。世界の上位一％の富裕層の所得と最貧層五七％の所得がほぼ等しいのである。一日二ドル以下で生活する人の数は、二八億人に達し最近一〇年間でも一億人増えている。アフリカのサハラ砂漠以南になると、一日一ドル以下で生活する人が人口の四七％にまで達している。

グローバリゼーションは新たな問題を噴出させている。そうした事態に対処するために、各種のNGOやNPOが生み出されるにいたっている。イスラム復興を掲げるタリバーンによるバーミヤン渓谷の大仏の破壊は世界にさまざまな思想があることを知らせた。九・一一事件はニューヨークと地球の反対側のアフガニスタンの山岳地帯が、いかに密接につながっているのかを明らかにした。現代の天を突く巨大な高層ビル群もいつバベルの塔になるともかぎらない。原子力発電所の処理は未来に大きなつけを残しそうである。無限に見える人間の知恵にもかぎりはある。飢餓は人間の根源的苦痛である。したがって、歴史のはじめより聖人、王、賢人、政治家がこの問題に取り組んできた。しかし人間はごく簡単に見える飢餓の問題さえ解決できないでいるのである。

(2)岐路に立つ都市社会

現在なお、日本はバブル経済の後遺症をひきずっている。日本経済は不安定さを見せながらも何とか繁栄を維持している。しかし日本は世界に新しい社会を展望するような見取り図を示し得ないでいる。日本型のシステムは随所に綻びを見せている。なかでも、日本の住宅はうさぎ小屋といわれるほど貧しい。それは繁栄の絶頂期にあっても解決できない問題とされたのである。その大きな要因の一つが、異常なまでの地価の高さである。

バブル後の経済の停滞で、地価は大幅に下落した。これにともなって皮肉なことに、大都市の住宅事情はいちじるしく改善されている。東京や大阪では地価の下落とともに、都心に高層のマンションが次々と出現した。ところが、日本は経済危機に直面した。銀行は不良債権の処理に苦しんだ。その原因の一つとなっているのが、〈地価の下落〉なのである。都市の貧しい住宅事情を改善するのに不可欠な地価の下落が、逆に日本経済の根幹を揺るがすにいたっている。

日本の大都市の通勤システムは世界にその例を見ないほど、高度な発展を遂げている。東京や大阪では、ラッシュ時ともなれば、通勤電車は二〜三分毎に次々と都心に向かっている。そして首都圏では、ついにラッシュ時に椅子が収納される電車が登場した。われわれはここで根源的な問題に逢着せざるを得ない。「電車とは発展していくと、椅子がなくなるものなのだろうか?」と。

日本の経済発展は必ずしも豊かな社会の実現に結びついていない。異常な地価、狭隘な住宅、混乱した市街地、通勤地獄、長時間労働など日本都市の特質といわれるものが、世界一豊かな国での生活の貧しさをもたらしている。環境汚染や廃棄物は大きな問題をわれわれに突きつけている。二〇世紀の末から失業者も急増している。さらに急激に進行する少子高齢化は社会の前提を切り崩そうとしている。こうしたなかで、日本の都市社会は、新たな道を模索せざるを得なくなっている。

文献

Abel, W.,1959, *Stufen der Ernährung*, Vandenhoeck & Ruprecht,Göttingen. ＝一九八一年、高橋秀行他訳『食生活の社会経済史』晃洋書房。

Beck, U., 1986, *Riskogesellshaft: Auf dem Weg in eine andre Moderne*, Surkamp Verlag. ＝一九九八年、東廉・伊藤美登里訳『危険社会』法政大学出版会。

――, Giddens A. and Lash, S., 1994, *Reflexive Modernizaton*, Polity Press Cambridge. ＝一九九七年、松尾精文・小幡正敏・叶堂隆三『再帰的近代化』而立書房。

Braudel, F., 1979, *Civilisation, materielle, economie et capitalisme*, tome 1, Librairie Armand Colin, Paris. ＝一九八五年、村上光彦他訳『文明・経済・資本主義』I―2、みすず書房。

――, 1966, *La méditerane et monde méditerraneén.* ＝一九九一年、浜名優美訳『地中海』1、藤原書店。

藤木久志、二〇〇一年、『飢餓と戦争の戦国を行く』朝日新聞社。

藤田弘夫、一九九〇年、『都市と権力』創文社。

――、一九九三年、『都市の論理』中公新書。

――、一九九八年、「都市と町並み」歴史と方法研究会編『日本と言語』青木書店。

――、二〇〇三年、『都市と文明の比較社会学――環境・リスク・公共性』東京大学出版会。

――、二〇〇四年、「街角で感じる『公』と『私』――新しい公共性を求めて」今田高俊・金泰昌編『都市から考える公共性』東京大学出版会。

George,S., *1977, How the Other Half Dies: The Real Rwasons for World Hunger*, London. ＝一九八四年、小南祐一郎・谷口真理子訳『なぜ世界の半分が飢えるのか』朝日新聞社。

広瀬和雄編、一九九八年、『都市と神殿の誕生』新人物往来社。

石塚裕道、一九九一年、『日本近代都市論』東京大学出版会。

Jacobs, J., 1984, *Cities and the Wealth of Nations*, Rondom House. ＝一九八六年、中村達也・谷口文子訳『都市の経済学』ＴＢＳブリタニカ。

Mann, M.,1977, State: Ancient and Modern, *European Journal of Sociology*, Vol.8.No.2. ＝一九八四年、内山秀夫・丸山正次訳『国家はどこにいくのか』御茶の水書房。

McNeill,W. H., 1976, *Plagues and Peoples*, Anchor Press Doubleday. ＝一九八五年、佐々木昭夫訳『疫病と世界史』新潮社。

Mumfford, L., 1961=1969, *The City in History*, Harcout Brace & World, Inc.,N.Y. ＝一九六九年、生田勉訳『歴史の都市・明日の都市』新潮社。

——, 1966, *The Myth of Machine:Technics & Human Development*, Harcout Brace & World,Inc., N.Y. ＝一九六九年、樋口清訳『機械の神話』河出書房新社。

——, Lewis, 1970, *The Pentagon of Power: The Myth of Machine*, Harcourt Brace & World,Inc., N.Y.1970. ＝一九七三年、生田勉・木原武一訳『権力のペンタゴン』河出書房新社。

中川清、二〇〇〇年、『日本都市の生活変動』勁草書房。

Newman, L.F. (ed.), 1990, *Hunger in History: Food Shortage, Poverty and Deprivation*, Basil Blackwell.

Ponting, C., 1991, *A Green History of the World*, A.P.Watt Limited. ＝一九九四年、石弘之訳『緑の世界史 』上・下、朝日新聞社。

Redfield, R., 1953, *The Primitive World and its Transformation*, Cornell University Press, Itaca. ＝一九七八年、染谷臣道・宮本勝訳『未開社会の変貌』みすず書房。

Rykwert, J., 1988, *The Idea of a Town*, Cambridge, Mass.Mit Perss ＝一九九一年、前川道郎・小野育雄訳『〈まち〉のイデア』みすず書房。

寺尾美子、一九九七年、「都市基盤整備にみるわが国近代法の限界」岩村正彦他編『都市と法』岩波書店

Weber, M., 1972,*Wirtschaft und Gesellschaft*, Paul Siebeck, Tübingen. ＝一九七四年、世良晃志郎訳『都市の類型学』創文社。

——, 1924,*Wirtschaftsgeschichte*, herausgegeben von S.Hellman und Palyi, München. ＝一九五五年、黒正巌・青山秀夫『一般社会経済史誌要論』上・下 岩波書店。

Westoby, J., 1989, *Introduction to world Forestry:People and their Trees*, Basil Blackwell. ＝一九九〇年、熊崎実訳『森と人間の歴史』築地書館。

30

矢崎武夫、一九六二年、『日本都市の発展過程』弘文堂。

第1章　経営文明と都市社会

――大量生産型企業の論理――

鈴木　秀一

はじめに

近代都市は、多様な生産資源の集積であり(Porter, 1990＝一九九二)、「集中化の経済」(Krugan, 1991＝一九九四)がはたらく空間である。また、特定の社会構造を表現する空間であり(Castells, 2000)、グローバル市場あるいは無国籍企業が、国家の権力と「交差」・「交渉」する場所でもある(Sassen, 1996＝一九九九)。

近代都市は、その内部と外部の絶え間ないコミュニケーションによって成立している。そのコミュニケーションの担い手と形態の多様性は、そのまま都市の多様性を意味している。都市および都市地域(city regions)は、外部システムと無数の中間財、サービス、権力、人びと、貨幣、情報のコミュニケーションを行っており、それぞれコミュニケーションの担い手がある。どの担い手を、どう対象化するかによって、学問領域とアプローチは分かれる。

経営社会学的な都市への接近は、企業(corporations)ないし多国籍企業(MNC; Multi National Corporations)という経済的アクターを軸とする。ここでいう企業とは、利潤という経済的目標のために継続的に活動する、合理的にデザインされた経営組織(Betrieb)をさす。経営社会学の主題は、企業の戦略・組織分析および企業の社会的インパクトの分析である。経営社会学は、方法論的には、サイモン(Herbert A. Simon)の「制限された合理性」(bounded rationality)とウェーバー(Max Weber)の官僚制理論を前提として、企業の管理者層における戦略的な意思決定に注目し、その意思決定が組織の競争優位(competitive advantage)と組織外部(社会)に与えるインパクトを分析する(鈴木、二〇〇二年一〇月)。

以上の視座から、本章は、二〇世紀の経営文明と大量生産システムの論理を考察し、企業が都市社会に与えたインパクトを考える(1)。それはまた、ポスト大量生産システムと一九八〇年代以降のグローバル化のインパクトを再検討するための基礎作業となろう。

1　都市・外部システム・多国籍企業

都市をその外部システムから位置づけなければならないと主張したのは「新しい都市社会学」である

(町村、一九九四／吉原・岩崎、一九八六／吉原、二〇〇二)。シカゴ学派の伝統的アプローチによれば、都市は独立変数としてみなされたのに対し、現代では社会変動の影響を受ける従属変数として理解されるようになった(園部、二〇〇二)。一九八〇年代以降、金融など経済システムの急速なグローバル化と再編が進み、都市は大きく変貌した。都市地域における人びとの生活機会や所得の格差を問う新しい視点が出てきた(Castells, 1977 ＝一九八四；1999 ＝一九九九)。また、国家と多国籍企業の複雑な力学を考察し、世界の主要な都市を、グローバル経済における司令塔すなわち多国籍企業の本社機能(管理的意思決定)のネットワークとして捉える必要も出てきた(Sassen, 1991; 1996 ＝一九九九)。

こうした新しいアプローチは、都市の外部システムとしてのグローバル経済と企業の圧倒的プレゼンスを重視する。近年、多国籍企業の存在感はかつてみられなかった次元に達している。現在の多国籍企業の生産規模をみると、国家を凌駕する企業すらみられる。二〇〇〇年の国連(ＵＮＣＴＡＤ)の統計によれば、国家のＧＤＰと企業の付加価値額の上位一〇〇位の中には米国、日本以下、国家が一位から四四位(チリ)まで続き、四五位にエクソンモービル社が登場し、パキスタンをはさんで四七位のゼネラル・モーターズと続く。五五位のフォード以下百位までのリストには企業が多数を占めている。ベスト一〇〇中企業は二九を占めており、ＧＭ(五六〇億ドル)はニュージーランド(五一〇億ドル)やハンガリー(四六〇億ドル)より大きい付加価値を生産した。世界の総ＧＤＰに占める多国籍企業トップ百社の割合は、この十年間で三・五パーセント(一九九〇年)から四・三パーセント(二〇〇〇年)に上昇している。

こうしたデータは、多国籍企業が都市社会に与える実質的な影響力の一端を示す数字でしかない。多国籍企業は、世界各地で生産し、販売しながら、世界中の消費者、従業員に固有のライフスタイルと価値観を「教育」しているからである。ここで「教育」というのは、企業が従業員のスキルや態度を教育するという意味だけでなく、マーケティングによって消費者のライフスタイルを操作することも意味する。貿易統計には表れない多国籍企業の機能は、「マクドナルド化」(リッツア、一九九九)現象に代表されるように、世界の都市文化の均一化を進めている。

こうして、多国籍企業は、世界の都市文化を破壊するという主張もうまれている。しかしながら、これは「企業」という経済的アクターの組織的内容を軽視した主張である(2)。今、考察しなければならないのは、経済地理学や新しい国際政治経済学のいう地域住民の格差や移民労働者の状況であると同時に、管理機構としての企業組織のメカニズムであり、経営戦略上の意思決定からみた都市の位置づけである。多国籍企業が直接投資する場合、その地域に対してどのような結果をもたらすのかは、そのときの企業の経営戦略によって決定される。言い換えれば、企業の海外進出のパターンは、その際、経営戦略上、何を競争優位の源泉とみなすかに依存するのである。たとえばバートレットとゴシャール(一九九〇)は、企業が海外進出するパターンは、直接投資するときの生産技術や市場構造によって三つのパターンがあることを示している(3)。

企業は、有限な経営資源をもって市場競争する経済主体であり、だからこそ経営戦略をもつ必要がある経済主体である。この組織体を動かしているのは、戦略的意思決定を行う企業の経営官僚である。彼らは、チャンドラー(一九八五)が指摘したように、所有から分離された、管理能力に対する俸給によって雇われた専門的経営者である。

企業は、有限な戦略策定能力、市場予測能力、すなわち「制限された合理性」によってマネジメントされている組織体である。企業は「制限された合理性」を乗りこえるためにヒエラルキーをもち、世界市場と情報技術という不確実な環境に適応しようとする。それと同時に、企業は、ローカルで歴史的に形成された径路依存性(path dependency)に拘束される。大量生産システム・経営文明と都市社会のリスクを考えようというわれわれは、都市と企業の理論的フレームワークを再検討することから始める必要がある。

2　都市経済学のフレームワーク

企業の生産性からみた都市社会との関係についての理論的枠組みというと、都市経済学や「空間」経済学のアプローチが想起される(4)。伝統的な経済学が空間概念を捨象した「ポイント・エコノミー」(5)であるのに対して、熟練労働力などの生産要素の質、中間財の輸送、製品市場へのアクセスといった

「空間」的要素を考慮した、新しい経済学的アプローチのことである。クルーグマン(一九九四)によれば、経済学の分析は、収穫不変ないし収穫逓減、完全競争などのアプローチを仮定しており、集中化の背景にある収穫逓増がモデル化しにくいことから、経済活動の地理的側面を考えるときの最大の特徴である生産の「集中化」をモデル化することができなかった。経済学の分析は、通常、収穫逓減を前提として、完全競争市場における経済主体の合理的選択を扱い、その規範的コンセプトは資源の最適配分である。輸送費や通勤費用などの「空間」に関する問題は、情報の非対称性の問題や経済活動における対面的コミュニケーション(face to face communication)の必要性などと同様に、通常の経済学では存在しないことになっている。

また、クルーグマン(一九九四)は、経済学の分析にとって、外部経済の分析がむずかしいことも経済学が「空間」的要素を無視してきた理由であるという。外部経済については、従来の経済学では、都市化による「集積の経済性」よりも大気汚染や交通渋滞などの「外部不経済」が強調されてきた。こうしたアプローチの背景には高度成長に伴う社会現象があった。経済学においてそのフレームワーク転換の契機になったのは、一九七〇年代の産業組織論の新しい波および一九八〇年代の国際経済学における収穫逓増を肯定する新しい考え方の台頭であった(Krugan, 1991 ＝一九九四：一七)。

こうして近年の都市経済学は、立地の重要性を前提として、なぜ都市は存在するのか、なぜ国家のマクロな経済の中に都市があらわれるのか、という問題を新古典派的アプローチによって分析する(6)。

本章は、経営社会学のアプローチから都市を分析するものであり、都市の適正規模や輸送費最小化問題などの経済学的イシューを論じないが、都市の利便性とその限界（市場の失敗の政府による補正）に関する都市経済学の考え方は、経営社会学的な分析の前提におかねばならないものである。その限りでここでは都市経済学の基礎的なフレームワークをみることにする。

経済学的にみれば、都市の規模を決定するのは、企業と労働者の合理的で自由な選択による。企業は利潤を極大化しようと行動を選択するし、労働者（ないし家計）は所得（効用）を極大化しようとするから、企業にとっては都市に立地することの目的は輸送費や通信費をふくむさまざまな取引費用の節約であり、労働者は通勤費の節約と相対的な高所得を求めて都市に移り住む。経済学的にみて、都市化には次の四つの要因がある（金本、一九九七：一二）。すなわち、移動の不可能な生産要素の集中、生産における空間的な規模の経済（あるいは、不可分性）、集積の経済、公共財の存在である。

第一の移動の不可能な生産要素の集中とは、炭鉱など移動できない生産要素の近辺に関連する産業が輸送コストを節約するために立地することである。第二の生産における空間的な規模の経済とは、自動車の組立産業のような、機械設備などの不可分性から生じる規模の経済が働くことである。その際、ここでいう規模の経済とは、一つの企業において生産規模が拡大することによる利益であり、比較的小規模な企業城下町を説明する要因である。

右の二つの要因が小規模都市を説明するのに対して、三番目の集積の経済は、多数の企業が集まっている大都市の成立を説明する要因である。多数の企業が一つの空間に集まることによって得られる経済外部性を集積の経済と呼ぶ。企業が、市場における取引コストを節約するために取引を「内部化」する前の段階において、地元の供給業者が作る道具、機械、材料あるいは地元の消費者、購買者を必要とした時期には、地域的な産業集積が企業の競争優位の源泉となった。取引を内部化して、垂直統合された大量生産型企業に「進化」しなかった地域が、一九七〇年代以降のフォーディズムの危機の際に逆に繁栄したことから、集積の経済はポスト大量生産モデルとして再発見されることになるが、ここでは、大量生産前後のロッキード社のエピソードを想起すれば足りるだろう。一九二〇年代末、ロッキード社は飛行機の生産にとって必要なほとんどすべての要素をロスアンゼルスの集積に依存していた。その後、ロッキード社は垂直統合により諸機能を内部化してから、ジョージア州北部に工場を移転した。ジョージア州では、同社はすでに高度に内部化されていたため、地域経済に生産技術的には何も依存しなかった。同社がロスアンゼルス時代にもっていた地元との豊かな生産ネットワークは、ジョージアには育成されなかった。同社がさらに安い労働力を求めてジョージアを去った後は経済的空白だけが残されたのである(Jacobs, 1984 =一九八六：一一四)。

四番目は、下水道、一般道路、通信施設他、都市が提供する良好なインフラストラクチャーないし公共サービスのことである。こうした公共財の存在が、企業を都市に立地させる要因である。もちろん都市にはこうした集積の経済のみが働くのではなく、その反対の通勤や輸送のコストなどの集積の不経済ももたらす。都市の規模は、その均衡点で決まるとされる(7)。

経済学的な「集積」概念は、マーシャルの外部経済概念に由来している。マーシャル(一九六五)は集積の原因を三つあげている(8)。以下、マーシャルの趣旨を要約する。

(一)特定の地域に特定の産業が集中して立地する場合、そこには特殊技能労働者が集積する。一般技能労働者とちがって特殊技能労働者は企業にとって獲得が容易ではないし、労働者にとってもその地域に行けば就職がしやすくなるという、双方にとっての便益が得られる。また一つの企業が倒産した場合でも、労働者は同じ地域の他企業に雇用されやすいから、失業率を下げるというメリットも生まれる。(二)この地域では、特定産業に特化した補助産業から中間投入財とサービスが豊富に得られるという規模の経済が発生する。道具、原材料の供給から、流通や取引に関する諸々のサービス業務などは、企業の集積している特定地域でなければ非常に高価になってしまう。(三)特定の産業内部での専門知識・技術の波及効果が得られる。これについてはシリコン・バレーなどのハイテク産業地域を連想するのが常であるが、クルーグマンは伝統的な産業でも地域集中化を促す力がきわめて強いことを指摘している(Krugan, 1991 ＝一九九四：六七)。クルーグマンの指摘は、ピオリとセーブルの研究などからも肯ける。知識や情報の波及は、対面的コミュニケーションという都市地域のもつ大きな魅力であり、重要な「見えざる」都市的インフラストラクチャーである。

以上のように、経済学的フレームワークは、「規模の経済」を基礎にした「集積の経済」の概念という経営社会学にも基礎となる重要な概念を提示した。

当然ながら、経済学にとっての企業は、内部組織の取引コストの問題として扱われる(9)。また労働者は、通勤費用と通勤にかかる時間を含めた機会費用の最小化行動主体としてモデル化される。このモデルでは、「空間」という経済学的には新しさをもっているにせよ、企業は、自社の短期的利益の極大化を志向し、そのために労働者を含む技術から原材料までのすべての生産要素を、自由気ままに最適配分できる経済主体としてモデル化される。またここでは労働者は、通勤時間や賃金などの条件が気に入らなければ、自由に他の勤め口を探すようなロイヤルティのない(つまり自由自在で合理的な)経済主体である。こうした方法論的個人主義が新古典派の政治哲学から由来することは知られているが、現実の企業組織はチャンドラーやウェーバーのいうヒエラルキーと管理(management)から成りたっていることも事実である。経営者は、利潤極大化のために戦略を策定すると同時に、彼の意思決定は、事業が関与している地域の社会規範からの正当性を考慮せざるを得ないはずである。

都市経済学の理論を基盤にしながら、われわれは企業のヒエラルキー、経営者、意思決定、経営戦略と「社会」の整合という要素を取り入れた、すなわち「埋め込み」や正当性の視野を含めた経営社会学的な「企業」のフレームワークを構築しなければならない。

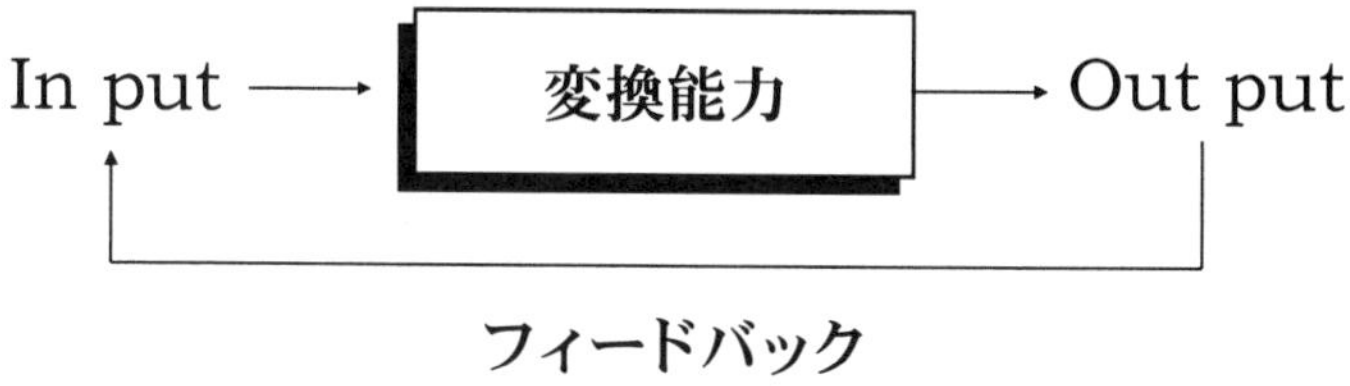

図1　企業のメカニズム

3　企業の基礎モデル

企業のメカニズムは、**図1**のようなシンプルな資源転換機能としてモデル化できる。企業にとって、インプット(投入)は資金、材料などの諸資源であり、それらを組み合わせることによってアウトプット(製品・サービス)を生産する。その際の効率性は、企業が保有している資源の変換能力(技術)に依存する。市場はじゅうぶんに競争的であると仮定されるから、ある企業の変換能力が同業他社のそれに著しく劣るとき、生産費用は相対的に高くなるから製品の市場価格も高価になり、その状態が改善されなければ当該企業はその産業から撤退せざるを得なくなる。これを競争劣位(competitive disadvantage)にあるという。その反対に、市場に好意的に受け入れられるアウトプットを生産する変換能力は、当該企業に競争優位(competitive advantage)をもたらす。マネジメントをめぐる実務的・理論的な課題は、したがって、いかにして企業は競争優位を構築することができるか、またその競争優位を持続することができるか、という問題である。

その際、企業の規模、生産技術、市場の規模という相互に関連した三つの基本的な要因がある。企業規模は、経済活動のために必要とする資本の量、またそのために必要となる労働者の量にかかわり、企業の組織構造に帰結している。生産技術は、本章で考察の対象としている大企業を浮き彫りにするためには、ピオリとセーブルのようにクラフト的生産方式と大量生産方式に分けることができる(Piore and Sable, 1984 ＝一九九三)。市場規模は、生産技術と生産規模によって決まり、クラフト的生産方式では相対的に小規模だった。

4　社会に「埋め込まれた」企業

一九世紀末から二〇世紀にかけて、大企業体制の基盤が整う以前の「企業」とはどのようなものだったのか。一九世紀半ば、ビジネスの中心地だったニューヨークのある商人の姿をチャンドラー(一九八五、上)は記述している。一日の細々した仕事と取引先のやりとりの記述から、当時の企業活動の特徴が浮かび上がってくる。職場と住居が小さな生活圏に混在していること、日常生活の中で対面的情報が飛びかい、路地に人びとの生産と消費の両方があること、地理的にも財務的にも小規模なビジネス――この当時、ニューヨークは、最近の都市計画論でいわれる「コンパクト・シティ」そのものだっ

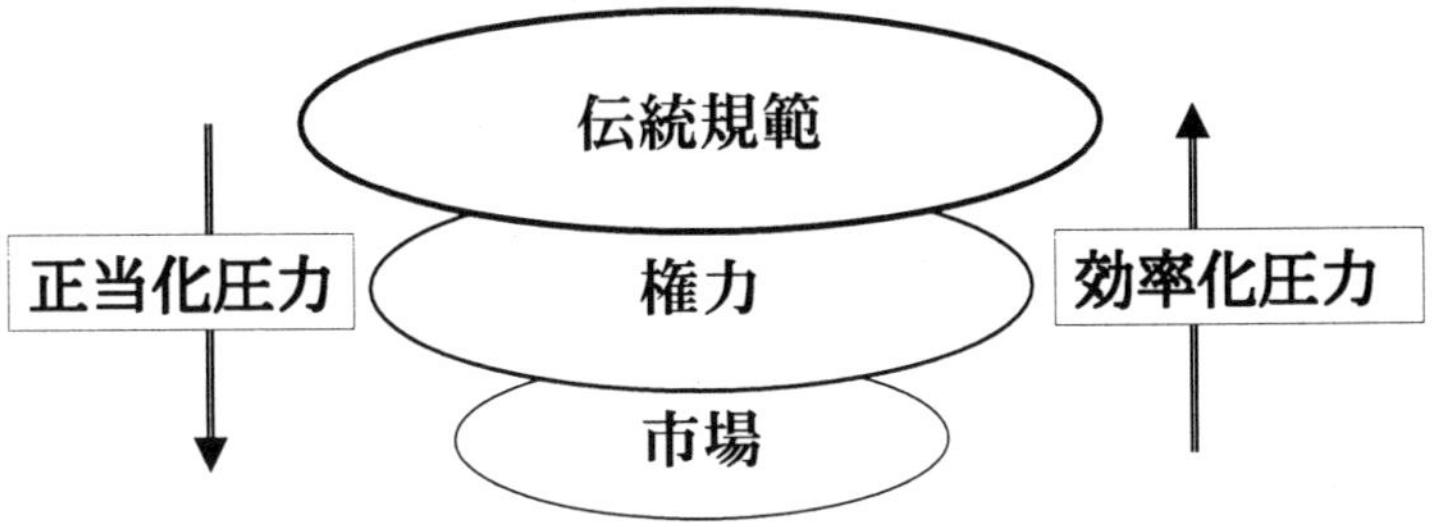

図2　社会に「埋め込まれた」企業モデル

た。こうした大量生産以前の企業活動は、都市の交通、道路、生活時間をも規定している(10)。伝統的な商人は、現代のようにウォール街の見知らぬ株主のために四半期ごとの決算を気にせずに、街角の対面的な「信頼」(trust)を基準にしてビジネスをしている。会社の規模も、使っている技術も、市場規模(顧客の数)も目に見えるようなものでしかなかった。今のビジネスマンからみれば、この商人のビジネスは素人の商売にしか思えないにちがいない。現代のビッグ・ビジネスとこの商人の違いは、組織の規模、生産技術、市場規模の違いであり、言い換えれば、この商人の経済活動が、対面的な人間関係という目に見える「社会」の、幾層にも重なり、時間的にも継続する社会規範の束のなかに「埋め込まれて」いたということである。

図2に示した企業モデルは、伝統的な社会で、小規模な経済活動を営むような組織体であり、市場取引の外部にまずローカルな政治システム(権力)をもち、ローカルな権力から解放された経済活動は営むことができない。そのローカルな権力もさらに大きな伝統規範に従わなければならないのが、伝統主義(Traditionalism)の社会である。

こうして正当性の根拠としての圧力は、伝統規範がもっとも大きく、日常生活を物質的により豊かにしようとする効率化への圧力は、市場システムにおいてもっとも大きい。しかし、どんなに市場システムの期待が大きくなろうとも、ここではまだ経済システムはローカルな権力と伝統規範という「社会」に従わねばならない。

ここでは、シュムペーター的な意味での「創造的破壊」や「新結合(イノベーション)」のシーズは、「社会」という重い砂の中に「埋め込まれた」ままで、容易に芽を出すことができない。正当化圧力と効率化圧力は交差・交渉しあいながら、それぞれの地域の歴史的径路に依存しつつ、当該地域の伝統規範の正当化圧力と市場の効率化圧力の交渉の結果を残していく。産業化・資本主義化・新技術の導入・新組織管理手法の導入といったプロセスは、この二つの交差と交渉のプロセスである。企業活動が社会の「埋め込み」から解放されていくプロセスは、外部からの効率化圧力と伝統規範の正当化圧力の交渉によって、外部システムの力が勝っていることの結果である。

ポラニー(**K. Polanyi**)は、西欧において、市場メカニズムが社会の「埋め込み」から解放され、それ自身として独自の論理を分化させていく時期を、一八世紀末から一九世紀にかけてであるという。この資本主義への「大転換」(**the great transformation**)は、日本のような資本主義後発国ではさらに後の時代になった。

ピオリとセーブル(一九九三)のいうクラフト的生産システムとは、資源の組み替えによって柔軟な専門化を可能にし、永続的に革新を促進してきた制度であり、地域生産共同体(municipalism)、福祉資本主義(welfare capitalism)あるいは家父長主義(paternalism)、そして親族関係の企業家的利用に基づく家族主義(familialism)という三つの特徴をもっている(Piore and Sable, 1984＝一九九三：四二)。このうち地域生産共同体とは、生産の中心になる都市の周辺に地域ごとに生産拠点が散在する生産形態をさす。小規模生産者の相互扶助による地縁・血縁的コミュニティがその実態であり、ある地域で特定の産業が盛んになると、その産業に必要な熟練労働者を育成するための訓練所や商業学校が設けられ、その他にも、貯蓄組合、労働者住宅、老人ホームなどの社会政策的制度が地域の産業育成のためのインフラとして整備されていった。この出資者は、その地域を代表する企業である場合が多く、ここでは企業は利潤を短期的に極大化するかわりに福祉資本主義的な行動をとる傾向がみられる。その際、福祉資本主義はあくまでも地域の有力企業の家父長主義的なイニシアティブによるものであり、地域産業にかかわる企業と労働者の家族主義的なネットワークを土台としていた。こうした独特の地域集積は、地域の対面的コミュニケーションによる信頼関係なしには不可能であった。

このクラフト的生産システムと地域の産業集積および企業ネットワークの役割は、あくまでもピオリとセーブルが大量生産方式と対照させるために構成した理念型モデルであり、先にみたジェイコブズの初期ロッキード社のロスアンゼルスがそのまま当てはまるわけではない。しかし、クラフト的な企業モデルの意義は、その「柔軟な専門化」(ピオリ、セーブル)によって高い生産性と適応力をもち、永

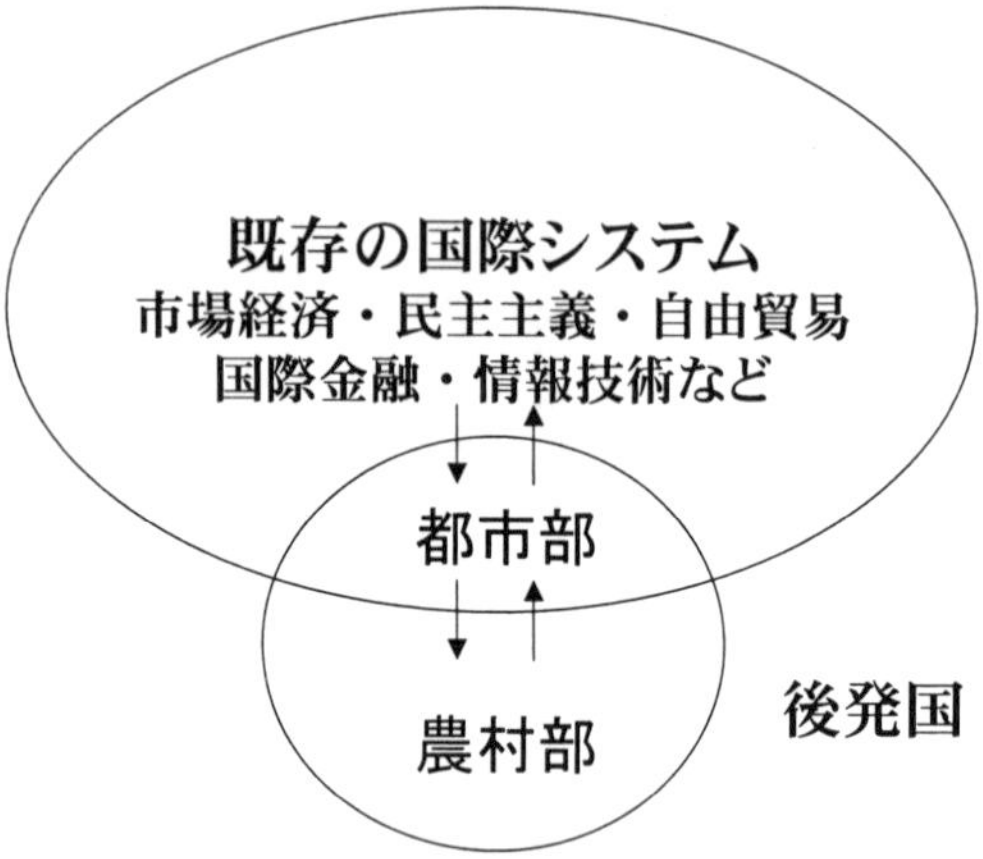

図3　国際統合

出典：大野、2002年、52頁。

続的な革新能力を有することを示すことで、行き詰まった硬直的な大量生産システムの選択肢となり得ることを証明した点にあった。

もちろんすべてのクラフト的生産が大量生産のオルタナティブになったわけではない。その多くは、ピオリとセーブルも述べているように、国家政策によって、または地域の専門生産者たち自身が内発的に大量生産システムに魅了されて、技術革新能力を喪失していった。すなわち、成功した例外的ケースではなく、圧倒的多数の解体したケースに目を向ければ、クラフト的企業モデルは、産業化(外部システム)が都市(内部)に対してもつ社会的なインパクトを考えるための一般的モデルとしてより一層有効である。たとえば、開発経済学的な意味での「社会に埋め込まれた経済」から「市場経済」への移行は、近年、東西冷戦構造の解体とともに重要な問題となった[11]。開発経済学が扱っているのは、まさに自立能力のないクラフト的生産から(外部システムとしての)大量生産方式への移行に直面した都市社会の問題である。

図3が示しているように、近代資本主義という外部システムは、国際化と工業化を二つの柱とするシステムであり、非経済的分野に対する強力な支配力を特徴としている。言い換えれば、「現代の市場経済システムは、それが触れる社会を内側と外側の両方から浸食していく強烈なエネルギーを内蔵し」(大野、二〇〇〇:五二)ている。その結果、資本主義化の浸透する過程は、社会に分断と不均衡をもたらす。その分断と不均衡は、とくに外部システムと在来文化が交差・交渉する都市部において著しくあらわれる。「市場経済システムの浸透は、大量生産技術とともに、個人主義的かつ自由主義的な利潤追求の肯定と、巨大な世界市場へのアクセスの可能性を地域社会にもたらす」(同書:五八)。

ピオリとセーブルの主張は尊重するにしても、大量生産システムに対抗できなかった産業集積地のほうがはるかに多いはずである。一般的には、伝統的な生産システムから近代的な大量生産システムへの移行は、否応のない外部圧力として都市部に降りてくるのであり、その移行過程はこれまでの経済と社会の力関係を急激に変えたのである。

5　大量生産システムと企業

大量生産は一九二〇年代の米国において確立した。それは鉄鋼業等で始まり、典型的なシステムとしては耐久消費財（自動車・フォード方式）で確立し、加工組み立て産業全般に急速に広まった。地域社会の生産形態と生活は、徐々に大規模工場を中心とする労働と生活にとってかわられた。こうして第二次世界大戦後、一九五〇年代になると、アメリカの大都市は、現代の大量生産工場を基盤とする都市の原型を示すようになった。アメリカの都市部における労働者の職場と住居は、一九二〇年代に分離され始め、第二次世界大戦後になると、労働者たちは作られたばかりのハイウエイを利用してます遠距離通勤をするようになった。都市の中心部は大企業のオフィスであり、インナーシティには大工場とその関連施設が置かれ、郊外には労働者の住宅がならび、交通には自動車専用道路が利用された。こうした第二次世界大戦後における典型的なアメリカ型都市の構造は、中間層を中心とする「豊かな社会」の象徴であり、大量生産、大量消費による経済成長というフォーディズム的蓄積様式の空間的表現であった。

大量生産の論理の基礎にあるのは「規模の経済」である。規模の経済（economies of scale）とは、経済学的に定義すれば、生産量を増大したとき長期平均費用が逓減する現象をさす(12)。生産費用は、固定

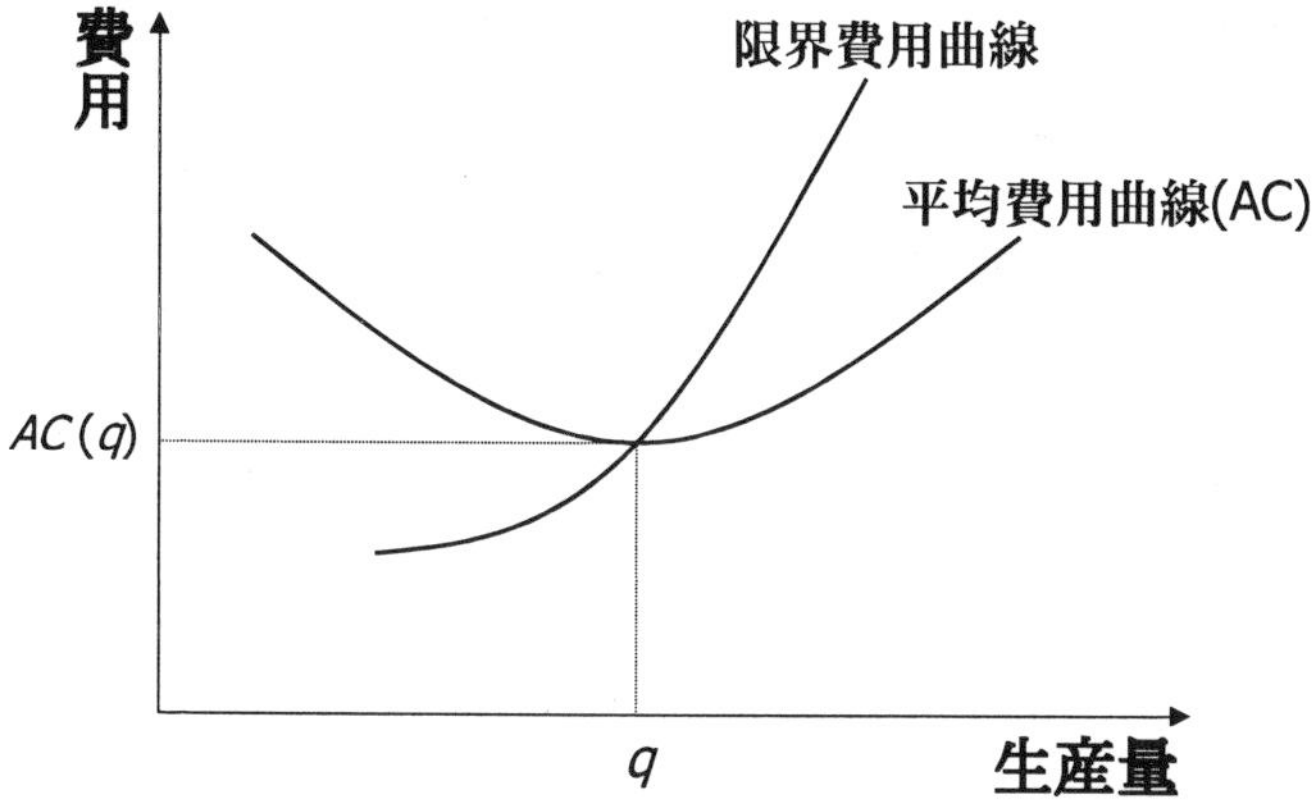

図4　企業の費用曲線と規模の経済

費用と変動費用から構成される。生産規模を拡大していくと、平均固定費用は低減し右下がりの直線になる。平均変動費用は、生産量の増大にともなって逓増的に増える。可変投入物についての収穫逓減の影響がしだいに大きくなるためである。この固定費用と変動費用の増減の結果、企業の平均費用曲線はU字型を描くのである（図3）。また、限界費用は、限界収穫逓減によって生産の増加分に対して大きくなるから、限界費用曲線は右上がりになる。平均費用が最小になるところ（図4のq）で限界費用曲線と交わるが、生産量がqまでの生産領域において規模の経済が発生する。したがって固定費用の先行投資額の大きさが競争優位の源泉になる。

経営戦略の視点から規模の経済を説明してみよう。企業が規模の経済を働かせるのは、（一）専用機械によって大規模生産をすることは、製品一単位あたりの工場や設備のコストを低下させる、(二)大規模生産によって従業員が高度に専門化し、細分化された作業に特化することで生産性が上がる。より小規模な企業では、専門化によるコスト低下を享受するまで生産量を増やすことができない、(三)生産規模が大きくなると、製品一単位あたりの会計や財務、研究開発などにかかる間接費を低減することができる、という理由からである(Barney, 2002 = 二〇〇三)。

また経営戦略上、分かりやすい目標となるのは、経験曲線(experience curve)である[13]。累積生産量の増加にともなって製品一単位あたりの製造コストが低下する現象である。これは第二次世界大戦前の航空機産業において発見された現象であり、航空機の累積生産量が二倍になるごとに、一機あたりの労働コストは二〇パーセント減少した。戦後、同様の現象はコンピュータや半導体をはじめとして多くの産業で発見された(Barney, 2002 = 二〇〇三 : 中巻、七六)。

生産の技術はそれだけでは実際の生産性をもたらさないことは、チャンドラーが繰り返し述べている。技術革新をいかすことができるのは、組織革新をなしとげた企業のみである。したがって、企業の管理構造の側面から、規模の経済と大量生産を考察する必要がある。

アメリカにおける大量生産方式の出現には、アメリカ的製造方式(American system of manufactures)という一九世紀後半からの準備段階があった。それは単用工作機械による互換性部品の生産であり、まず武器製造業等でみられた生産方式であった。アメリカ的製造方式なしには大量生産は存在しなかっただけでなく、「アメリカ的製造方式が、単なる技術以上のより広範囲な分野にわたる現象であった」

(Mayr and Post, 1981 = 一九八四：二〇)といわれている。

アメリカ的製造方式の基本的コンセプトは「規模の経済」の獲得にあった。具体的にみると、アメリカ的製造方式とは、(一)ただ単一の作業をするために設計された専用機械を必要とすること、(二)それゆえ大規模な初期投資を必要とすること、(三)商品の単位価格が下落するにつれて商品の市場は拡大する、(四)単位当たりの利益は低下しても、相対的な利益は増大し、最終的には生産設備の大規模初期投資を相殺するというものである(Mayr and Post, 1981 = 一九八四：二一)。これは循環的な仮説であり、規模の経済が発生するところでは生産者は大規模な初期投資を続けざるを得ない。固定費用が大きければ大きいほど、図4で示した規模の経済が働く生産領域が増大するからであり、業界の熾烈な競争に勝つためには各企業は規模の拡大を最優先する必要があった。そこで一九世紀末の企業合併運動が経営者の戦略として起こってきた。チャンドラー(一九八五)が指摘しているように、一九世紀末から二〇世紀初頭にかけての時期、垂直的統合によって、内部化による市場取引コストの削減が進んだ鉄鋼業はこのケースである。大量生産は、垂直統合された、合理的に管理された大規模組織を必要としたのである。

アメリカ的製造方式という基礎の上に、テイラー主義的な組織管理技術と管理思想が機能し、その上に大量生産企業の計画的管理が機能した。こうした経緯が、最終的にフォーディズムという大量生産システムの企業体制に帰結したのである[14]。一度確立した大量生産体制は、工場内部だけでなく

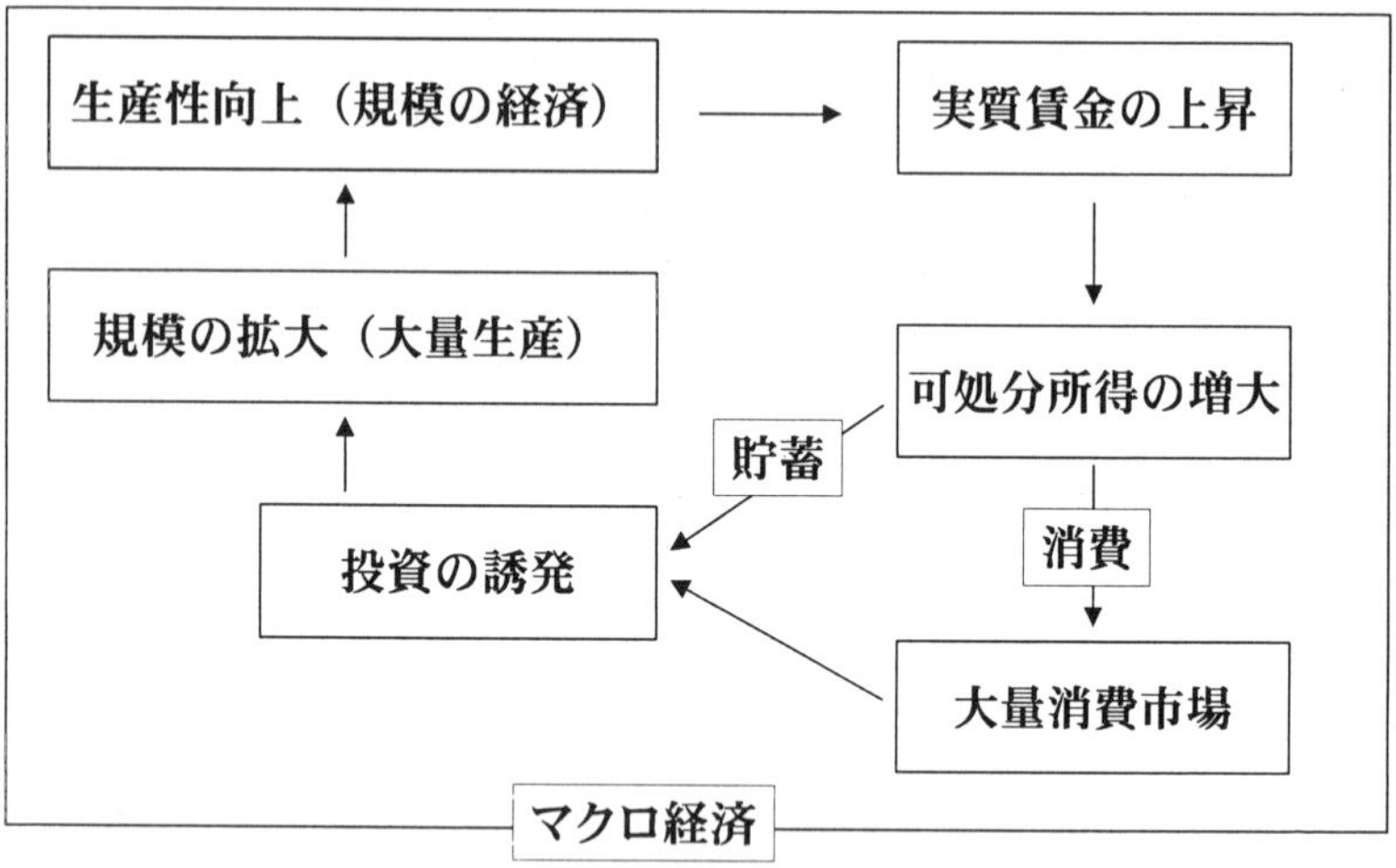

図５　フォーディズム的蓄積回路

消費形態、都市構造、社会構造まで影響をおよぼした。ハルバースタムはフォードについてこう書いている。「彼〔ヘンリー・フォード〕の創始した〔大量生産〕システムは、ただ単に自動車産業を変革しただけではなく、工業生産のプロセス全体を変えてしまった。……またフォードは、それに劣らない重要性をもつ、もうひとつの改革をアメリカにもたらした。彼は、中流階級という膨大な消費者層を作り出し、国民の誰もが消費活動に参加できるようにしたのだ」（ハルバースタム、一九九四：八〇）。これはまさに「大量生産に基づく産業的民主主義」（ハルバースタム＝一九九四：三四）の社会であった。その意味で、大量生産は単なる技術ではなく、二〇世紀の経営文明における「社会的経験」（Mayr and Post, 1981 ＝一九八四：二一）なのである。

　経営戦略以外の制度についても二つ触れておきたい。一つは、組織変革と同様に重要だったマクロ経済的な調整の様式である。いかにフォード社が大量生産された自動車を安くしていこうとも、また社内ローンを始めて社員の購買意欲を誘っても、国家経済全体が不況であれば大量生産で製造された商品はたちまち在庫の山を作る。マクロ的にみれば、フォーディズムと呼ばれる蓄積と調整の様式が、大量生産と大量消費の好循環を可能にしたのである(図5)。規模の経済と生産性の向上は、労働者に実質賃金の上昇をもたらし(フォード社の一日五ドルという事例)、可処分所得が増大することによって消費と貯蓄が増える。消費は大量生産製品の購買にあてられ、貯蓄は企業に投資されることで、企業はさらなる設備投資をする。そして規模はさらに拡大し、実質賃金もさらに向上するという黄金の回路が廻る。二〇世紀の経営文明の、中間層の台頭、大衆民主主義、高度な大衆教育のゆとりをもたらした蓄積様式がフォーディズムである。

他の一つは、大量生産体制を安定させるための社会的インフラとしての株式会社制度である。株式会社とは、証券市場を効率的に活用するための制度であるが、その前提として「所有と経営の分離」という第一次世界大戦後にあらわれた現象がある。企業の大規模化にともなって、株主の数が増大し、株式の分散化が進んだ。このことは、会社を支配するような個人株主が激減したこと、および企業競争の激化、技術革新の進展、組織内部の調整・管理などによって、専門経営者が企業を排他的に支配するような条件が整ったことを意味する。株式会社制度の意義は次の四つにある(Monks and Minow, 1995＝一九九九:二九)。(一)投資家の有限責任制によって出資者のリスクが限定されていること、(二)

投資家の利益が自由に譲渡できる。つまり、株は現金と同様の流動性があること、(三)法人格をもっている。つまり、所有者個人ではなく組織体に帰属する権限があること、(四)中央集権的管理がある。株式会社では、パートナーシップ企業のように総意もしくは多数決のような不安的な意思決定がなされるのではなく、ヒエラルキーをもち、取締役会と執行役員(経営陣)との階層的意思決定がなされること、である。株式会社は、二〇世紀の経営文明において、先進工業国社会にビルトインされた制度となり、能力ある個人を発掘し、「より大きく、永続的な活動舞台を個人に与える」(同訳書:三六)制度となった。

大量生産工場と株式会社の所在地が、二〇世紀の典型的な工業都市である。二〇世紀半ばのデトロイトにみられるように、この意味での都市は、国内市場を均一な標準化された製品で満たす大量生産の本拠地であり、国内市場の成熟とともに輸出の本拠地となった。

6　日本の大量生産企業と都市社会

日本の場合については、デトロイト型の大量生産システム・工業都市とは事情を異にした。工業化にともなう急激な都市化現象は日本でもみられたが、相違点は、アメリカで内発的に成立した大量生産システムは、日本にとっては「外部システム」として移植された要素であったことである。「外部システム」と伝統的生産形態の浸透と葛藤プロセスは、二つの時期に集中してみられた。

　まず「戦間期」と呼ばれる第一次世界大戦後から第二次世界大戦直後の時期である。この時期に、外部から移植された生産技術（一部の産業での初期大量生産）を在来の日本的な組織化（人びとを集合的に一つの目的のために活用するように管理すること）手法との相互作用があり、外部システムと内部の社会秩序化規範との交差と交渉の結果が「日本的経営」スタイルの原型としてもたらされた。議論はあるものの、終身雇用制度、年功序列賃金、企業内組合などの組織内部の制度はこの時期に原型が作られたことは通説であろう。

　二つめの時期は、第二次世界大戦後の高度成長期である。この時期、重化学工業、機械工業などの本格的な大量生産体制が導入されたが、工場内部の人事制度のようなミクロな変革にはとどまらず経営管理そのものの「アメリカナイゼーション」（橋本、一九九六）――長期経営計画の導入、改正商法の実施、会計監査制度の導入など――が必要となった。この時期もまた、「外部システム」は日本の企業・社会にとって導入しやすいような形にデフォルメされて入ってきた。メイン・バンクを中心とする企業集団と日本企業独特のコーポレート・ガバナンスの形態は、戦後の高度成長の基盤となった。

　とくに企業集団内の系列取引は、日本の製造業が米国の大量生産システムにキャッチアップしていく要因となった。米国の大量生産企業（たとえば自動車産業）とは異なり、日本の自動車産業は、当初、規模の経済を働かせるために十分な市場規模をもっていなかったし、高品質な供給業者ももっていなかった。そのため、日本の最終組立て企業(アセンブラー)は供給企業(サプライヤー)に投資し、育成する必要があった。この事態は、第二次世界大戦後、米国の自動車市場における急激な需要増加で、アセンブラーにとってのボトルネックが部品の供給不足であったこと、したがってデトロイトの自動車企業は部品生産を内部化していったことと比較すべきである。現在、米国では開発工数の八六パーセントをアセンブラーが行い、貸与図部品が八一パーセントを占めているのに対し、日本ではブラックボックス部品(承認図部品)が六二パーセントで、開発工数のほぼ五〇パーセントをサプライヤーが担っている(クスマノ、武石、一九九八/小田切、一九九二)。

米国のデトロイト方式は、サプライチェーンを垂直統合し、部品内製率を八六パーセントまで高めることによって、市場取引の機会主義と不確実性による取引費用を削減している。これは規模の経済を作動させるために、デトロイト型の大量生産システムが採用した方法であり、硬直性というデメリットを凌ぐコスト上のメリットを得た。それに対して、日本の自動車産業ではアセンブラーの部品内製率は二〇ないし三〇パーセントであった。部品生産は自社に内部化せずに、中間組織と呼ばれる系列会社に発注した。

系列、つまりアセンブラーとサプライヤーの間の継続的な長期取引関係は、日本の産業組織上の根本的特徴であり、一九八〇年代末、日米構造障壁除去協議(SII)でも集中的にとりあげられた。系列を使った日本独自の大量生産の形態は、「二重構造」論などの誤解を国内外に生じさせたのである(15)。

スポット取引と比べると、長期継続取引のほうが取引費用は大幅に削減できる可能性がある。その要因は、(一)調査費用、(二)交渉費用、(三)在庫費用、(四)監視費用、(五)信頼形成費用、(六)調整費用などである(橋本、一九九六：二〇五)。さらに、日本の継続的取引には、信頼財の構築、企業間の「信用」形成によって機会主義の予防のためにかかる取引費用の削減ができるというメリットがある(柿沼、一九八九／橋本、一九九六)。

系列企業との継続的な取引による日本的な大量生産の方法は、米国社会とは異なる都市社会の形成をもたらした。産業構造の重化学工業化にともなって、中枢となる工業都市へ経営資源が集積されていった結果、農業と工業部門では生産性格差が広がり、農村と都市地域の所得格差が拡大した。日本における重工業的な大量生産の確立は一九五〇年代後半から一九六〇年代前半にかけてであり、この時期に、より高い所得と生活機会を求めて農村から都市への人口移転がおこった。これが高度成長期における、農村の新規学卒者を中心に大量の人口が三大都市圏に流入した、いわゆる「民族移動」である(吉川、一九九七)。

都市に移り住んだ若者は、やがて結婚し、核家族を形成する。世帯数の増加もこの時期の日本経済の特徴であり、このことが電化製品、住宅、自動車などの耐久消費財のさらなる市場拡大につながった。**図6**に示されているように、農村から都市部への人口移動は世帯数を増加させ、さらに各家計が購買力を増加したことで、耐久消費財の需要拡大をもたらし、それは企業の設備投資と技術革新を生

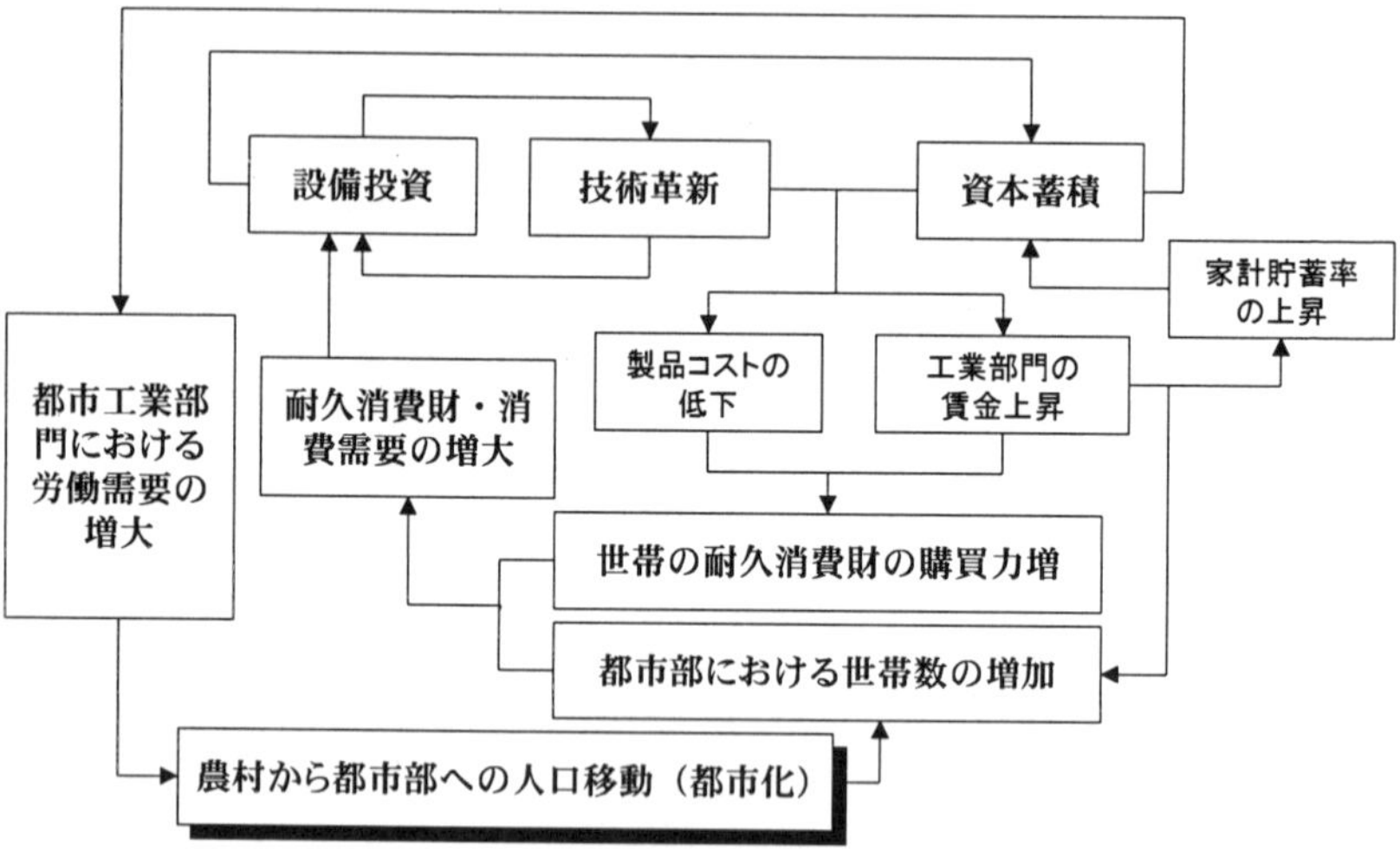

図6　高度成長のメカニズムと都市化

出典：吉川、1997年、137頁を一部改。

んだ。このことが、より巨大で効率的な設備（固定資本）の増大、さらに製品の製造コストを大幅に引き上げ、賃金を上昇させた。このフォーディズム的循環が、高度成長、工業化、都市化のロジックであった。同時に、これは都市間・地域間あるいは産業間における不均衡な成長をもたらした。

企業が大量生産を導入するとき、特定の地域社会に系列企業ごと進出して、特殊な性質をもつ都市社会が形成される。その性質は、企業がどのような生産技術と生産規模を地域にもって行くか、地域の在来の産業集積にどの程度まで依存するかによって決まる。具体的なケースとして、本間（一九八〇）は高度成長期の企業進出と地域社会との関係を、日立製作所、トヨタ自動車工業、日本鋼管福山製鉄所、鹿島臨海コンビナート、野田醤油(キッコーマン醤油)の事例から明らかにした。本間(一九八〇)の結論は、以下のように要約できよう。(一)地域社会における企業の膨張・拡大の速さが、地域社会を急激に変貌させたこと。あまりにも短期間で企業規模が拡大するため、地域市民には、高度の生産技術をもつ施設が知らない間に出現し、操業しているという印象になる。(二)企業と地域社会との乖離現象がみられること。トヨタ自動車工業は、途中から地元の労働力をあてにしないで成長をとげてきたし、日本鋼管や鹿島では最初から地元の労働力をあてにしなかった。ということは雇用の創出は低い技能水準の低賃金労働に限られたということである。(三)企業の膨張は、行政単位を無視した形で進められたこと。つまり高度成長期の企業成長を支えたのは、地元の市単位というよりも都道府県レベルの行政単位であった。「高度工業化の過程では、地域開発事業の主役は黒衣をまとった『都道府県』であった」(本間、一九八〇:一八七)とすれば、生活単位としての地域社会、都市社会は、企業との交渉において力不足であったことは否定できないだろう。(四)企業の従業員と地域市民との乖離。在来の市街地から離れた場所に、企業が進出して、柵内に従業員のための販売所や床屋等の生活圏をそこに新設するパターンでは、都市人口はたしかに増加するが、在来の市民と転勤制度により短期間しか滞在しない社宅の「市民」に乖離ができることは当然だった。生活習慣や価値観の融合はなんらなされないまま、企業は都市で操業し、利益を上げていた様子がうかがえる。

こうして、プラザ合意以降、日本企業の国際化が本格化したときに、企業はもともと稀薄だった国内の地域社会を離れて、東南アジアや中国のより安価な労働力を求めて去っていったのである。「産業の空洞化」と呼ばれる現象は、大田区や墨田区の産業集積についてはおくとしても、こうしてみると高度成長期の大量生産体制の作り方、地域社会との関係に根源をもっていたことが分かるだろう。

おわりに――アフター大量生産

二〇世紀半ば、アメリカに豊かな中間大衆社会があらわれ、それが「民主主義」のお手本となった。核家族、専業主婦、郊外の広い住居、ダウンタウンの事務所、自動車での通勤、ハイウェイ、組織の中の人間、子供への多大の教育投資、平均的労働者の生活水準の向上、これらの都市の生活様式はアメリカ社会の「フォード化」が可能にしたものであった。

第二次世界大戦後の混合経済下において、ケインズ主義的な政府がフォーディズム的循環の支柱となった。戦後米国における大量生産企業の代表者GMの社長チャーリー・ウィルソンは、アイゼンハウワー政権の国防長官に起用されたとき、「GMによって良いことは、アメリカにとって良いことだ」(Halberstam, 1993 ＝二〇〇二、1：二一七)と発言したとおり、大量生産システムの生産性は企業と国家と平均的労働者に貢献した。米国以外の国でも、大量生産の規模の経済をいかせるような高度工業化が国家や地方自治体の支援を受けて進められた。このような経済、政治、社会における大量生産体制への移行を「近代化」「産業化」と抽象化・理論化し、各国の政策軸としたのである。

米国では、一九六〇年代末には国内市場は成熟し、米国企業の経営戦略はしだいに「豊かな社会」（ガルブレイス）の環境に適合しなくなった。米国企業は、本格的な国際化を開始してその状況を凌いできた（プロダクト・サイクル論）。しかし、一九七〇年代のエネルギー危機は大量生産のロジックに決定的なダメージを与えた。一九八〇年代になると、米国以外の生産方式が生粋の米国型大量生産システムを凌駕しはじめ、それは「多品種」の大量生産とか「柔軟な専門化」と呼ばれた。また、一九八〇年代は、国家と企業の関係も大きく変化した。新しい保守主義によって、規制緩和という、グローバル経済と国家の交差と交渉が始められた。かつての強大な国家の排他的領域は縮小され、国家がもっていた重要な専門領域は民営化された（Sassen, 1991; 1996＝一九九九）。また、マフィア経済などの非公式的領域（ブラック・マーケット）が増大し、国家はグローバル市場の前に後退せざるを得なくなった（Strange, 1996＝一九九八）。第二次世界大戦後、大量生産企業を守ってきた国家はここでその力を決定的に弱めたのである。さらに一九九〇年代になると、インターネットの商業利用が進んだことで、国家対市場の対決には市場主義の勝利によって決着がついたようにみえる。世界都市論、グローバル・シティ論は、この二〇年間のグローバル経済という外部システムと「国家の退場」（ストレンジ）とまでは言えないにせよ、かつてとはまったく異なる役割をあてられるようになった国家との交差をどうみるかについての議論なのである。

アフター・フォーディズム時代の「国家と企業」論については、現在の論調のようなカジュアルな経験からではなく、生産と経済のロジックとして考察しなければならないであろう。また、二〇世紀のアメリカ型経営文明のように、生産と経済のロジックとしてだけでなく、社会規範までも含めた地域や市民共同体が二一世紀のグローバル経済の中に誕生するかどうかも大きな論点である。いずれにせよ、二〇世紀の米国で生まれた「大量生産のエートス」(Hounshell, 1998)と呼ばれる新しい生活様式を根本から変革する経済と文化は、どこかで生まれるはずであるし、そのときに始めて現代人が知っている都市社会とは次元のちがう生活空間が可能になるのである。それはサステナブル・シティやコンパクト・シティ等と主張されているものになるのか。そうであるとすれば、企業の生産と経済の論理も、経営戦略と組織の構造も同時により「人間的な」ものへと変革されているはずである。「人間のための都市」は「人間のための企業」を前提にしか実現できないからである。

注

(1)ここで経営文明とは、二〇世紀における大企業組織と大量生産方式による生産性の上昇を前提とした、実質賃金の上昇がもたらした大量消費社会と定義できる。したがって経営文明は、先進工業国における都市社会を基盤として、その固有の合理的なビジネス文化を開花させたものであって、中心地域と周辺地域の格差を内在している。またその合理的な文化は、ジンメルが言うように、本来の「人間的」な文化と厳しく「分化」することで発展する傾向がある。

(2)近代企業における管理職能の歴史的意義と役割については、チャンドラーが論証した通りである。市場機能を代替する経営陣の「見える手」(The Visible Hand)についてのチャンドラーの仮説、および大量生産の生産力に関する、単なる技術的革新以上に組織構造の戦略的変革(組織変革)の重要性についての仮説は、近代企業論の標準的基礎と言えよう。本章は、チャンドラーの経営組織論の仮説に大きく依存している。ただし、チャンドラーの企業論における中小企業軽視や製造業重視のバイアスという批判があることも付記しておきたい。

(3)その三つのパターンについては、バートレット、ゴシャール(一九九〇)を参照。

(4)**Krugman** (1998) およびクルーグマン(一九九四)を参照。

(5)地域経済学と伝統的な経済学のアプローチの相違については、山田浩之編『地域経済学入門』有斐閣、二〇〇二年、一ページ以下参照。「ポイント・エコノミー」とは、「すべてに経済主体が一点に集まっているか、同質的な空間上で規模に関して収穫不変または収穫逓減のもとで生産が行われ、財や生産要素の輸送には一切費用がかからないという仮定」(山田、二〇〇二：一)のもとに分析が行われる通常の経済学を指す。

(6)都市経済学については、金本良嗣『都市経済学』東洋経済新報社、一九九七年、佐々木公明・文世一『都市経済学の基礎』有斐閣、二〇〇〇年、岡田知弘・川瀬光義・鈴木誠・富樫幸一『国際化時代の地域経済学』有斐閣、二〇〇二年、宮尾尊弘『現代都市経済学』(第2版)日本評論社、一九九五年、J・ジェイコブス『都市の経済学』中村達也・谷口文子訳、TBSブリタニカ、一九八四年を参照。都市経済学的説明は、主に金本(一九九七)および佐々木・文(二〇〇〇)を参照。

(7)ただしこの考え方には批判もある。「従来の都市理論はひとつの誤りをおかしてきた。都市への集積の利益ははじめ大きく、一定規模をこえると逓減しはじめ、他方、集積の不利益は都市の規模の拡大とともに逓増し続け、この二つの曲線はやがて交わり、そこにいたる中間に、集積の利益と不利益との差を極大にする最適な都市規模が存在するという考えである。」という伊東光晴(一九八九:一〇九)は、二つの点を批判する。一つは、集積の利益も集積の不利益も、多様であり質が異なるから、それを受ける主体は異なる場合が多いということである。これを合計して極大を求めることができるという考え方は現実の問題には適応できない。他の一つは、都市規模の拡大とともに、集積の利益が逓減せず、逆に増大し、人口と資金の集中をもたらすというのが現実に近いということである。

(8)マーシャルの説明はクルーグマン(一九九四)を参照にした。

(9)経済学の組織の定義は、アロー(一九七六)のいう、価格メカニズム(市場)が働かない領域で集団的な利益を実現するための手段、につきる。ウィリアムソンの取引費用アプローチも、市場と組織の範囲をめぐる議論にみられるように、その原点は同じである。この点で社会学的交換理論なども取り入れた議論をしているのは、今井・伊丹・小池(一九八二)を参照されたい。

(10)大量生産時代の都市の生活時間について、荒井・川口・岡本・神谷(一九九六)に興味深い最近の時間地理学の論文が収められている。

(11)大野健一(一九九六:七六)には、「外部システム」としての「市場経済」とその社会に固有の「基層社会」との相互作用と、「政策」による両者の調整という市場移行のシステム反応モデルが論じられている。前川啓治(二〇〇四:六七)の「市場原理」と「基層文化」の関係のモデルも本稿の論点からみても興味深い。

(12)規模の経済に関しては、植草益他(二〇〇二)、スティグリッツ(二〇〇〇)、長岡・平尾(一九九八)、特に小田切（二〇〇〇）が明解である。

(13)経験曲線と同義で使われる学習効果（learning effect）については、藤本（二〇〇一：I、一三五）を参照されたい。

(14)本章ではテイラー主義や互換性部品生産について詳しく述べる余裕はない。拙著『経営文明と組織理論』（学文社）あるいは拙著『入門経営組織』（新世社）を参照していただきたい。

(15)この「二重構造」は、親会社の温情主義神話と子会社の搾取神話である。これを誤解として証明した文献として、小田切（一九九二）を参照されたい。

文　献

荒井良雄・川口太郎・岡本耕平・神谷浩夫編訳、一九九六年、『生活の空間・都市の時間』古今書房。

Arrow, K., *The Limits of Organization*, W. W. Norton, 1974. ＝一九七六年、村上泰亮訳『組織の限界』岩波書店。

Barney, J. B., 2002, *Gaining and Sustaining Competitive Advantage*, 2nd edition, Pearson Education. ＝二〇〇三年、岡田正大訳『企業戦略論』ダイヤモンド社、上・中・下。

Bartlett, C. A. and Ghoshal, S., 1989, *Managing Across Borders: The Transnational Solution*, Boston: Harvard Business School. ＝一九九〇年、吉原英樹監訳『地球市場時代の企業戦略――トランスナショナル・マネジメントの構築』日本経済新聞社。

Castells, M., 1977, *La Question Urbaine*, Paris: F. Maspero. ＝一九八四年、山田操訳『都市問題』恒星社厚生閣。

———, 1989, *The Information City*, Oxford: Basil Blackwell.

———, 1999, *Global Economy, Information Society*, Cities and Regions, Aoki Shoten Publishers. ＝一九九九年、

大澤善信訳『都市・情報・グローバル経済』青木書店。

———, 2000, *The Rise of the Network Society*, Second edition, Basil Blackwell.

Chandler, A. D. Jr., 1966, "The Structure of American Industry in the Twentieth Century: A Historical Overview." Business History Review 43: 255-298.

———, 1962, *Strategy and Structure: Chapters in the History of the Industrial Enterprise*, Cambridge, Mass. ＝一九六二年、三菱経済研究所訳『経営戦略と組織』実業之日本社。

———, 1977, *The Visible Hand: The Managerial Revolution in American Business*, The Belknap Press of Harvard University Press. ＝一九八五年、鳥羽欣一郎・小林袈裟治訳『経営者の時代』東洋経済新報社、上・下。

藤本隆宏、二〇〇一年、『生産マネジメント入門』日本経済新聞社、Ⅰ・Ⅱ。

藤田弘夫、一九九三年『都市の論理——権力はなぜ都市を必要とするか』中公新書。

———、一九九九年一二月、「都市論——光と闇の歴史社会学」『情況・別冊：現代社会学のトポス』情況出版、一四五—一六一頁。

Halberstam, D., 1993, *The Fifties*, Villard. ＝二〇〇二年、金子宣子訳、『ザ・フィフティーズ』新潮ＯＨ！文庫、1・2・3。

ハルバースタム・D、一九九四年、狩野秀之訳『幻想の超大国』講談社文庫。

橋本寿朗編、一九九六年、『日本企業システムの戦後史』東京大学出版会。

本間康平、一九八〇年、「地域社会と企業」青井和夫・庄司興吉編『家族と地域の社会学』東京大学出版会。

Hounshell, D. A., 1984, *From the American System to Mass Production, 1800-1932: The Development of Manufacturing Technology in the United States*, The Johns Hopkins University Press. ＝一九九八年、和田一夫・金

井光太朗・藤原道夫訳『アメリカン・システムから大量生産へ一八〇〇―一九三二』名古屋大学出版会。

今井賢一・伊丹敬之・小池和男、一九八二年、『内部組織の経済学』東洋経済新報社。

石坂巌、一九七五年、『経営社会学の系譜：マックス・ウェーバーをめぐって』木鐸社。

伊東光晴、一九八九年、『技術革命時代の日本』岩波書店。

伊東光晴・篠原一・松下圭一・宮本憲一編、一九七三年、『岩波講座 現代都市政策X・都市社会と人間』岩波書店。

Jacobs, J., 1984, *Cities and the Wealth of Nations: Principles of Economic Life*, RandomHouse. ＝一九八六年、中村達也・谷口文子訳『都市の経済学――発展と衰退のダイナミクス』TBSブリタニカ。

柿沼寿、一九八九年、「熟練の集積と地域社会：大田区を通して考える」宇沢弘文他編（一九八九）所収。

金本良嗣、一九九七年、『都市経済学』東洋経済新報社。

Krugman, P., 1991, *Geography and Trade*, The MIT Press. ＝一九九四年、北村行伸・高橋亘・妹尾美起訳『脱「国境」の経済学：産業立地と貿易の新理論』東洋経済新報社。

――――, Space: "The Final Frontier," *Journal of Economic Perspectives*, Vol. 12, Issue 2, pp.161-175.

クスマノ、M・A、武石彰、一九九八年、「自動車産業における部品取引関係の日米比較」藤本隆宏・西口敏広・伊藤秀史編『リーディングス・サプライヤー・システム：新しい企業間関係を創る』有斐閣、所収。

町村敬志、一九九四年、『「世界都市」東京の構造転換』東京大学出版会。

町村敬志・西沢晃彦、二〇〇〇年、『都市の社会学』有斐閣。

前川啓治、二〇〇四年、『グローカリゼーションの人類学：国際文化・開発・移民』有斐閣。

Marshall, A., 1920, *Principles of Economics*, London: Macmillan. ＝一九六五年、馬場啓之助訳『経済学原理』全四巻、東洋経済新報社。

Mayr, O. and Post, R. C. eds., 1981, *Yankee Enterprise: The Rise of the American System of Manufactures*, Smithsonian Institution Press. ＝一九八四年、小林達也訳『大量生産の社会史』東洋経済新報社。

Monks, R. A. G. and Minow, N. 1995, *Corporate Governance*, Blackwell. ＝一九九九年、太田昭和訳『コーポレート・ガバナンス』生産性出版。

長岡貞男・平尾由紀子、一九九八年、『産業組織の経済学』日本評論社。

小田切宏之、一九九二年、『日本の企業戦略と組織』東洋経済新報社。

――――、二〇〇〇年、『企業経済学』東洋経済新報社。

岡田知宏・川瀬光義・鈴木誠・富樫幸一、二〇〇二年、『国際化時代の地域経済学(改訂版)』有斐閣。

大野健一、一九九六年、『市場以降戦略』有斐閣。

――――、二〇〇〇年、『途上国のグローバリゼーション』東洋経済新報社。

Piore, M. and Sable, C., 1984, *The Second Industrial Divide*. New York: Basic Books. ＝一九九三年、山之内靖・永易浩一・石田あつみ訳『第二の産業分水嶺』筑摩書房。

Porter, M. E., 1990, *The Competitive Advantage of Nations*, New York: The Free Press. ＝一九九二年、土岐伸・中辻萬治・小野寺武夫・戸城富美子訳『国の競争優位』ダイヤモンド社、上・下。

ラスレット、ピーター、川北稔・指昭博・山本正訳、一九八六年、『われら失いし世界』山嶺書房。

Relph, E., *The Modern Urban Landscape*, Routledge, 1987. ＝一九九九年、高野岳彦・神谷浩夫・岩瀬寛之訳『都市景観の二〇世紀』筑摩書房。

Ritzer, G., *The McDonalidization of Society*, London: Sage Publications, 1996. ＝一九九九年、正岡寛司監訳、早稲田大学出版部。

Sassen, S., 1988, *The Mobility of Labor and Capital: A Study in International Investment and Labor Flow*, Cambridge: Cambridge University Press. ＝一九九二年、森田桐郎他訳『労働と資本の国際移動——世界都市と移民労働者』岩波書店。

——, 1991, *The Global City: New York, London, Tokyo*, Princeton, N.J.: Princeton University Press.

——, 1996, *Losing Control? : Sovereignty in an Age of Globalization*, Columbia University Press. ＝一九九九年、伊豫谷登士翁訳『グローバリゼーションの時代』平凡社。

Scott, A. J., ed., 2001, *Global City-Regions*, Oxford University Press. ＝二〇〇四年、坂本秀和訳『グローバル・シティー・リージョンズ』ダイヤモンド社。

Strange, S., 1996, *The Retreat of the State*, Cambridge University Press. ＝一九九八年、櫻井公人訳、『国家の退場』岩波書店。

鈴木秀一、一九九七年、『経営文明と組織理論（増訂版）』学文社。

——、一九九九年一二月、「企業論——官僚制企業の成立と終焉」『情況・別冊：現代社会学のトポス』情況出版、一二五—一四四頁。

——、二〇〇一年、「大企業社会の組織と信頼」居安正・副田義也編『二一世紀への橋と扉——展開するジンメル社会学』世界思想社。

——、二〇〇二年、『入門経営組織』新世社。

——、二〇〇二年一〇月、「組織の論理と個人の価値観をいかに整合させるか」『リーダーシップ・ストラテジー』季刊秋号、ダイヤモンド社。

——、二〇〇五年三月、「情報化と企業組織モデル」『社会学年誌』四六号、早稲田大学社会学会、五五—

一七五頁。

Stiglitz, J. E., 1997, *Economics*, W.W. Norton & Company. ＝二〇〇〇年、藪下史郎・秋山太郎・金子能宏・木立力・清野一治訳『スティグリッツ：ミクロ経済学』(第二版)東洋経済新報社。

Suzuki, S., 2005, "History of Industrial Sociology in Japan: Ethos and Organization in Company-Capitalismkon," *Jarbuch für Soziologieschichte*, VS Verlag für Sozialwissenschaften, Wiesbaden, pp.191-202.

園部雅久、二〇〇一年、『現代大都市社会論』東信堂。

植草益・井出秀樹・竹中康治・堀江明子・菅久修一、二〇〇二年、『現代産業組織論』ＮＴＴ出版。

宇沢弘文・河合隼雄・藤原令夫・渡辺慧編、一九八九年、『岩波講座　転換期における人間４・都市とは』岩波書店。

Womack, J. P., Jones, D. T. and Roos, D, *The Machine that Changed the World*, New York: Rawson Associates, 1990. ＝一九九〇年、沢田博訳『リーン生産方式が世界の自動車産業をこう変える』経済界。

山田鋭夫、一九九一年、『レギュラシオン・アプローチ』藤原書店。

吉川洋、一九九七年、『高度成長』読売新聞社。

吉原直樹、二〇〇二年、『都市とモダニティの理論』東京大学出版会。

吉原直樹・岩崎信彦、一九八六年、『都市論のフロンティア：新都市社会学の挑戦』有斐閣。

第2章　都市生活の展開・変容とリスク
――下層社会から中流社会への動きのなかで――

中川　清

1　リスクと都市生活への視点

一九世紀と二〇世紀の二つの世紀末を振り返ってみると、都市の人口現象の不思議な類似に気づかされる。

一九世紀の末、東京の旧市域一五区の自然増加は、ほとんどゼロか時にはマイナスで、まだ趨勢的なプラスには転じていなかった。都市は、生活を営むには危険に満ちた場所であった。二〇世紀になって都市は、ようやく全国水準に匹敵する自然増加率の上昇を経験して、多くの人びとが定着し再生産をする希望の空間としての性格を顕著にする。けれども、都市における近代の人口成長は長くは続かなかった。

二〇世紀の末、東京の旧市域に該当する区部八区の自然増加率は、すでに明らかなマイナスを記録した。一九世紀末とまったく異なった条件ではあるが、出生率が死亡率を下回るのである。この事態は、かつてのように都市の自然を制御できないからではなく、むしろ都市の自然をほとんど制御して、生命の再生産の基盤を変容させてしまったために生じている。もし都市人口の自然減少が社会的にはリスクであるとすれば、二一世紀の都市社会は新たなリスクに直面していることになる。

リスクについてはU・ベックの見解が参考になる。彼は『危険社会』において、伝統社会の近代化と産業社会の近代化を区別し、前者がいわば単純な近代化であるのに対して、後者は自己内省的な近代化であるとして、後者の実現によって引き起こされる不安定化を広義のリスクと把握している(Beck, 1986 ＝一九九八：二〇)。社会がリスクの根源を外部に求めることができなくなり、自らのあり方と対峙せざるをえなくなるという意味で、現代社会はリスクそのものであるとさえ主張する(同訳書：三七六—三七七)。一九世紀末のリスクが、単純な近代化の直面する事態だとすれば、ベックの見解は、二〇世紀末のリスクの特徴を的確にいい表しているのではないだろうか。

本章では、このような一九世紀末と二〇世紀末の二つのリスクを、都市社会に外在的な出来事としてではなく、都市生活の展開と変容という視点から、可能な限り内在的に捉え返してみたい。急性伝染病がひとたび流行すると、自然増加が一気にマイナスに落ちこむような一九世紀末の生活環境は、都市生活の展開によってどのように克服されてきたのか。二〇世紀後半における豊かさを求めての都市生活の変容は、その過程でどのようにして新たなリスクを引き寄せることになるのか。

サブタイトルにそくしていえば、都市の下層社会がどのような変化をとげて中流社会にいたったのか。中流社会以後のリスクが、それまでのような階層問題としてではなく、直接個別的な課題として現れるのはどのようにしてなのか。要するに、近代が克服すべき与件としてのリスクと、近代が招来した結果としてのリスクとを、都市生活の具体的な営みにおいて理解することが本章の課題である。

2　一九〇〇年前後の都市環境——人口の自然動態を中心に

近代の始まりにおいて、都市の生活環境はどのようなものだったのだろうか。ここでは、東京と大阪の人口の自然動態を手がかりに、その様子を推し測ってみたい。人口動態というマクロのデータに依拠するのは、利用できる社会経済的な資料が皆無だからでもある。この時期の地域別の人口動態については、府県統計書、内務省衛生局年報、人口動態統計の三系列のデータが存在するが、それぞれに制約を有している。

府県統計書のデータは、基本的には戸籍に基づく動態統計であるが、当然に届出漏れや届出遅れが含まれる。また都市においては寄留者数が過大評価され、現住人口そのものが不確かであるため、この時期の自然動態を率として表すことは控えねばならない。内務省衛生局年報は、一八七六年から医師の死亡届書に基づいて死亡数を集計しているが、出生数を含め継続して統計をとり始めるのは一八八二年からである。なお一九〇二年以降の衛生局年報の数値は、人口動態統計のデータと一致している。人口動態統計は一八九九年からに限定されているため、一九世紀末の状態を明らかにすることができない。

したがって、府県統計書と内務省衛生局年報のデータが、ここでの検討の対象となる。もとより、一八九〇年の東京府と東京市の死亡数の近似(前者)、一八八三〜八五年の大阪府の過大な出生数(後者)、一九〇六年丙午の出生数の東京と大阪での表れ方の相違(両者)など、個々の数値については疑うべき余地が少なくないが、原則として当該年度に記載されている数値を用いた。ここでの関心は、単年度の数値を確かめることではなく、出生数と死亡数の関係の趨勢的な動きを把握することであり、そのためには、二系列のデータは十分利用に値する。

ところで『東京府統計書』と『大阪府統計書』の自然動態について、筆者はすでに詳細な検討を試みている(中川、二〇〇〇：補論Ⅱ)。**図1**は東京府と東京市について、**図2**は大阪府と大阪市について、その結果を示したものである。東京府と大阪府の動きをみると、いずれも一八九〇年代前半か半ばから、出生数が死亡数を傾向的に上回っている様子がうかがえる(インフルエンザが流行した一九一八年の大阪府は例外、『東京府統計書』は一九一八年から二年分欠号)。それ以前は両府とも、必ずしも安定した自然増加

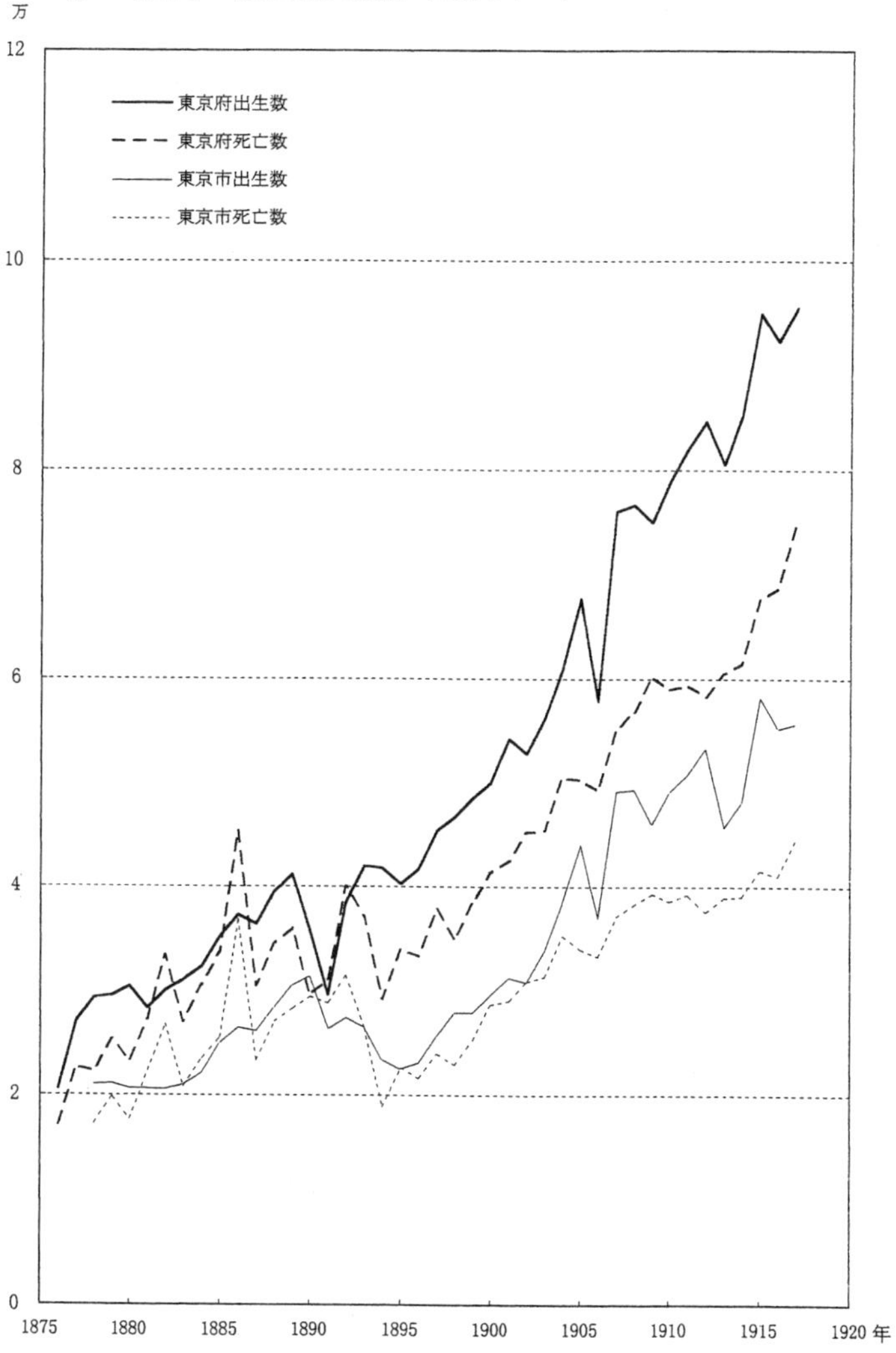

図１　東京府と東京市の出生数と死亡数：1876〜1917年
――府県統計書系列――

出典：各年の『東京府統計書』より作成。

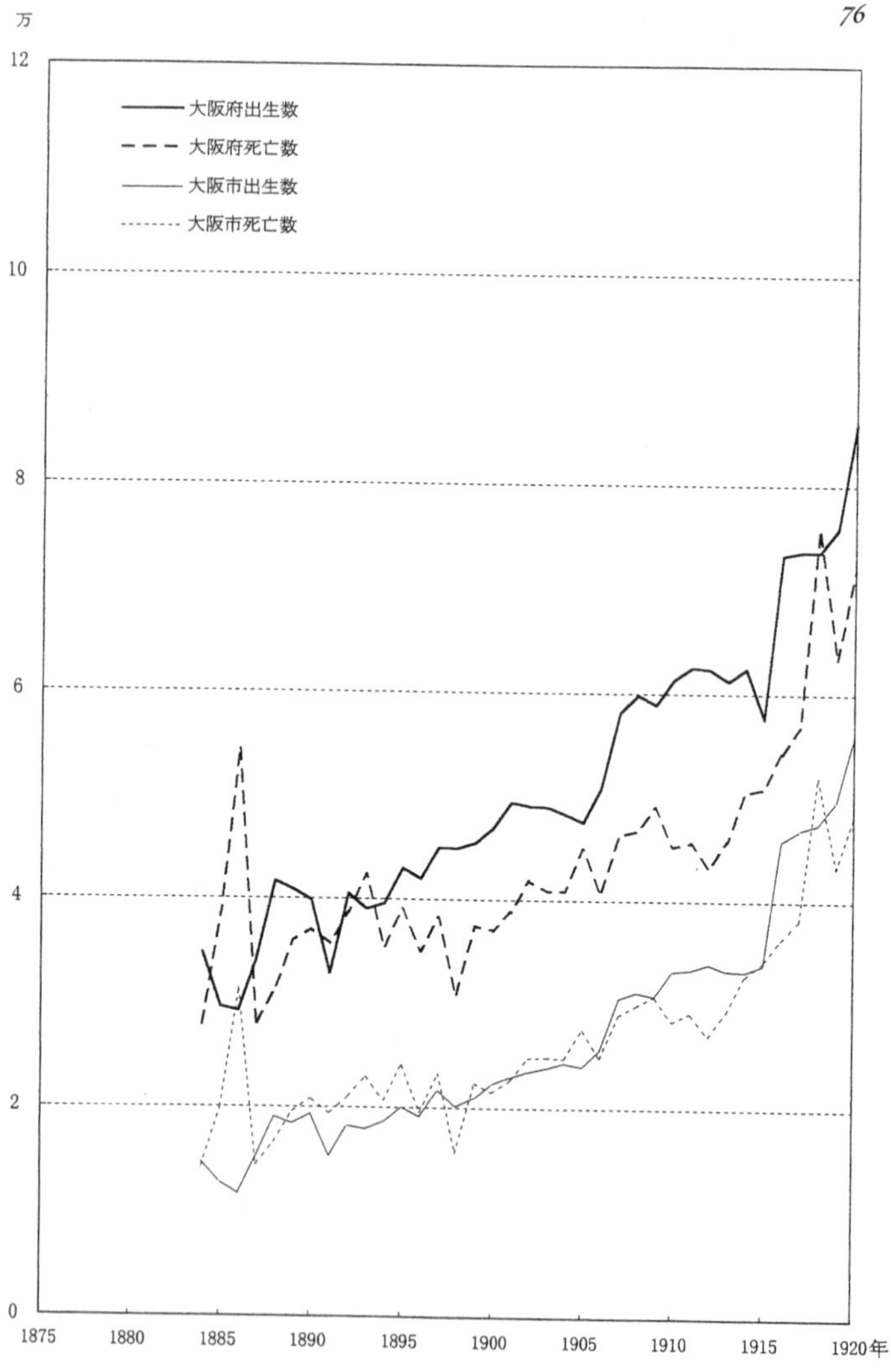

図２　大阪府と大阪市の出生数と死亡数：1884～1920年
――府県統計書系列――

出典：各年の『大阪府統計書』より作成。

を示すわけではなく、急性伝染病の流行年などには死亡数が出生数を上回っていた。
都市部に限定すると事態はさらに深刻になる。東京市の場合、明らかな自然増加に転じるのは一九〇〇年代半ばからであり、それ以前は出生数と死亡数がほとんど拮抗しており、一八八〇年代半ばまでは、平均すると自然減少の状態にあった。大阪市の場合はさらに深刻で、ようやく一九一〇年頃から自然増加の傾向を示し、一九〇〇年代半ばまでは自然減少の年が過半を占めていた。東京と大阪に代表される都市においては、自然動態がはっきりとプラスに転じるのは二〇世紀に入ってからであり、一八九〇年代の前半まではしばしば自然増加のマイナスを経験していたのである。一九世紀末の都市の生活環境は、文字どおりリスクに満ちた劣悪な状態にあったと想像される。

さらに、人口動態統計に接続する内務省衛生局年報のデータを検討することによって、これまでの結果の信憑性を確かめておきたい。『内務省衛生局年報』の集計手続きについては省略するが、府県統計書と同様に、出生数と死亡数の推移を示したのが**図3**と**図4**である。ここでも、両系列の数値の異同にではなく、一八八〇年代から二〇世紀初めにかけての趨勢的な動きに注目したい。

図3の東京府からみると、一九世紀末の死亡数が東京府統計書より高い水準であるため、一八九〇年代半ばまでは自然増加と自然減少を繰り返していた。東京府の自然動態が趨勢としてプラスに転じるのは、東京府統計書より遅れて一八九〇年代後半からである。また一八九三〜九七年の東京市の場合、出生数と死亡数はほぼ拮抗していた。総じて衛生局年報のデータは、東京府統計書によって描か

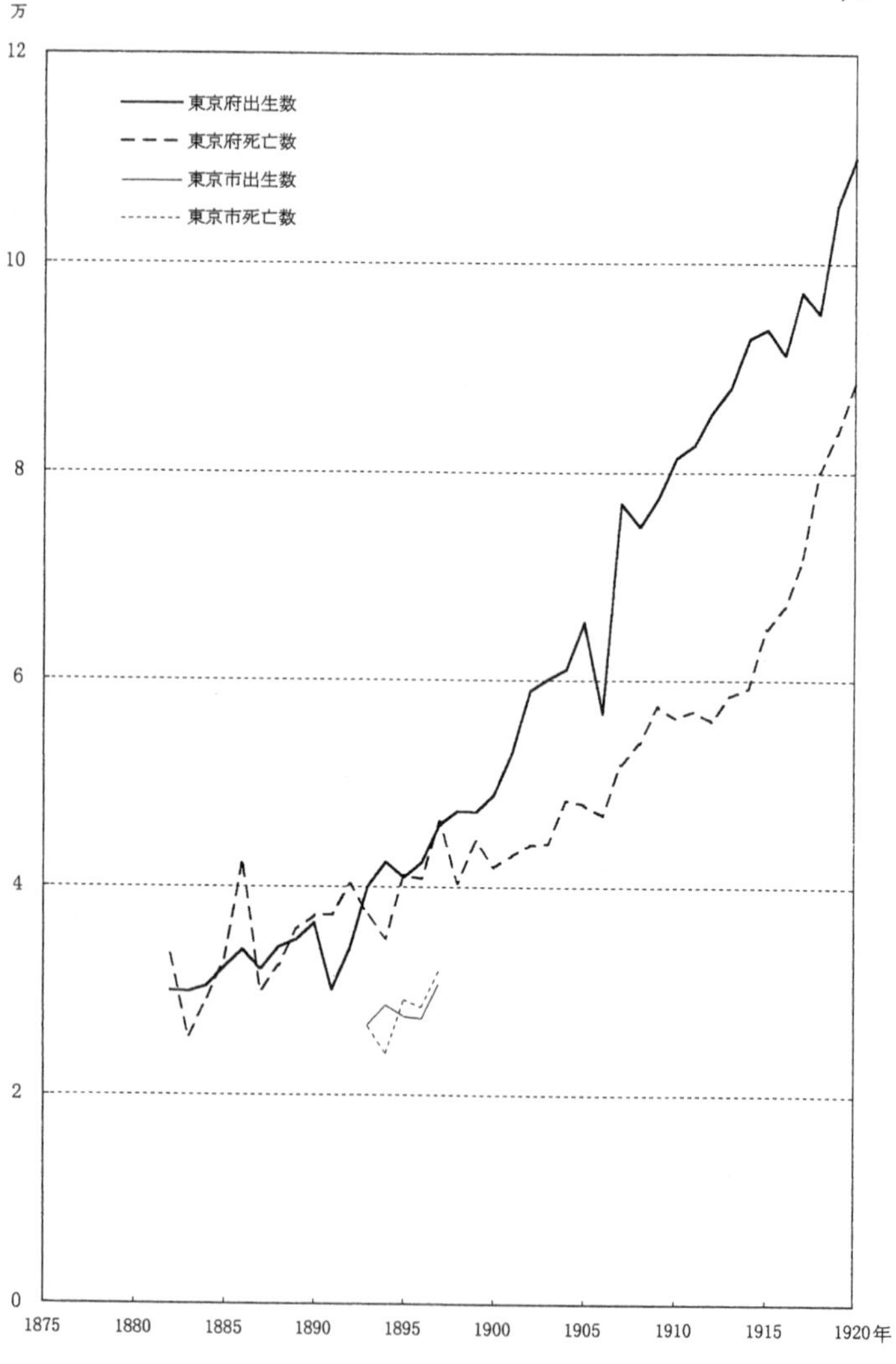

図３　東京府と東京市の出生数と死亡数：1882〜1920年
――衛生局年報系列――

出典：各年の内務省衛生局編『衛生局年報』より作成。

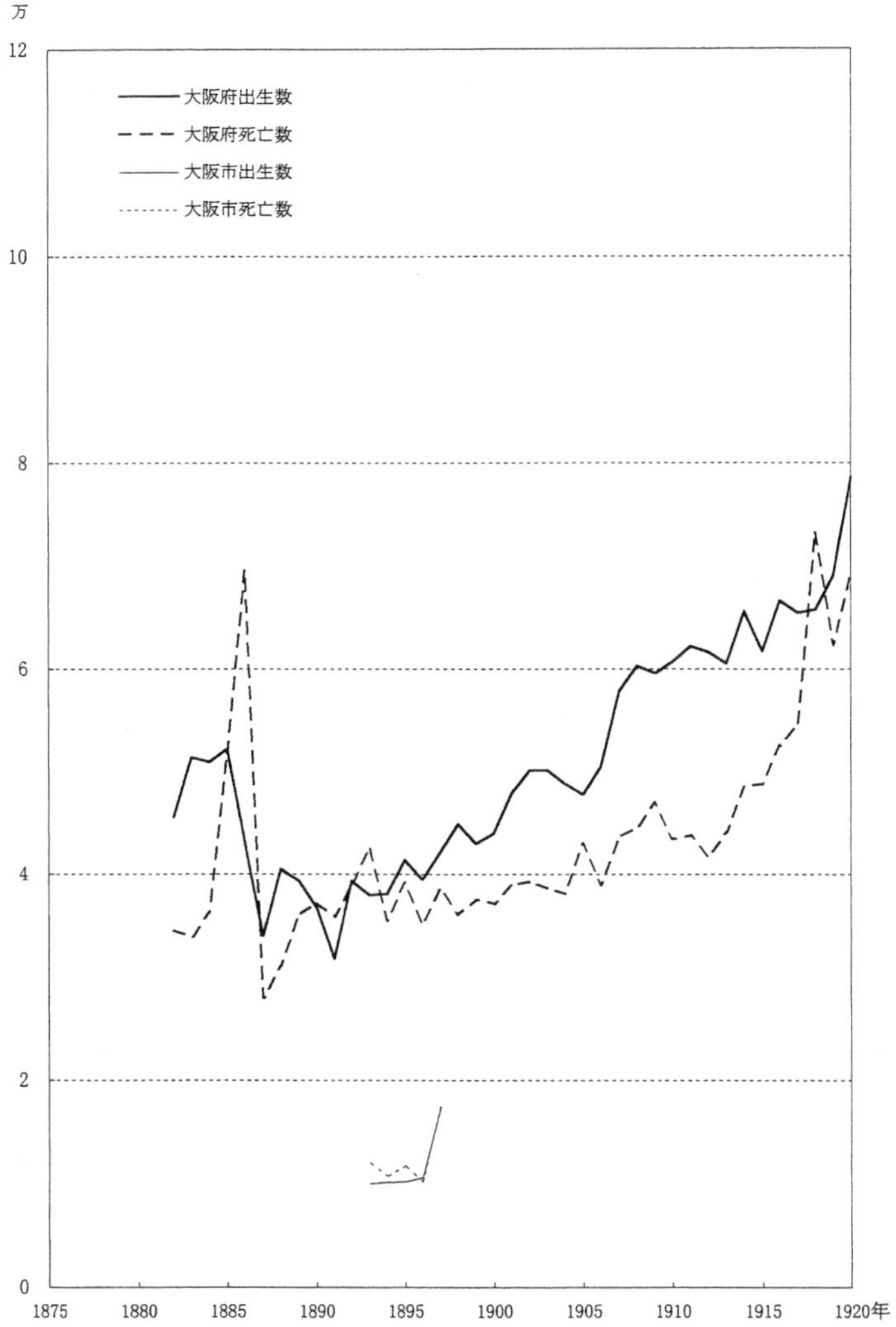

図4　大阪府と大阪市の出生数と死亡数：1882～1920年
――衛生局年報系列――

備考：1987年の大阪市は、市域変更後のデータである。
出典：各年の内務省衛生局編『衛生局年報』より作成。

れる一九世紀末の自然動態を、やや深刻な形で裏付けている。図4の大阪府の場合は、趨勢的な動きとしては大阪府統計書の結果とほとんど類似していた。すなわち、大阪府の自然動態がプラスに転じるのは、一八九〇年代半ばからであり、一八九三～九七年の大阪市では、一ヶ年を除いて死亡数が出生数を上回っていた。

以上のように、内務省衛生局年報のデータによっても、東京と大阪の府県統計書の自然動態に関する結果を追認することができる。近代に入ってからも、都市の自然動態は直ちに改善に向かったわけではなく、一九世紀いっぱいは出生数と死亡数の拮抗する状態が続き、一八八〇年代半ば以前の東京市や一八九〇年代半ば以前の大阪市では、自然減少を経験することも少なくなかったのである。近代都市のイメージに合致する形で自然増加が恒常化するのは、早くとも二〇世紀に入ってからのことであった。

近代初頭の都市は、表層での華やかな変貌とは裏腹に、人びとが生活を営むには非常に厳しい環境にあったといえよう。東京市も大阪市も一八七〇年代から大幅な人口増加を経験するが、それは不断の人口流入の結果であり、一九世紀末までの自然動態を累積すると、そこでの死亡数は出生数を上回るかのような生活環境であった。当時の都市は、死と隣り合わせのリスクに満ちた空間であり、まさしく生き残りを賭けた生活が営まれる場所であった。にもかかわらず、死の危険を冒しながらも、多くの人びとが近代の都市へ流入した。都市の下層社会という表象が生み出されるのは、このような状況においてであった。

3　下層社会と社会階層のダイナミズム

(1) 狭義の下層社会とその解体――生きられる都市空間へ

流入した下層の人びとが短期間ではあれ都市に滞留できたのは、当時「貧民窟」と呼ばれた木賃宿を中心とする集住地区が形成され膨張していたからである。この集住地区は、労働や消費さらには生活習慣にいたる地域的に完結した共同性を有しており、都市社会一般とは異なる独自の下層社会としての性格を帯びていた(中川編、一九九四)。狭義の下層社会とは、このような集住地区に固有の共同性を意味する。下層社会は、その外側からは異質で危険な社会と映ったが、都市に流入した下層の人びとにとっては、糊口をしのぐことを可能にする受け皿であった。

狭義の下層社会の実態は必ずしも明らかではない。断片的な資料によれば、一八八九年大阪の一つの「貧民窟」では、死亡数(普通死亡率にすると四九パーミル)が出産数(死産を含む)の二倍をこえていた(中川、一九八五：三〇)。一つの集住地区の一時点での数値ではあるが、貧民窟踏査の記録にしばしば見受けられる葬式の慣習や送屍の情景をも想起すると、下層社会では死亡数が出生数を大幅に上回っていたと考えられる。一九世紀末の下層社会は、都市の劣悪な生活環境を集約的に体現していたのである。

ところが二〇世紀に入ると、集住地区に固有の共同性が次第に失われ、下層社会そのものが変貌し始める。雑居を軸とした木賃宿が共同長屋にとって代わられ、木賃宿のまわりに残飯屋や口入屋や質屋などが入り混じる雑多な景観も少なくなり、やがて一九二〇年代に入ると、九尺二間の普通長屋の立ち並ぶ地域が主流となり、流入した下層は、かつての共同性に依存することなく都市で生活を営むことになる。もちろん都市下層の集住する地域は、社会的に注目される貧困地域ではあるが、一般社会と異なる独特の集住地区ではなくなっていた。言い換えれば個々の下層は、都市社会にしっかりと組み込まれていたのである。狭義の下層社会の解体にほかならない。

下層社会の変貌は、都市下層の生活状態を急速に変化させ、その自然動態を著しく改善したと考えられる。この間の具体的な推移は明らかにならないが、一九二〇年代の東京の貧困地域では、普通死亡率が二〇パーミル近くにまで低下しており、自然動態は明らかにプラスに転じていた(中川、二〇〇〇：二二九—二三〇)。かつての死の集住地区は、都市下層が定着し再生産できる貧困地域へと変貌しつつあった。このような狭義の下層社会の解体は、二〇世紀における都市全体の自然動態さらには生活環境の改善と不可分の関係にあった。近代の都市は、リスクに満ちた場所から、生きられる希望の空間へと変化をとげる。新たな社会階層が登場し、ダイナミックな階層変動を経験するのは、このような都市空間であった。

(2) 広義の下層社会とそこからの離脱――階層変動の関係構図

二〇世紀に入ると、工場労働者や新中間層などの新たな社会階層が、一定の規模と家計の表現をともなって登場する。けれども、それぞれの階層の生活構造が直ちに形成されたわけではない。労働者階層の下位が都市下層と、新中間層(サラリーマンや公務員)の下位が工場労働者と、それぞれ重なり合い、労働者はもちろん新中間層さえ「洋服細民」といわれたように、新たな社会階層は、何らかの形で下層性を帯びており、その払拭を目指していた。階層変動の過程で、広義の下層社会が意味をもつのは、この点においてである。

横山源之助は一八九九年に刊行した『日本の下層社会』で、「貧民」はもとより「職人」や「職工」(工場労働者)を含めて、「中等以下」の生活を一括して下層社会と捉えた(横山、一九八五)。それは、狭義の下層社会の解体と相前後して形成された、当時の日本社会の大半をカヴァーする広範な概念であり、新たな階層が登場する実態的な基盤を言い表していた。事実、社会諸階層は一九一〇年代まで、この広義の下層社会と交差し、そこからの離脱を摸索していたのである。さらに、一九四〇年代半ばに直面した文字通りの生活物資の欠乏は、下層社会が戦後の生活実態を表象することをも可能にした。こうして広義の下層社会は、近代日本の生活把握に大きな影響を及ぼし、実態としての下層社会をこえて、あるべき生活や欧米の生活との対比にもとづく貧困認識や不十分さの自覚として幅広く浸透した。それればかりではない。このような生活認識の内面化は、下層社会からの離脱にとどまらず、それぞれの階層が置かれた状態からの脱出志向ともいうべき姿勢を醸成することになった。

さて**図5**は、一九一〇年代初頭において、新たな階層である工場労働者が下層社会から上昇し分離しつつある様子を示している。工場労働者の費目別支出は、二〇円以上の実支出層では、都市下層と明らかに異なった拡張線を描いているが、一五円以下の実支出層では（食料費以外の費目が一括されているため詳細は明らかではない）、都市下層の動きと類似していたと考えられる。当時の内務省「細民調査」の対象には二〇％近くの「職工」世帯が含まれていたことも考慮すると、工場労働者の一部はなお下層社会と重なって

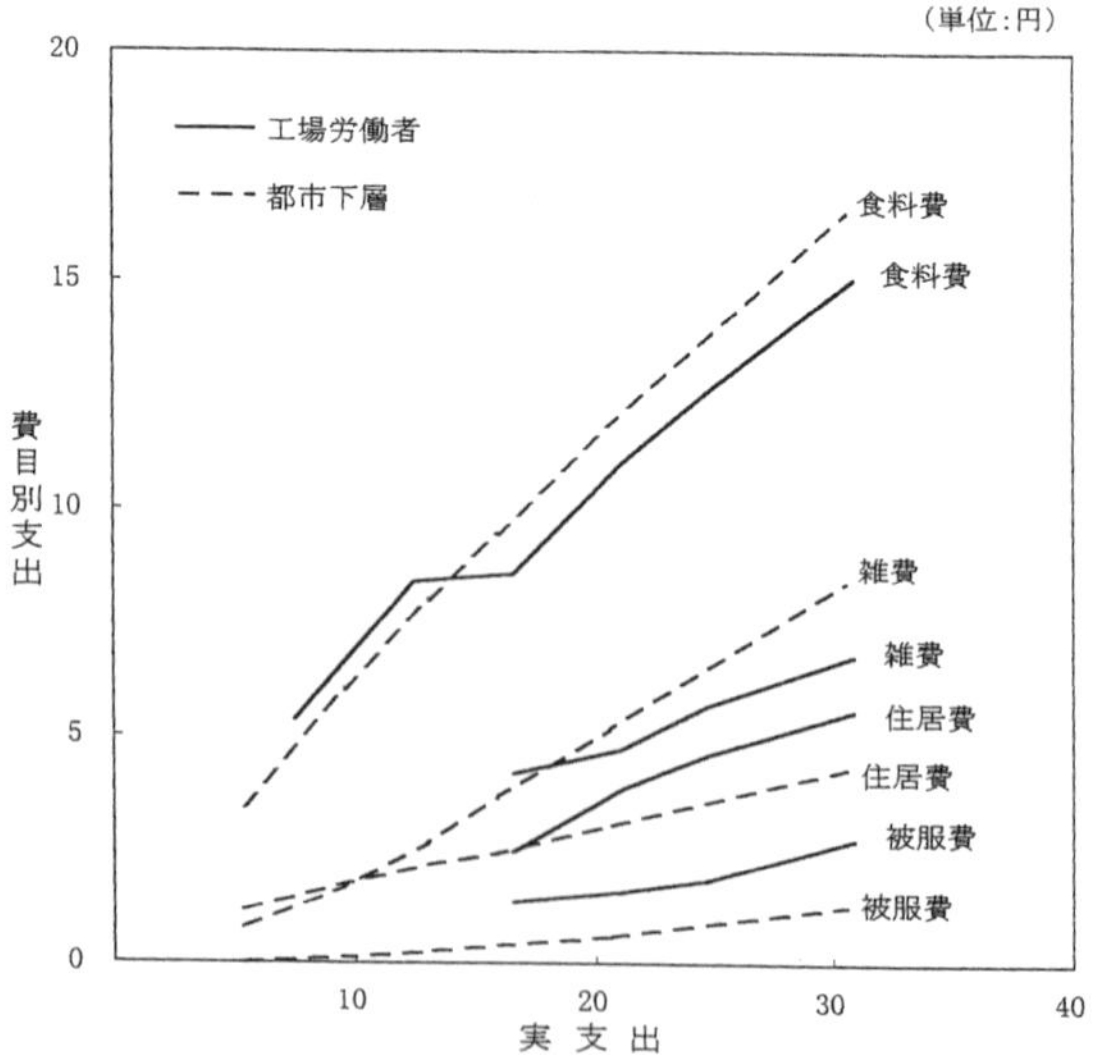

図5　工場労働者と都市下層世帯の費目別支出図：1911〜12年

出典：内務省地方局『細民調査統計表』1912年と岡実「職工の生計状態」『社会政策学会論叢第6冊 生計費問題』より作成。

いるものの、その大半は下層社会から離脱し、労働者としての生活構造を模索していたといえよう。

下位層で交錯し中位以上で分離するという階層関係は、一九一〇年代末の新中間層と工場労働者の間にも見受けられた。新たな階層が登場する実態的な基盤としての下層社会に、このような階層間の関係を重ね合わせると、二〇世紀初めの生きられる都市空間における階層変動の構図が浮かび上がる。すなわち、広義の下層社会からの分離を模索し、相互に交錯しながら上昇と離脱を試み、それぞれに傾向的な差異を形作るという、下から上への絶えざる相互関係において、日本の階層構図は、その出発時点から特徴づけられていたのである。それは、特定の生活モデルが上から伝播する構図とも、対抗的な関係において固有の生活世界が再生産される構図とも、明らかに異なっていた。

一九二〇年代に入ると、都市部の生活水準の急速な上昇とも相まって、工場労働者は広義の下層社会から基本的に離脱し、新中間層も工場労働者とは異なった支出拡張線を描くようになる。**図6**は、都市下層でも比較的収入の多い日雇労働者と工場労働者の、**図7**は、工場労働者と新中間層世帯の、それぞれ費目別支出拡張線を示したものである。前者の住居費と後者の被服費以外は、おおむね相互に傾向的な差異が認められ、それぞれ階層的に異なった生活構造を形成し維持していたと判断できよう。事実、一九二〇年代から三〇年代にかけては、日本の生活変動において、階層的な差異が最もリアリティをもった時期であった。

とはいえ階層的な差異は、必ずしも乗り越え不可能な垣根とは意識されなかった。たとえば労働者

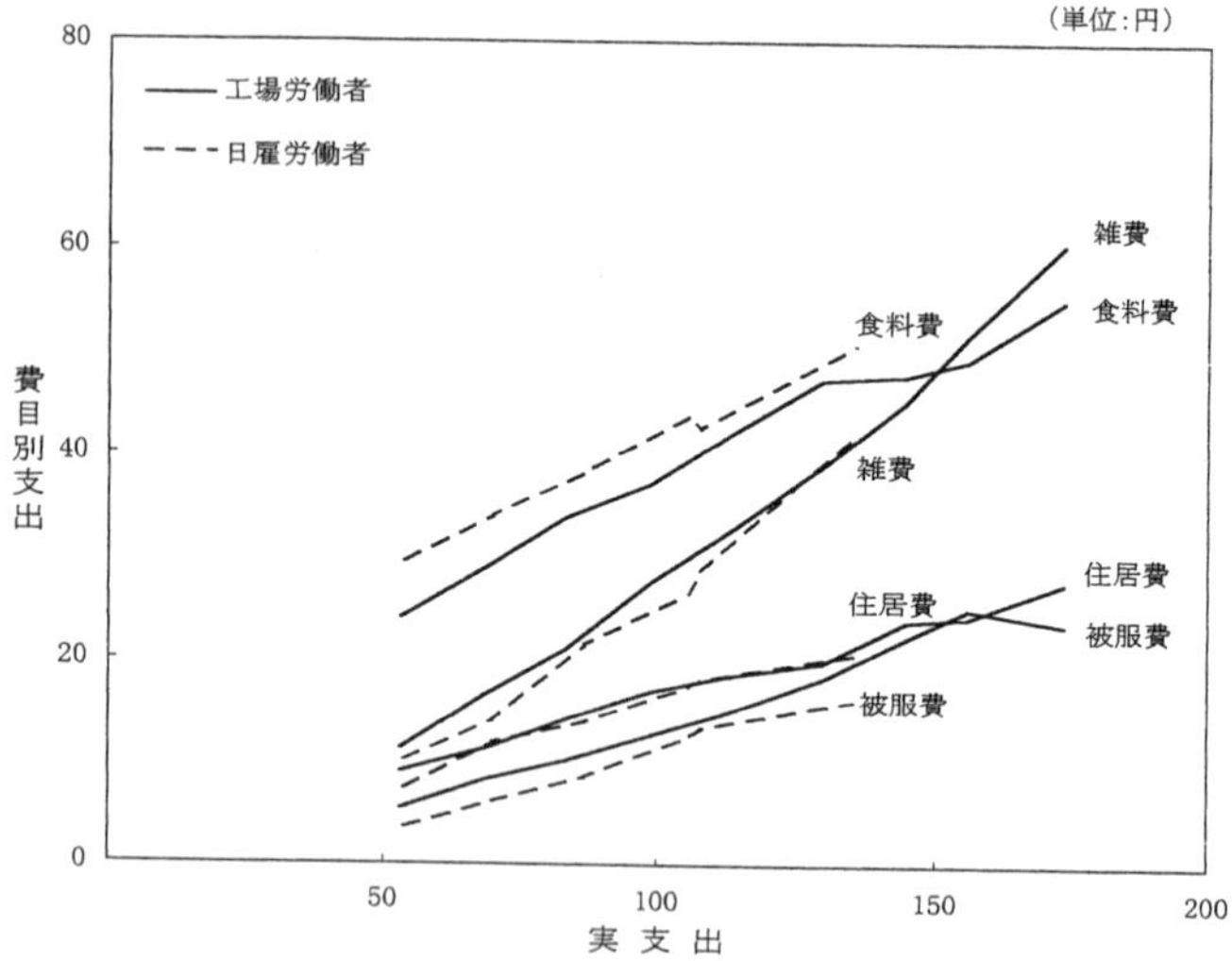

図6　工場労働者と日雇労働者世帯の費目別支出図：1926〜27年

備考：日雇労働者の実支出140円以上は図示を省略した。
出典：内閣統計局『自大正15年9月至昭和2年8月 家計調査報告 第2巻』1929年より作成。

たちは、自らが置かれた状況からの「脱出意識」を絶えず抱いていたし(熊沢、一九八一、Ⅱ章)、自らの教育のなさを省みて子供の教育に高い関心を示していた(大阪市社会部、一九二二:三)。階層的な差異は、世代的に維持し再生産すべき様式としてよりは、できればそこから離脱すべき状態と受け止められていたのである。これには、いくつかの理由が考えられる。すでにみたように、広義の下層社会を基盤とした下から上への階層の相互関係と、それぞれの階層が同じ時期に同じような生活変動を経験してきたことが、まず挙げられねばならない。さらに、階層的な差異の明確な期間がわずか二〇年足らずで、それぞれの生活構造を内面

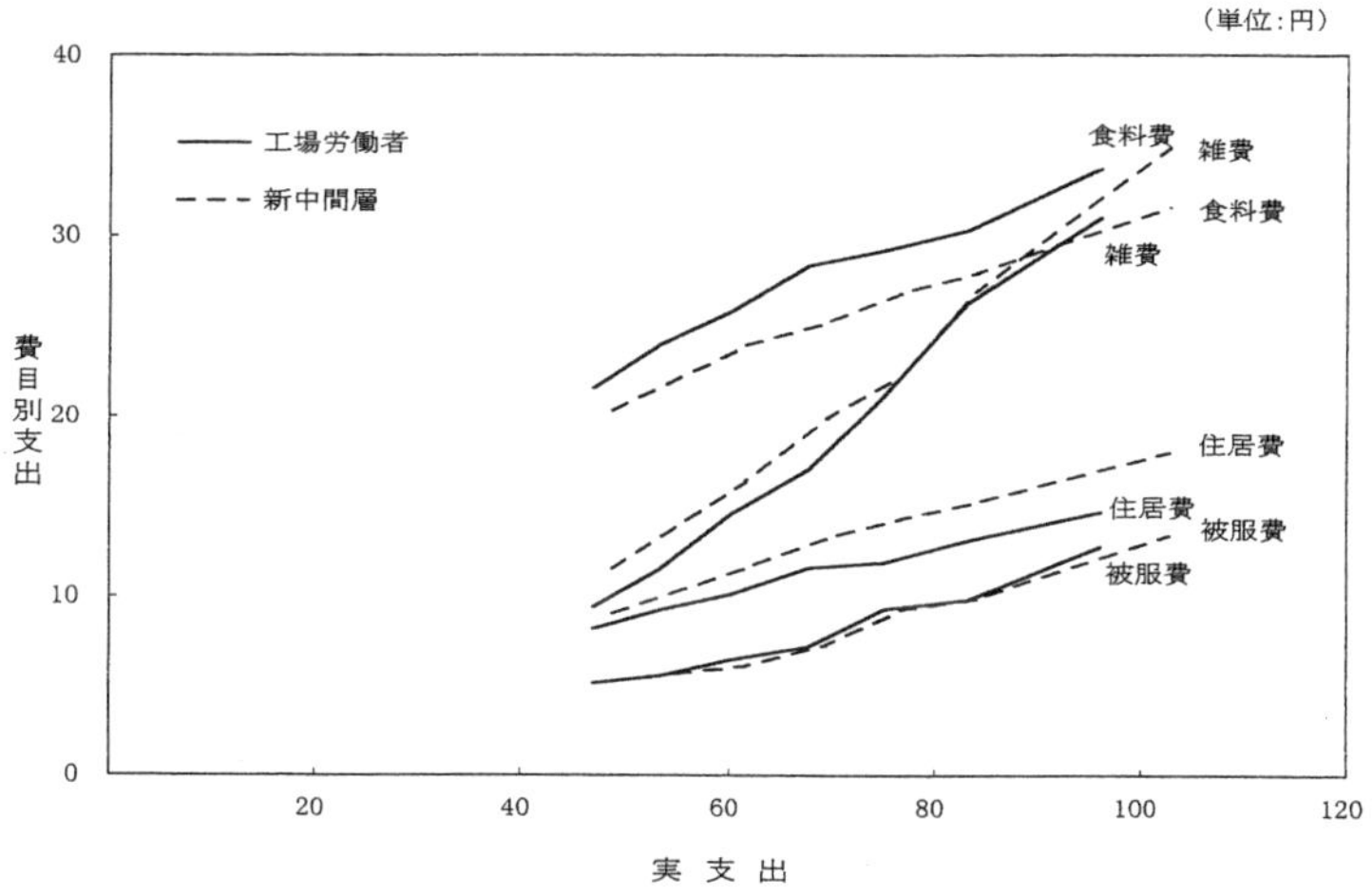

図7　工場労働者と新中間層世帯の費目別支出図：1934～35年

出典：内閣統計局『自昭和9年9月至昭和10年8月 家計調査報告』1936年より作成。

化するには短すぎたことが加えられよう。一九四〇年代に入ると、都市下層を含む社会階層は、一挙に生活水準の低位平準化と生活構造の崩壊に直面するからである。

4　中流社会と都市生活の変容

二〇世紀の人口の自然動態を、東京都について示したのが**図8**である(より穏やかではあるが、大阪府の場合も同様の傾向を示している)。一九二〇年代半ばから一九七〇年代半ばまでは、戦争による混乱を除くと、自然増加率はほぼ一〇パーミル台を保っていた。この間都市空間は、流入した人びとが定着して再生産する活力ある場所として機能していたのである。それは、新たな社会階層が下層社会から離脱し、いわゆる中流意識が頂点に達するまでの約五〇年間であった。七〇年代半ば以降は、人びとが集積する都市でさえ、普通出生率が低下し死亡率が漸増することによって、自然増加率は限りなくゼロに近づきつつある。東京の旧市域該当区の自然増加率は、すでに一九九〇年代からマイナスを記録していた。都市社会は、一九世紀末とは全く異なった条件のもとで、自然増加がマイナスとなる局面を迎えようとしているのである。

ここでは、中流社会の形成から都市社会の性格変化にいたる過程を、社会階層の同質化と自己変容という戦後日本の生活変動によって説明してみたい。なお図8には、都市のリスクという点で、関東大震災や戦災による影響が刻印されていることも見逃せない。とりわけ戦災による打撃は甚大であった。

(1)社会階層の同質化と中流社会

戦争直後の混乱は、都市の生活水準を近代初頭にまで引き戻し、ようやく形作られた階層関係を崩壊させた。たとえば一九四七年の工場労働者と新中間層職員の家計は、エンゲル係数が七〇%に達する状態で、ほぼ一致した支出拡張線を描いていた。戦後の都市生活は、このような全般的な貧困状態からの大規模かつ急速な脱出によって特徴づけられる。換言すれば、広義の下層社会から再度、はるかに凝縮された形で離脱するのである。しかも、脱出と離脱の行方は、かつての階層関係をこえた展

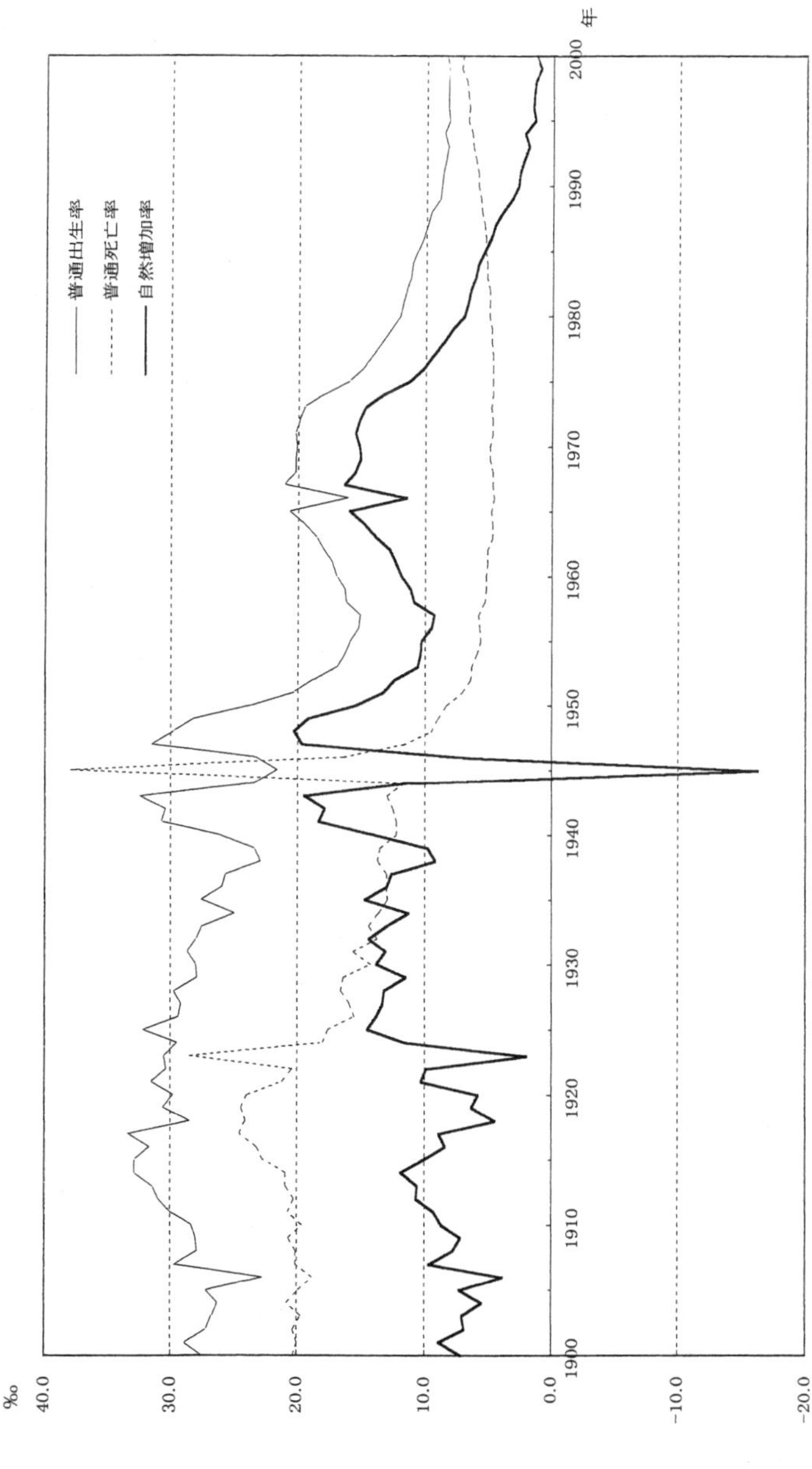

図８　東京都（府）の人口動態：1900〜2000年

出典：東京都総務局編『第52回　東京都統計年鑑（平成12年）』2002年より作成。

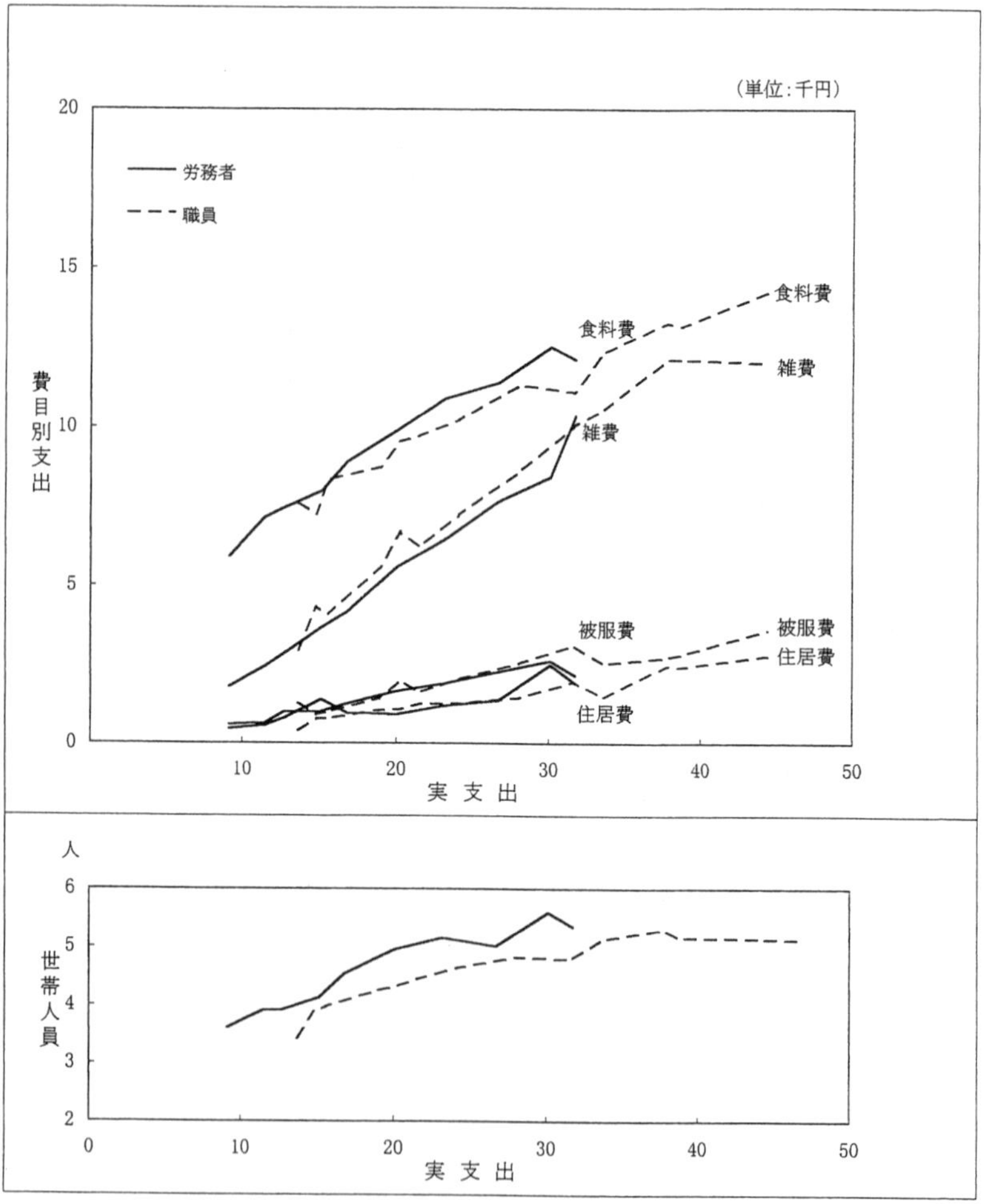

図9　労務者と職員世帯の費目別支出図：1955年

出典：総理府統計局『家計調査年報 昭和30年』1956年より作成。

開をみせることになる。

生活水準が戦前復帰したとされる一九五五年の、労働者と職員世帯の費目別支出を示したのが**図9**である。戦前ほどではないが、両者の間に傾向的な差異が認められる。このような差異は、その開きを縮小しながらも一九六〇年代半ばまで維持され、また常用労務者と日雇労務者の間にも認められた。かつての階層関係が再生されるのではあるが、それは一時的なものにとどまった。高度経済成長の影響が生活部面にまで浸透する六〇年代後半からは、社会階層の同質化ともいうべき事態を経験するからである。

もちろん同質化の背景には、戦前とは異なる新たな条件が存在した。一つは、工員と職員として区別されていた経営内部の地位が「社員」として一括され、様々な労働条件の障壁も大幅に緩和された。二つは、下町と山の手や川向うなどの形で階層別に住み分けられてきた都市地域が、戦災と高度成長期以後の市域拡大によって急速に変貌した。三つは、大量生産と大量消費にもとづく消費社会の出現は、階層固有の消費様式を時間的な前後関係に還元し、階層横断的な消費行動を促した。職場と地域と社会におけるこのような条件の変化は、人びとの貧困からの脱出意欲とも相まって、かつてない階層変動を引き起こす。

さて**図10**は、一九六九年の常用労務者と職員世帯の費目別支出図である。上位の実支出層で住居費が乖離しているものの、両者の拡張線はほとんど一致している。さらに七〇年代以降になると、常用

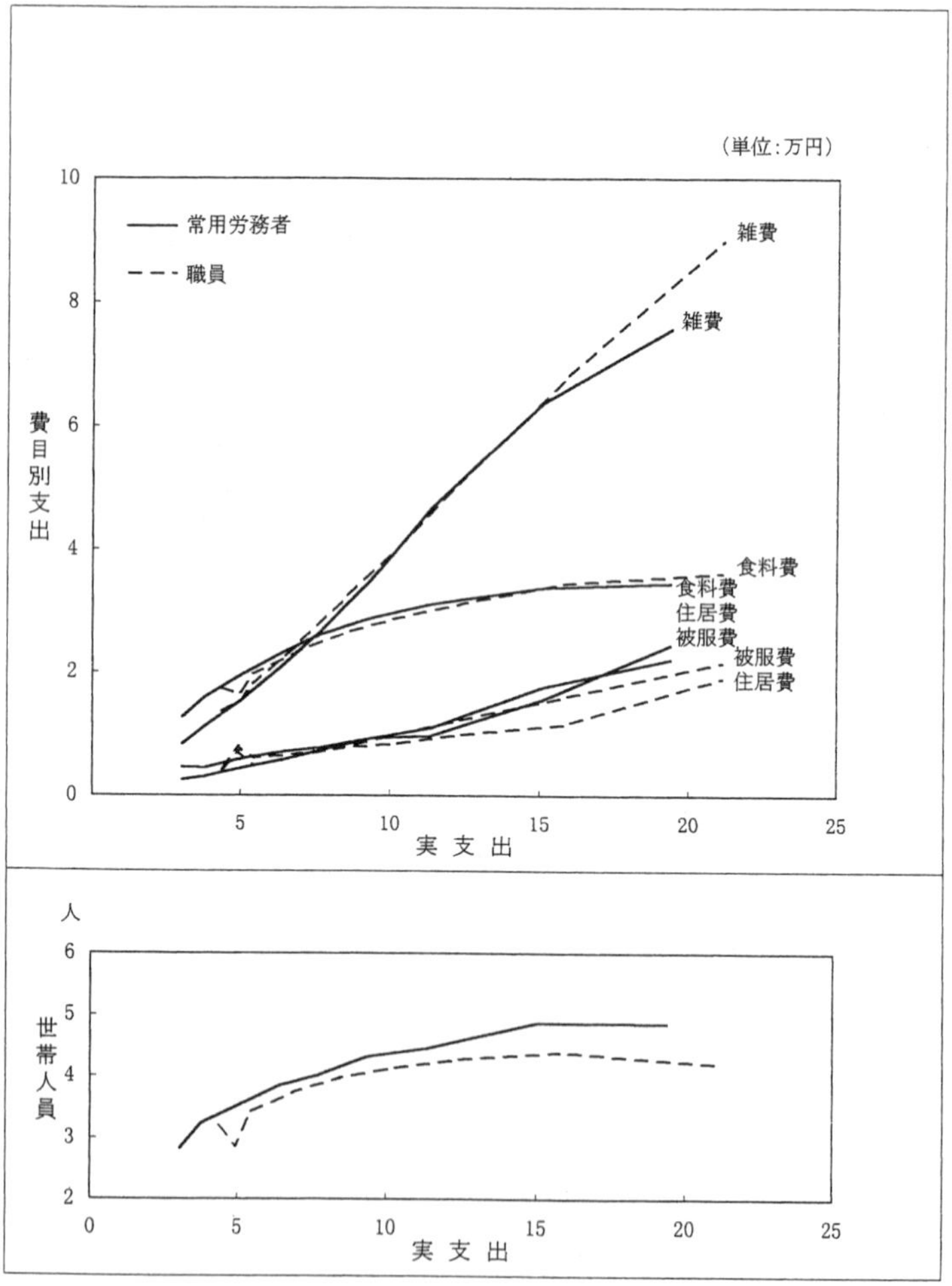

図10　常用労務者と職員世帯の費目別支出図：1969年

出典：総理府統計局『昭和44年 全国消費実態調査報告 第1巻』1971年より作成。

労務者と職員世帯の支出拡張線は、各費目とも驚くほど一致した形状のまま推移する（図示は省略したが後掲の図12を参照）。非消費支出の拡張線を含めて、両者の実支出の内訳には、傾向的な差異が認められなくなる。このような消費における同質化は、常用労務者と日雇労務者の間にも見出せる。事実、図11が示すように、一九六九年の両者の拡張線にはほとんど差異が認められない。かつての都市下層から新中間層にいたる社会階層が、少なくとも消費に関しては同質的な傾向の生活を享受していたのである。

社会階層の同質化傾向は、人びとの生活意識にも大きな影響を及ぼした。『国民生活に関する世論調査』によって生活程度の帰属意識をみると、高度成長の初め、「下」が一七％、「中の下」が三二％、「中の中」が三七％であったのに対して、一九七三年からの七年間は、「下」と「中の下」がそれぞれ五％台と二〇％台前半に低下し、「中の中」が六〇％前後にまで上昇した。この結果、「中の上」を含む「中」意識は九〇％のピークを維持し、戦後四〇年を総括した『国民生活白書』は、この状況を「中流意識の広汎化と成熟化」と表現した（経済企画庁編、一九八五：二九四）。中流意識は、国内を基準とした相対的な自己評価に過ぎないが、その後、為替レートが円高に動いたこともあって、国際比較においても一定の根拠を得ることになった。九〇年代には一人当たり国内総生産が、米ドル換算で世界のトップレベルに達したからである。

すでにみたように一九六〇年代以降の階層変動は、消費における差異を構造化するのではなく、む

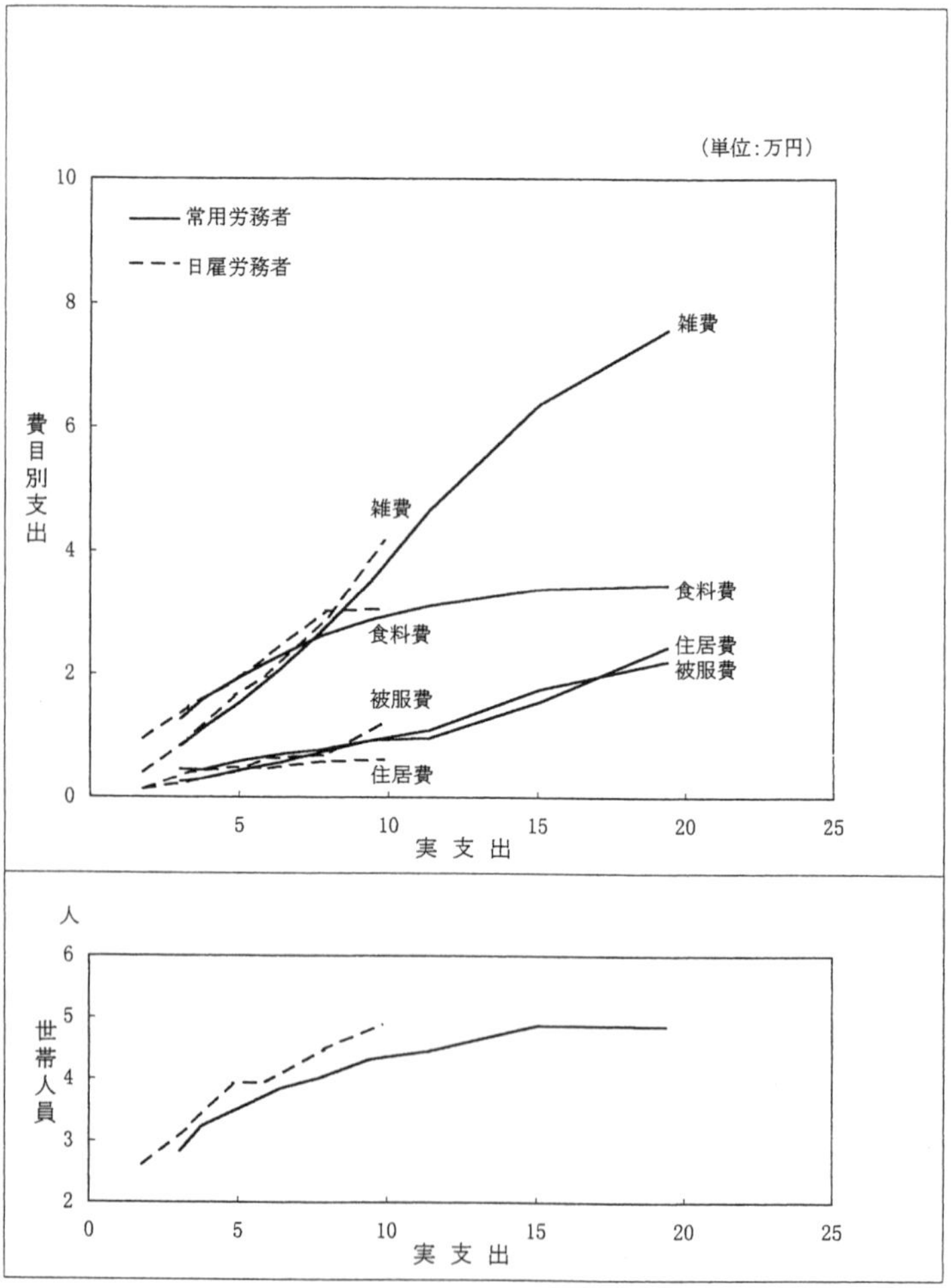

図11　常用労務者と日雇労務者世帯の費目別支出図：1969年

備考：日雇労務者の実支出10万円以上（4世帯）は図示を省略した。
出典：総理府統計局『昭和44年 全国消費実態調査報告 第1巻』1971年より作成。

しろ広範な社会階層の同質化傾向を実現し持続してきたが、このことが生活意識における中流社会の基盤を形作ったのである。八〇年代半ばからは、それまで縮小してきた所得格差が次第に拡大傾向に転じて、常用労務者と日雇労務者の間には非消費支出を中心に開差が認められるようになり、階層関係に還元できない高齢者世帯の問題も表面化する。けれども、図12に示すように、一九九九年の常用労務作業者と職員世帯の支出拡張線は、五大費目に関する限りほとんど一致している。消費における同質化の傾向は、二〇世紀末においても、基本的には維持されているといえよう。

振り返ってみると、現代日本の社会階層は、それぞれに固有の生活様式や階層文化を形成するのではなく、絶えず脱すべき状態として自らの生活を受け止めて、ある意味では激しい生活競争をともなって消費の同質化を成し遂げ、下層社会から中流社会への劇的な変動を経験してきたのである。

(2) 社会階層の自己変容と都市生活

消費における同質化と生活意識における中流社会は、それぞれに固有の生活文化を目指すという古典的な意味での社会階層の自己実現によるものではないとすれば、社会階層のどのような変化によってもたらされたのであろうか。それは一言でいえば、よりよい生活を目指して個々の生活単位を縮小させるという、社会階層の自己変容によってであった。目標としてのよりよい生活は、もはや階層の垣根をこえて、絶えざる変動への対応の彼方に見出された。そして、対応過程での生活課題は、それ

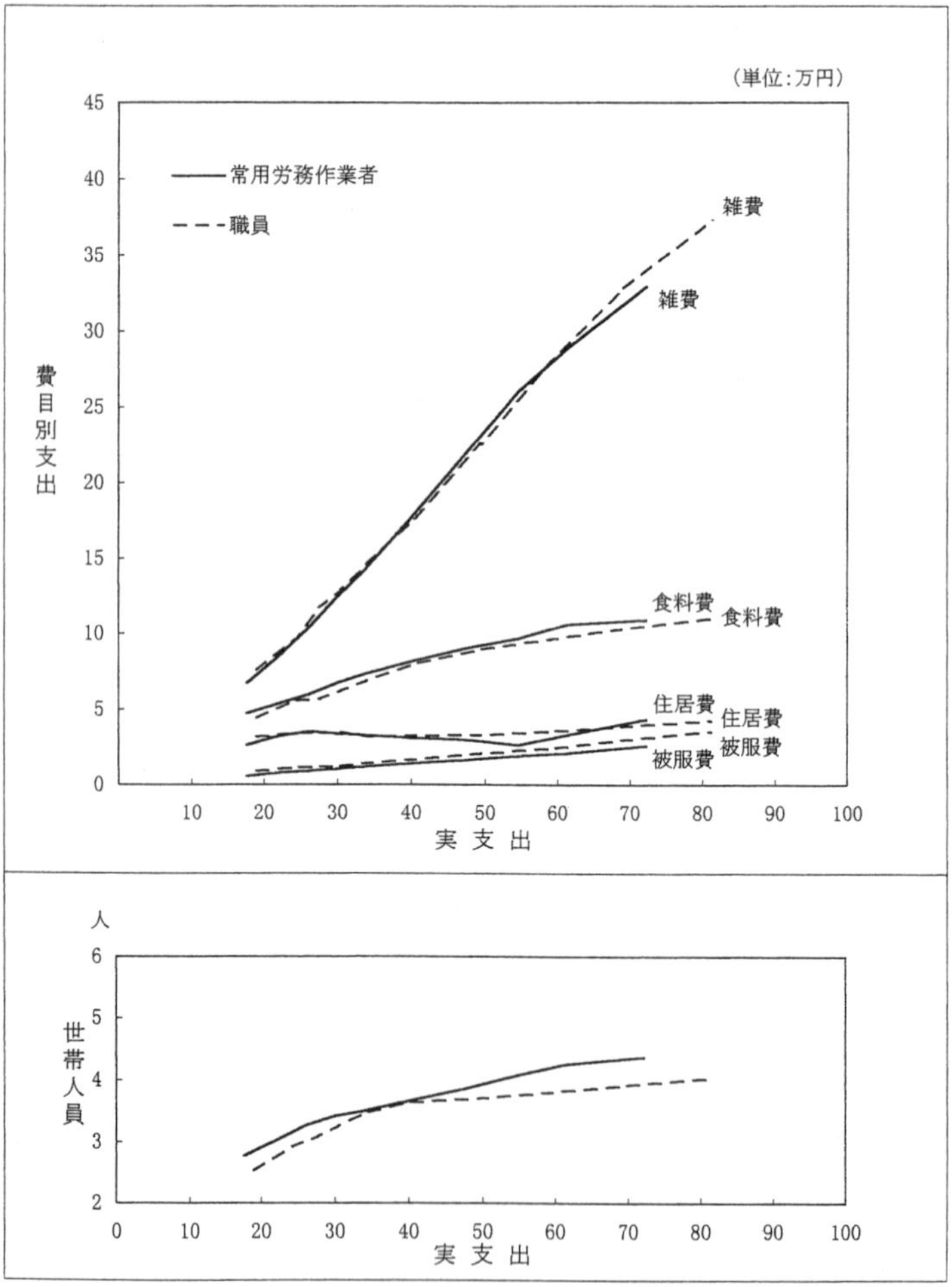

図12　常用労務作業者と職員世帯の費目別支出図：1999年

出典：総務省統計局『平成11年 全国消費実態調査報告 第1巻』2001年より作成。

ぞれの階層によって共有されるのではなく、個々の生活の営みにおいて直接引き受けられた。

生活課題の直接的な個別化は、個々の生活単位のあり方に最も鋭く表れた。家計調査ベースでみると、勤労者世帯の平均人員は、一九五〇年代前半の五人弱から、消費における同質化が定着した一九七〇年頃には四人弱に減少するが、約一人の減少はもっぱら非有業人員の減少によるものであった。この傾向は職員世帯よりも労務者世帯において顕著であり、その後九〇年代に入ると、労務者世帯の非有業人員は有業人員を下回った。戦前の家計データから一貫して新中間層職員を上回っていた労働者の平均世帯人員は、非有業人員の減少によって、一九六〇年代からは職員と重なり、八〇年代からは労務者が職員世帯を下回っている。実支出額別にみると世帯規模の逆転には至らないが、図9と図10そして図12が示すように、両者の世帯人員の開きは明らかに縮小してきている。

労働者と新中間層との消費の同質化は、前者が後者を上回る世帯規模の縮小を行うことによって実現し維持されていたのである。このような事情は、出生児数についても確かめることができる。戦前において新中間層はもちろん都市自営層をも上回っていた労働者(「ブルーカラー」)の出生児数は、戦後において最も大きく減少し、一九七〇年代から八〇年代にかけては新中間層とほぼ同水準の少ない数で推移していた(国立社会保障・人口問題研究所編、各年版)。しかも七〇年代からの標準化出生率をみると、各種の「労務作業」に関わる現場労働者(「技能職」)が、職業別には最も低い値を示してきた(厚生省大臣官房統計情報部編、各年版)。

以上のように労働者階層は、世帯規模においても出生児数においても、階層的な位置関係を最も大きく変容させた。労働者が近代の社会階層の典型的な性格を体現しているとすれば、このような変容の激しさ、よりよい生活に向かっての生活単位の急速な縮小においてであった。かつて労働者は、財産を持たないがゆえに、子孫によって社会的位置を獲得するほかないためにプロレタリアと呼ばれた。戦前のデータは実際、そのことと整合的であった。けれども労働者自身が、戦後の都市生活の営みにおいて、その原義を逸脱してしまった。それは、労働者階層の自己実現ではなく、自らの手で生活単位を限定する自己変容にほかならない。

もちろん、労働者に典型的に現れた自己変容は、新中間層を含む他の社会階層にも広範に浸透した。消費における同質化と自己変容とは表裏の関係にあり、生活単位が限定されればされるほど、よりよい生活が可能だったからである。事実、世帯人員の増加にともなう実収入と消費支出の伸びは、家計調査ベースでみると、いずれも一九六〇年から急速に鈍化し、九〇年からは五人世帯からの伸びがほとんど頭打ちになり、比較的多人数の世帯は、限られた実収入で限られた消費支出を余儀なくされるようになった。激しい社会変動に対応し、中流社会に参入するために、すべての社会階層は、非有業人員を圧縮して生活単位を限定し、よりよい生活に向かって自らを組織してきたのである。

この過程で、都市生活をめぐる条件も変化してきた。東京都と大阪府の人口の動きをみると、社会増加率は、一九七〇年前後からマイナスか頭打ちとなり、自然増加率は、七〇年代から急速に低下してゼロに近づき、人口規模そのものが、九〇年代に入ると減少あるいは停滞の局面を迎えている。国立社会保障・人口問題研究所の二〇〇二年一月の『日本の将来推計人口』によれば、日本全体の人口が二〇〇六年をピークに減少局面に入るとされているが(中位推計)、東京都や大阪府の場合も、社会増加率の停滞と出生率の相対的な低さによって、傾向的な人口減少に直面すると予測されている。

生活単位に関して二〇〇〇年の東京都のデータをみると、一般世帯の平均世帯人員は二・二一人で、単独世帯が一般世帯の四〇・九％を占めており、合計特殊出生率は一・〇七で、限りなく一に近づいている。また、戦前の東京市の旧市域に該当する、千代田、中央、港、新宿、文京、台東、墨田、江東の八区(ただし旧市域をこえる地域も含む)を合わせた動きをみると、人口の規模は、すでに一九七〇年代からおおむね減少傾向にあり、自然増加率は、一九九〇年代に入るとプラスからマイナスに転じ、二〇〇〇年にはマイナス一・一三パーミルを記録している(以上、東京都総務局、各年版)。二一世紀に入ってからの自然動態や出生の数値は、さらに象徴的である。全国人口に標準化した東京都全体の自然増加率が、二〇〇一年からマイナスに転化し、また合計特殊出生率が、二〇〇三年にはわずかではあるが一を下回るからである(同前)。

こうして二一世紀の都市生活は、それまでの成長や発展とは異なる、停滞や衰退という人口条件において営まれざるを得なくなる。しかも、停滞や衰退の都市像は、近代化の未達成や矛盾のためではなく、近代における都市生活の発展の結果として、すなわち社会階層の同質化や自己変容の結果としてもたらされる新たな事態にほかならない。

5　二一世紀の都市生活――若干の展望と課題

振り返ってみると、一九世紀末の都市も、自然動態のマイナスに示されるリスクに満ちた環境ではあった。けれどもそれは、絶えざる人口流入(社会増加)と劣悪な生活環境のもとで、出生率を上回る高い死亡率によるものであり、急性伝染病の流行に示されるような一時的な事態にとどまった。二一世紀の都市は、ほとんど正反対の条件と性格において、自然増加率のマイナス局面を迎える。すなわち、社会増加率の停滞と高度化された生活環境において、死亡率の漸増(高齢化にともなう)を下回る出生率の低下によって、都市人口の趨勢的な自然減少が引き起こされるからである。都市の性格という点では、都市人口の性比の転換にも注目しておきたい。近代初頭から長きにわたって(戦争による混乱を除けば)、日本の都市の性比は男性に偏ってきたが、その代表である東京都でさえ二〇〇〇年には女性人口が男性を上回った。いずれにしても、二一世紀の都市生活は、一九世紀末とは全く異なった環境で、容易には克服できない内面化されたリスクを抱えて営まれることになる。

近代の都市生活の発展と変容は、以上の二つの時期にはさまれた、限られた期間の圧縮された出来事だったというべきなのかもしれない。しかも、近代の都市生活が一九世紀末のリスクを克服し、よりよい生活に向かって自らのあり方を変容させてきた結果として、二一世紀の都市生活は、全く新たな人口の自然減少というリスクに直面する。それは、都市の自然を制御した果てに、個々の生活の営みと直結する課題として浮かび上がるリスクである。新たなリスクは、かつてのような階層変動によってはもちろん、おそらく今日の家族によっても受け止めることは容易ではない。個々人の「自己責任」で受け止めることは、なおさら困難であろう。社会変動を措けば、出生が遠ざけられ、死が横溢する空間。われわれが意図しなかった都市空間が長期にわたって出

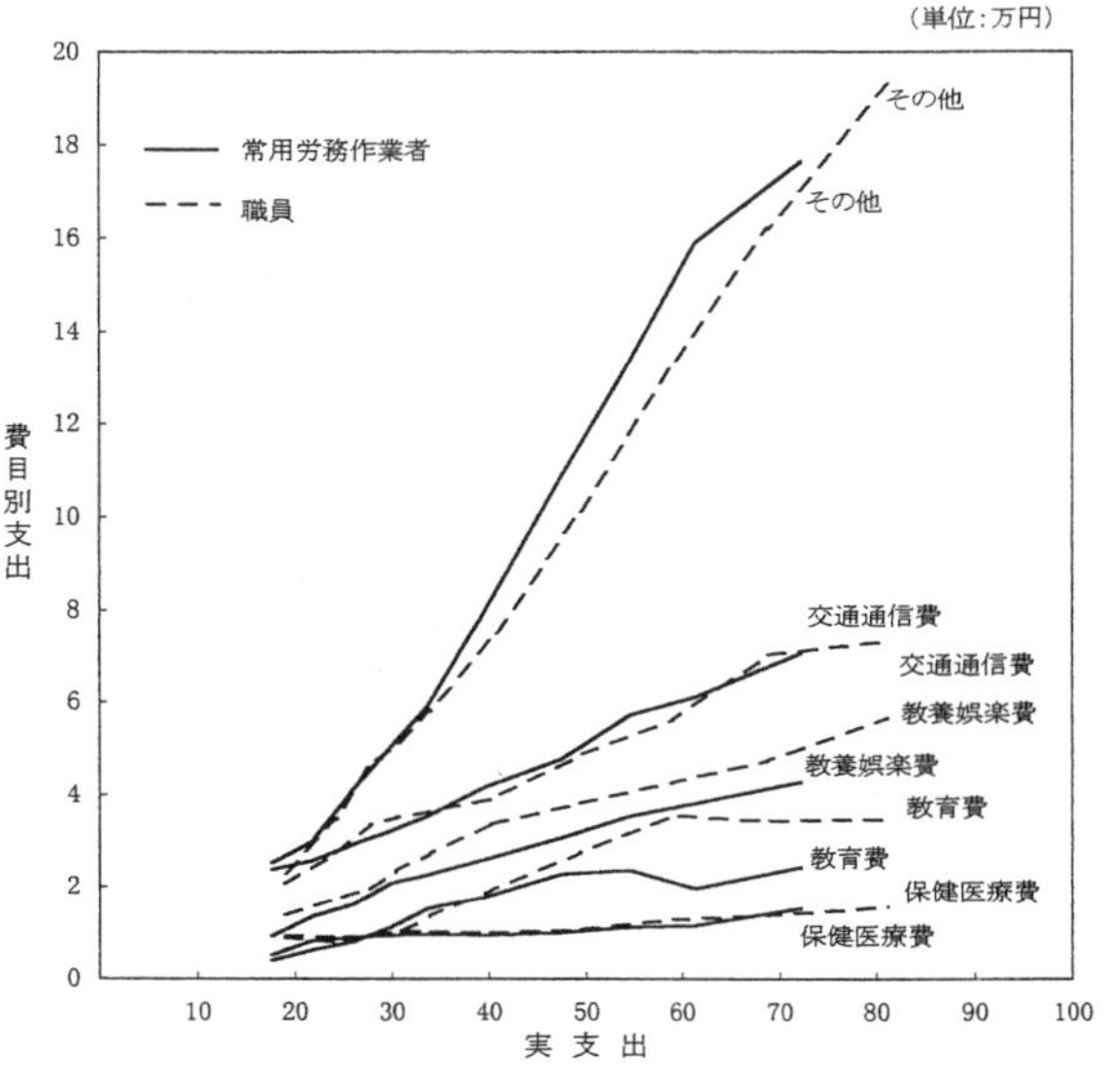

図13　常用労務作業者と職員世帯の雑費内訳図：1999年

出典：総務省統計局『平成11年 全国消費実態調査報告 第１巻』2001年より作成。

現しようとしている。二〇世紀の都市生活の発展と変容は、想像以上の難題を二一世紀にもたらしているのである。

最後に、二〇世紀末に現れたいくつかの兆候について触れておきたい。図12でみたように五大費目に関しては、常用労務者と職員世帯の同質化が認められ、雑費の内訳の支出拡張線についても、一九七〇年代までは同質化の傾向が確認できた。ところが八〇年代からは、雑費の中のその他、教養娯楽費、教育費の三費目の間に開差が形成され、図13に示すように、一九九九年には常用労務者と職員世帯は、雑費内訳の三費目についてやや異なった拡張線を描き、とくに教育費が五〇万円以上の実支出層で一定の開きを表している。また、図11でみた日雇労務者世帯は、八〇年代末から、実支出別の世帯人員が常用労務者を下回り、非消費支出の拡張線が明らかな開差を形作って、それまでとは性格の異なった動きを示している。さらに、制度発足以来ほぼ一貫して低下してきた生活保護の受給者比率(保護率)は、九五年から初めて上昇傾向に転じ、現在にいたっている。このような社会的な格差の兆候が、二一世紀の新たなリスクとどのように関係するのかも、二〇世紀の都市生活の経験がもたらした課題である。

文献

Beck,U., 1986, *Risikogesellschaft: Auf dem Weg in eine andere Moderne*, Suhrkamp Verlag. ＝一九九八年、東廉・伊

藤美登里訳『危険社会――新しい近代への道』法政大学出版局。

経済企画庁編、一九八五年、『昭和六〇年版 国民生活白書』大蔵省印刷局。

国立社会保障・人口問題研究所編、第一次以降の各年版(五年毎)、『出生動向基本(出産力)調査』厚生統計協会。

厚生省大臣官房統計情報部編、昭和四五年度以降の各年版(五年毎)、『人口動態職業・産業別統計』厚生統計協会。

熊沢誠、一九八一年、『日本の労働者像』筑摩書房。

内閣総理大臣官房広報室、各年版、『国民生活に関する世論調査』。

中川清、一九八五年、『日本の都市下層』勁草書房。

――、二〇〇〇年、『日本都市の生活変動』勁草書房。

中川清編、一九九四年、『明治東京下層生活誌』岩波文庫。

大阪市社会部、一九二二年、『常傭労働者の生活』。

東京都総務局、各年版、『東京都統計年鑑』東京都統計協会。

横山源之助、一九八五年、『日本の下層社会』岩波文庫改版(一八九九年、教文館)。

第3章　豊かな生活と消費生活

橋本　和孝

1　豊かさの追求――ベトナムの現実

二〇〇〇年一二月、私はハノイにいた。ハノイには四季があり、当然冬であった。それから一年半後、私はハノイ・ノイバイエアポートに下り立った。私は、がぜんびっくりした。あのタラップを下りるとむっとする熱気を感じることもなく、リニューアルされた近代的国際空港に吸い込まれていったからである。空港を出たタクシーは、二期作の水田を横目に見ながら高速道路をひた走る。市内まで四〇キロの距離があるが、市街地に入ると、かつてはただただ途上国の人と自転車とバイクと自動車が行き交う喧騒な道なりが、わずかだが中央分離帯が整備され、まん中に樹木が植えられた整然とした道路があらわれたのである。

もっとびっくりしたことは、自転車に乗っている者の数が減り、バイクの数が増えたことである。さらに、多くの電気店の店頭に、電気洗濯機とエアコンが所狭しと並べられるようになっていたのである。明確に人びとの計量的な生活水準が向上したのがわかる。ちょうどワールドカップの時期で、多くの人びとがあちらこちらのカフェーのテレビに見入っていた。すくなからぬ若者が携帯電話を持ち、インターネットカフェがあちこちで繁昌していた。一九八六年以来のドイモイ(刷新)政策の下で、社会主義下の市場経済化が進められて行った。それが計量的な生活水準の向上に貢献したことは明白である。一九九〇年代の平均経済成長率は七・二%で、驚異的な成長を示し、一人当りの消費支出は一九九三年から一九九八年にかけて四三%の増加を見たのであった(Haughton, Haughton, and Nguyen eds. 2001: 15)。またホーチミン市の貧困率は、一九八〇年代の二五%から一九九九年には一二%へ減少した(Hashimoto 2001: 217)。一九九九年夏滞在した時には、洗濯機はそれほど目立たなかった。人びとは化学繊維の衣類を身に纏っていた。それは洗濯が容易ですぐ乾くからである(現在も化学繊維は、変わらない)。絹の産地でもあるにもかかわらず、優雅なアオザイは化学繊維が多い。食生活では、フォーと春巻きに代表される日本人好みのベトナム料理だが、ふんだんに化学調味料が使用される(1)。

その一方で、ある苦学生の部屋を訪問したことがある。三畳間にルームメートと二人暮らし、二段ベッドのように作られた寝室もどきのスペース、ドアのない長家の一室でプライバシーは一〇〇%近く確保されていなかった。それでも扇風機と電気釜がおいてあった。貧富の差は歴然としている。一九九五年時点でジニ係数は三五・六であったが、一九九九年には四〇・七となり、貧富の差は広がったのである[2]。露店商・物売りは日常的で、時々ストリート・チルドレン、物乞いに出会う。

中国製の安価なモーターバイクが輸入されている影響もあり、大都市交通の混乱は眼をおおうばかりである。モーターバイクの輸入台数は、一九九九年の五〇万九千台から二〇〇〇年の一五八万一千台へとわずか一年の間に激増している。ベトナムの新聞は、二〇〇〇年時点で「現在、世界中で交通渋滞の深刻な国々は東南アジアの各国である。そのうち、ベトナムはトップになっている」とまで報じていた。その中国製のバイクは走行中に壊れとても危険だという。まだこの国に「消費者保護」という観念は乏しい。

湖や川の汚染は、深刻だ。川はドブとなっている。悪臭が漂い、もし落ちたらなんらかの病気になるだろう。ハノイ市民の憩の場所であるホアンキエム湖、その遠望は本当に綺麗だ。それにもかかわらず、池はウグイス色に濁り変色している。流れ込む汚水は行き場がない。ハノイ名物のタニシ料理の名所、タイ湖もカドミウム汚染だという。洗濯機が家庭にますます普及するとどうなるのだろうか。汚染はさらに深刻化するだろう。そしてエアコンが普及すると、現在でも頻繁に起きる停電はさらに深刻化するだろう。個人主義的生活様式の進展は、いやおうなしに、その矛盾を外部の環境に負わすのである。

物売り、ストリート・チルドレン、物乞い、ドブ川、昭和三〇年代の東京のようだ。しかし、その一方エアコンやインターネット、携帯電話の普及のように、新製品が跛行的にベトナム国民を襲っている。

2 高度成長前夜——日本

東京では空襲によって、住宅の五六％が焼け、一三八万戸あった住宅は六五万戸にまで減少した。池袋では、立教大学の裏にある環状六号線の内側まで焼けたという。疎開者、引揚げ者、帰国した兵隊などで住宅難は深刻化し、共同生活や間借り生活者は一九四八年時点で、都市居住者の四〇％にまで達したのである。こうした住宅難は一九五五年頃まで継続した。エンゲル係数は一九四六年には六〇・一％であったが、一九四八年には六三・四％にまで達している。戦前基準（一九三四〜三五年）が三五・一％であったので、敗戦後民衆がいかに貧しい暮らしを強いられたかが理解できよう。そして、その後一九五〇年には五七・四％になった。

一九五五年、日本は高度経済成長に突入する。一九五六年には「戦後は終わった」といわれた。しかし、都市的民衆の生活世界には、高度経済成長はまだ無縁なものであった。東京池袋のガード下には、住むところのない多くのホームレスが住みつき、息をするのもはばかれるような臭気が漂っていた。

周辺には少なからぬスラムがあり、屑拾いを生業にしているものもいた。子供たちは珍しかったデパートの水洗トイレの轟音に、驚いた。また子供たちは自動車の通らない道路で、お人形さんごっこ、缶蹴りや石蹴りで遊び、夕方ラジオのプロ野球放送に耳を傾けた（なお民間ラジオ放送が始まったのは一九五一年であった）。ここでは異年齢間の接触はごく普通で、遊びの伝承や、ガキ大将ができるので明瞭ないじめは当然のことであった。

下層世帯の朝食は、納豆ごはんで、夕食にでる卵焼きはごちそうであった。のり巻きやお稲荷さんやバナナは遠足や運動会でしか食べられないものであった。ごはんも味噌汁も焼き魚も、一つの七輪で料理し、水は井戸水を汲み、洗濯は洗濯桶と洗濯板で、固形せっけんを用いて、ごしごし洗う重労働であった。衣料品も穴のあいたものを繕い、既製品の代わりに母親が縫ったものを着ている子供も少なくなく、兄や姉のお古を着るのは普通のことであった。また手編みのセーターもごく当たり前のことであった。トイレはもちろん汲み取り式で、その臭いは都市的住居の特徴でもあって、下水道は完備していず、時々伝染病が発生するのも、やむを得ない環境であった。夏には白熱電灯の下で蚊帳をつり、蚊取り線香をたき、うちわや扇風機で涼を取る風情であった。蚊帳を利用するため家族が同じ部屋に寝るのもやむを得ざるものであった。自宅に風呂があるものは少なく、銭湯に通うのが普通であった。銭湯は都会人の裸の付き合いの場という側面があった。子供たちにとって紙芝居屋が来るのはとても楽しみであり、また映画は人びとの娯楽手段であった。しかし、紙芝居屋のお菓子代一〇円を払えない子供が少なくなかった。自動車の代わりに多くの都市には路面電車が走り、市民の足としての機能を果たしていた。

3　高度成長と豊かな生活

一九五三年、NHKがテレビ放送を開始したものの、白黒テレビは庶民にとっては、高嶺の花であった。日米安全保障条約改定反対の国民的闘争の熱気が覚めやらぬ一九六〇年、政府は「国民所得倍増計画」を策定し、経済成長を推進した。実質経済成長率は一九五五年から一九六〇年が年率八・九％であったが、一九六〇年から一九七〇年は一〇・〇％に達したのであった。乗用車生産は、一九五五年から五六年の一年間に六一・一％も増加し、一九五六年から六〇年にかけては四倍の増加を見た。テレビを街頭や、電器店の店頭で見ていた都市の民衆は、一九五九年に行われた当時の皇太子殿下（現平成天皇）と正田美智子との結婚式を機会に、購買へと向かって行った。その年一年間で、一〇〇万台の白黒テレビが売れた。そして、一九六四年には、テレビ保有率は九二・九％にまで達したのであった。またテレビを含めて、電気洗濯機、電気冷蔵庫といった代表的家電製品については、「三種の神器」といわれて、もてはやされ、それらの普及は「消費革命」とか「生活革新」と評価された。因みに電気冷蔵庫は、一九六四年時点で五四・一％の家庭に普及した。一九五〇年代後半、私が住んでいた近

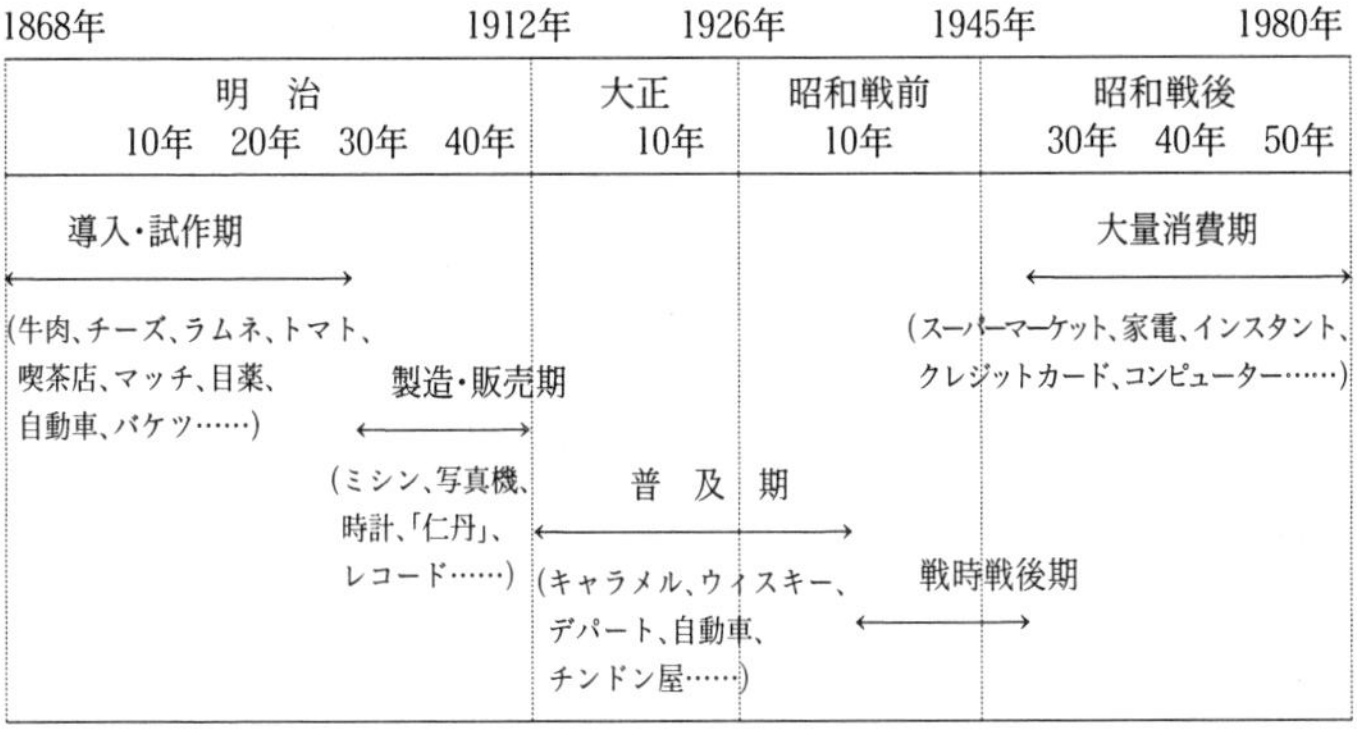

図１　明治以降の消費生活・物資の展開

出典：日本リサーチ総合研究所編、1988年。

所の家に、トースターが購入された。その時の感動は忘れがたい。我が家では網でパンを焼いていたからである。そしてその家には、やがて近所でもいち早くテレビが導入された。

こういった耐久消費財は、一九二〇年代のアメリカで登場した商品であったが、約四〇年の遅れをとって日本に普及した。「生活の近代化」は、耐久消費財だけではなくて、食生活の上でも論じられるようになった。インスタントラーメンが登場し、日本の炭水化物(米)、魚と植物タンパク(味噌、豆腐)中心の食生活は、非近代的で、そのため体格が小さいことが取り上げられた。西欧型の肉食中心、動物性タンパク質こそ望ましく、それが「食の近代化」、「簡便化」と吹聴された。繊維製品は、綿、ウール、絹、麻製品が減少して、化学繊維製品が増加した。

新しい生活様式は、特に新中間層や団地生活者によっ

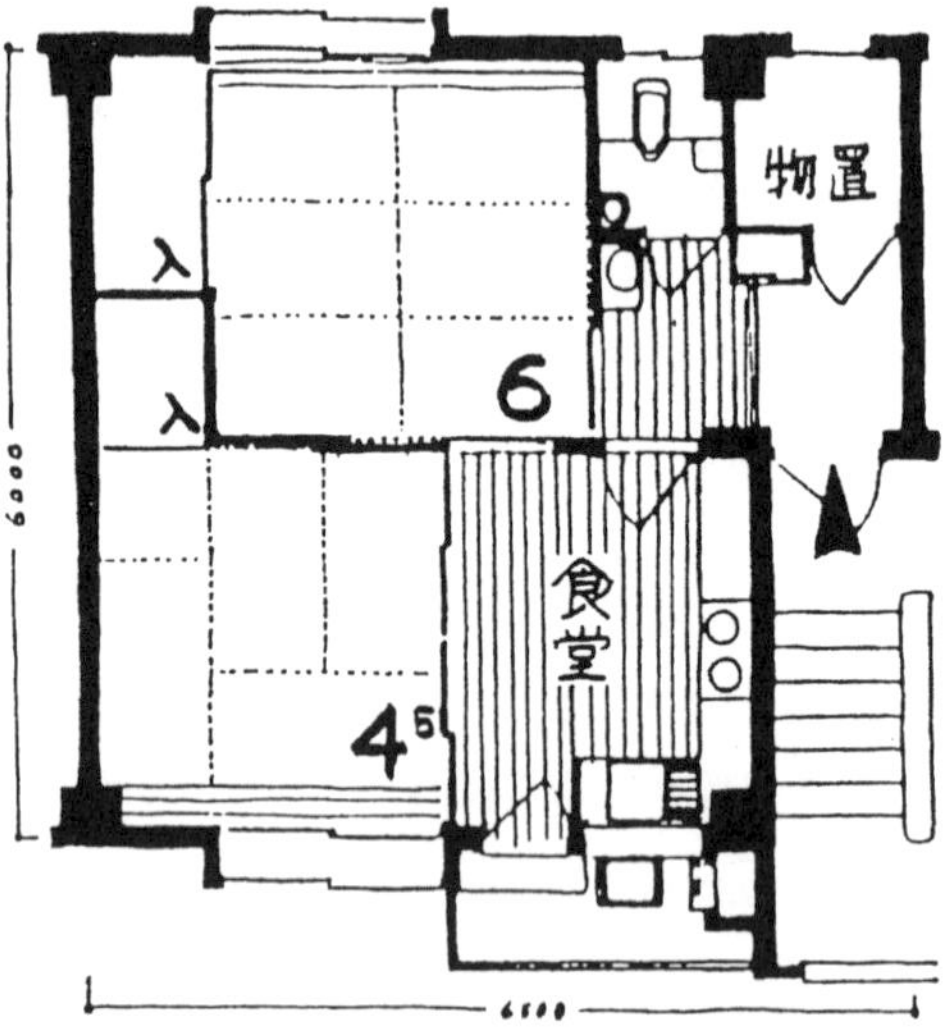

図2　公営RCアパート標準プラン・51C型（1951）

出典：西山、1989年。

て先導されたが、団地というnDK（2DK、3DK）空間の登場も新しさの特徴であった。つまり畳を中心とする部屋の転用による生活から、食空間と就寝空間を分離するというアジア太平洋戦争中に構想された発想が実現したのである。一九五一年に登場した2DKの公営住宅は四〇・二平方メートル（一二坪）であったが（図2）、日本住宅公団の公共住宅は四五・三一平方メートル（一三・七坪）であった。

エンゲル係数は、一九六〇年には四一・六％に下がったものの、戦前基準とは程遠かった。家計の消費支出に占める家具什器費の割合は、一九五〇年時点では一・八％に過ぎなかったが、一九六〇年には四・四％、一九六四年には四・五％になっ

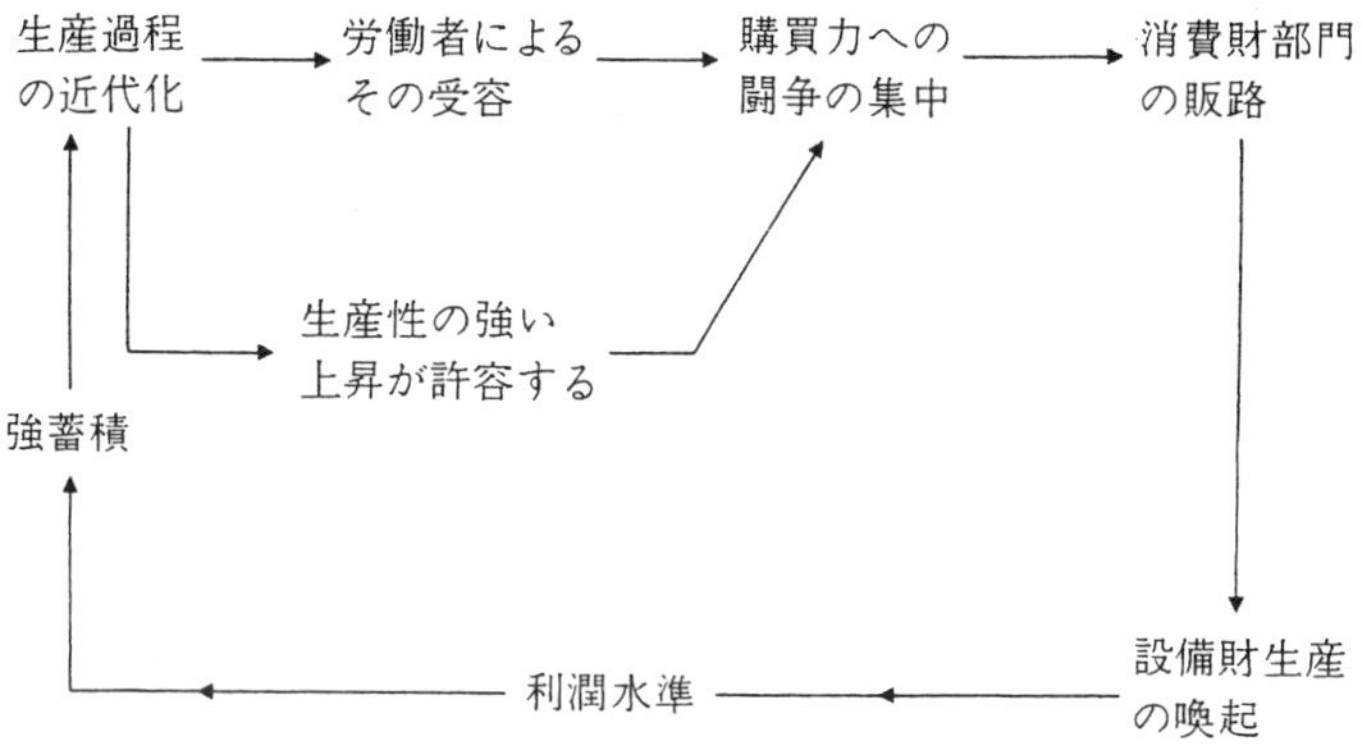

図3　「好循環」の構図

出典：井上、1987年。

た。一九五八年と五九年には電気製品への支出が前年比六〇%を記録した。

家電製品への支出は、月賦、消費者信用によって支えられた。一九五六年、東芝は信販会社を設立し、家電販売店とタイアップした。トヨタも一九六二年都市銀行とタイアップして消費者ローン制度を導入した。消費者信用を利用した世帯割合は、一九六〇年には四二%に達したのであった。

一九六八年、白黒テレビの保有率はピークを迎え、一九六九年には減少に転じた。白黒テレビに変わって、カラーテレビが登場し、一九七〇年には世帯保有率は九〇%にまで到達した。電気洗濯機も冷蔵庫も一九七〇年には九〇%の保有率になった。一九六二年には一〇%に過ぎなかったステレオと乗用車が、前者は一九六九年に三二・五%となり、後者は一九七四年に三四・五%に到達した。自動車、クーラー、カラーテレビのいわゆる三C時代への突入であった。マイホーム主義を基盤としたこの豊かな生活様式は、いわゆるフォーディズムの好循環のモデルに合致した。生産財(設備財)の発展は消費財市場と結びついけられていて、大量生産は消費財の大量消費によって支えられねばならないものであった。広告やモデルチェンジに刺激されて、耐久諸費財を購入したいとする勤労者の規範は「高賃金」政策を伴った消費過程において形成された。完全雇用モデルの福祉国家は、この生産—消費システムに対応したものであった(図3)。

4 豊かな生活の帰結

耐久消費財の保有と利用を中心とする、豊かな生活である「個人主義的消費生活様式」(橋本、一九八七)の導入は、わずか一〇数年の間に、我々の生活を一変させてしまった。内風呂が普及した結果、銭湯が衰退して行った。テレビが一般化し、ビデオが普及した結果、多くの映画館が消えていった。今では、テレビや、電気洗濯機抜き、電気冷蔵庫抜きの、生活が考えられなくなっている。そして、この生活様式導入の過程は、「豊かさ」の構築のプロセスであると同時に、農村から都市へ、農民から労働者へという人びとの地域移動、社会移動のプロセスでもあったのである。農民家族から、高度成長を支える性別役割分業型のマイホーム家族へと、家族システムは変ぼうし、耐久消費財がマイホームに据え置かれた。一九九九年夏、私はハノイにおり、そこで農村から都市へと国民が移動することによって、高齢者や父母と切り離されることに伴う社会的コストの負担について質問を受けたことがあるが、社会的コスト以上に、我が国では国民の労働者化という企業社会の論理が、至上命題であったことが分かる。

テレビの普及は、団らんという観念を喪失させる要因の一つとなり、マイホーム家族のなかにテレビが割って入り、家族のコミュニケーション不足に拍車をかけた。それと同時に、テレビ番組が、家族や友人とのコミュニケーションの素材にもなった。

子供たちの間では、異年齢集団との接触がなくなる一方、都市の中に児童公園などの遊び場が必要になった。大都市に乗用車が普及した結果、道路混雑が深刻化し、路面電車の運行の障害となった。また逆に自動車の障害となることで、一部の都市を除いて路面電車の撤廃が進行した。自動車は、「走るマイルーム」として個室空間を形成する反面、大気汚染・振動など道路公害と交通混雑、交通事故（自動車内は「走る棺桶」）の原因となっている。

一九七〇年代に入り、公害問題が社会問題となることで、食品の安全性への不安が高まった。レトルト食品、冷凍食品、カップラーメンなど、多くの食品の工業化が進行し、食品添加物の多種大量使用が消費者の不安の源泉となり、安全な食品への関心は高まった。さらに電気洗濯機の普及に伴う合成洗剤の普及は、洗剤の安全性（皮膚障害、急性毒性、慢性毒性、遺伝子への影響）に対する問い返しへと結びついていった。それらはやがて消費者運動の高まりに結集していった。

合成洗剤の普及と内風呂や水洗トイレの普及は、水の大量使用を伴い、その排水は一方で下水道需要を高めるとともに、他方で河川・湖沼の汚濁の原因となった。上水道にも利用している琵琶湖や霞ヶ浦の富栄養化は深刻な問題を提起し、水質浄化の住民運動と条例制定の動向に結びついた。上水道使用量は一九六五年から七九年にかけて七〇%の増加を見た。

食品の工業化は、大量のトレイなどの包装容器の必要性を高め、それはプラスティックトレイなどのゴミ問題を生み出した。電気製品は粗大ゴミを増加させる原因となり、また廃車した自動車もゴミ問題となっている。耐久消費財関連のゴミの量は、兵庫県においては一九七一年を一〇〇とすると一九七四年には一六一・四まで増加した。

一九七三年の第一次オイルショックを契機に、資源問題への関心は著しく高まった。一九五〇年代のエネルギー革命は、石炭や木炭から、エネルギー源としての石油への依存を劇的に高めていった。自動車のガソリン、暖房用の灯油だけでなく、プラスティック製品、合成洗剤、食品添加物など消費生活の中に、石油は深く浸透し、現代生活は「油上の楼閣」と呼ばれている。また家電製品の普及は、電力消費量を増加させ、原子力発電所建設の一要因になっていることは否めない。産業用の電力消費が一九六六年から一九七七年にかけては四倍の増加であったのに対して、民生用の消費は八倍に達したのである。

5　世紀転換期の生活様式

一九七〇年代の後半以降、ポスト・フォーディズムやアフター・フォーディズムが語られ、製造過程でのマイクロエレクトロニクス化の進行と、フレキシビリティの増加が顕著になった。経済のサービス化が進行し、完全雇用からパートタイム就労や派遣労働が増加してきた。多国籍企業が増加し、政治形態はポスト福祉国家となった。消費の多様化が語られた。多くのタイプの自動車やビールが登場した。一方で、家電製品のリサイクルに象徴されるように、市民のリサイクル意識が高まった。一九八〇年代から一九九〇年代前半は生活協同組合運動の高揚が見られ、主婦の安全な食生活指向が顕著であった。米や大豆、海草類などの日本型食生活が見直され、西欧型の肉食生活の成人病への影響が指摘された。もう一つの三Cが語られ、量的な豊かさではない質的な豊かさである **community**、**creative**、**culture** が注目された。

その一方、個人主義的消費生活様式の一層の進展が見られる。家電製品はモデルチェンジを繰り返し、一層式の電気洗濯機は、二層式となり、やがて全自動洗濯機が主流となった。冷蔵庫もワンドア式からフリーザーつきのツードア式となり、やがて野菜室付きのスリードア式で大型化した。一九七〇年には、わずか五・九％の普及に過ぎなかったルームエアコンは、二〇〇一年には八六・二％になり、二・一％であった電子レンジは九五・三％の家庭に普及を見せている。二二・一％であった乗用車が八五・三％にまで増加した。さらに一九八〇年には二・四％であったVTRが七九・三％となり、八・六％であったビデオカメラが三六・八％にまで増加している。CDプレイヤーは一九九〇年の三四・三％から六二・一％へ、一〇・六％であったパソコンは五〇・一％にまで増加した。インターネット利用者数は、一九九八年時点で一、一一九万九千人となっていてアメリカの六、五〇二万九千人に次いで世界第二位となっている。IT利用の伸びについて、吉原直樹は、家族・地域・階級などの従来の支配的な参照枠組みから個人を解放する面と、社会的規範を個人に内面化させる「自己規範と監視のテクノロジー」いわゆる〝パノプティコン〟化が進展すると指摘する(吉原 二〇〇二：八九)。かつてのポケベルもそうであったが、携帯電話もその〝パノプティコン〟化の側面を強く有しているといえる。

携帯電話の加入者数は、一九八四年度にはわずか四万件であったが、二〇〇〇年度には六千九四万件にまで増加した。携帯電話がたぶんにサラリーマンやOLでは商用の性格も有しているとはいえ、CDプレイヤーや携帯電話の普及は消費の個人化の進展でもあった。中学生の六人に一人、相当数の高校生ですら携帯電話を保有している状況は、消費社会状況以外のなにものでもない。そして、一方で百円ショップのような激安ショップが普及する反面、日本の若者はブランド指向でもあるのが特徴である。グッチ、ルイ・ヴィトン、バーバリーなどのバックや衣類、ローレックスの時計など、高価な商品を購入する(3)。少なからぬ大学生や高校生が、消費や旅行のために、学業よりもアルバイトに勤しんでおり、なかには援助交際に陥る女子高校生も問題になった。物質的に豊かな生活が、当然となり、欲しいものがすぐ手に入る子供や若者たちに、がまんする心が身につくことは、難しい。ハングリー精神が欠けた若者たちに、大きな飛躍が期待できず、日本の前途は揺らいでいる。

またこの消費社会が、クレジットによって支えられていることにも注目しなければならない。一九七九年には二、三六二万枚だったクレジットカード発行枚数は、一九九九年には二二、五三九万枚となり、取扱い金額も一兆六、一〇〇億円から二四兆五、二三〇億円へと二〇年間の増加は著しい。そしてそれに照応するかのように個人の自己破産件数も一九九〇年の一一、三〇〇件から二〇〇〇年の一三九、三〇〇件へと著しく増加している。それはまたカード犯罪を引き起こす要因にもなっており、進展するインターネット取引の下で、カード犯罪の不安が生じている。

自己破産件数の増加に象徴されるように、長い不況下での倒産、リストラ、失業は、当該家計に深刻な影響をもたらさざるを得ない。雇用不安が解消しない以上、この消費社会の基盤は、揺らいでいる。

個人主義的消費生活様式の進展は、地方都市で深刻な問題を生み出してきている。地方都市では、マイカー所有は大都市以上に、必需品である。通勤、買い物、レジャーとなくてはならないように見える。車は若者のデートの手段である。マイカー所有が一般化した結果、駐車場の必要性とワンストップ・ショッピングを提供するために、多くの量販店が、郊外の幹線道路沿いに進出した。その結果、中心地の衰退が起こり、少なからぬ店舗の店じまいが生じていった。夜七時になると都心部が真っ暗になってしまう都市がある。夜七時に街が暗くなるようでは、もはや都市の魅力が失われたといわざるを得ない。都市の魅力というのは、ウインドウ・ショッピングができて、そこを夜でもぶらぶら歩ける盛り場をもつ街なのである。

その一方、郊外に店舗が進出した結果、常時車を使えない子供やお年寄りにとっては、買い物は極めて困難になった。とりわけ、マイカー所有によってバスの本数が減り、料金が高くなっていくだけに深刻になった。いわゆる交通貧困層問題である。地方都市での高齢化は、大都市以上に急速に進行している。後期高齢者になって車に乗れないお年寄りが増加し、あるいは高齢者ドライバーによる交通事故の増大に直面するにもかかわらず、生活用品の購入を不便な場所に頼らざるを得なくなるとすれば、生活上の接近性から見た利便性の悪化は明白である。交通貧困層の移動の権利が論じられているが、福祉社会論的接近が必要になっているといえる。

6　二一世紀の生活様式へ

二一世紀に入って食生活の変化が指摘される。従来見られた食の安全志向から、簡便志向への変化である。包丁とまな板のない家庭が、従来から一部で指摘されていたが、あたかもそれに見合うような、買って来たものをただ並べるだけ、野菜の代わりに野菜ジュースで代用する状況が、二〇歳代後半から三〇歳代前半の家庭にも見い出されるようになった。特に、横浜の下町では朝食からコンビニエンスストアでお弁当やおにぎりを買う子供が目立っており、「激変する食生活」といわれるのもうなずける。もはやお稲荷さんものり巻きも、江戸前寿司も、バナナもごちそうではなくなった。飽食の時代と農業の解体の下で、安全性に疑問がある食品添加物が使用され、栄養が偏り、家庭の味が喪失し、お金のかかる食生活になっているなど大きな問題点を指摘できる反面、共働き家族と片親家族の増大の下で、一概に否定しがたい状況がある。シンガポールではホーカーズ・センターという安価な食堂が街中にあり、市民は朝食からそこでごはんを食べる状況が見出される。油料理中心の中華料理では、健康に有害なのは明白であるが、ホーカーズ・センターは、共働き家族が多かったこの国の現実を反映している。

シンガポールを見ていると、二一世紀の生活様式の一つの有り様が良く分かる。この国の若い女性である中国系シンガポーリアンにとって、消費は娯楽の中心要素にある。その意味で日本に良く似ている。携帯電話は地下鉄(MRT)のなかで、うるさい程使用され、電磁波だらけなのは明白である。しかし、この国がアジアの他の国と決定的に異なるのは、国民の大多数である八三％(一九九八年)が公共住宅(HDB住宅)に居住しているという現実である。いわゆる団地生活である。

私の知り合いのペクさんは、中国系シンガポーリアンである。彼は二〇〇二年時点で五〇代前半で公務員である。しかし、彼は英語、標準北京語を話せるが北京語を書くことはできない。奥さんは、出生時は華人であったが、マレー人の所に養女となったため、現在はマレー系シンガポーリアンである。マレー人なので宗教はイスラム教であり、彼女は主婦を兼ねて、リフレクシオロジーの仕事を行っている。夫婦の会話は英語でなされる。子供は当時中学生の男の子を筆頭に次男と末っ子の女の子の五人家族で、5LDKのHDB住宅に住んでいた。住宅は、日本の団地のイメージとは程遠く、ゆったりとした造りで、ペクさんを始め男の子たちはケーブルテレビに接続したインターネットを楽しんでいた。食事は、子供の食事については奥さんが作るが、夫婦は朝ごはんからホーカーズ・センターで食べる。しかも、マレー人の奥さんなので夫婦は別々の食べ物をオーダーするのである。食生活に対する考え方は、日本と大きく異なっている。ペクさんの家にはいないが、共働き家族ではフィリピーナのメイドを雇っているところも多い。家事に対する考え方は日本と大きく異なっている。

そして、この団地を基礎にしてニュータウンが形成される。ニュータウンには、タウンセンターが設置される。ホーカーズ・センターは、もちろんのこと、コミュニティクラブ、銀行や映画館、衣料品店、スーパーマーケット、図書館、スポーツ施設など日常生活の少なからぬ部分がまかなえるよう配置されている。住まいからバス停までは二〇〇メートル以内に行けるよう配置されていて、ニュータウンの中心にはMRTの駅が据えられる。そしてMRTとバスを使えば、シンガポール島のどこにでもいけるよう公共交通中心の都市づくりがなされている。MRTは、都心を中心に東西に延び、西はジュロン工業団地の地域へ、東は二〇〇二年チャンギ空港まで繋がった。また南北線は弓状に島の北西部を往復している(Hashimoto, 2004)。そして、二〇〇二年一二月、都心から北東部に新線の開業が予定されていた(4)。マイカーやタクシーが平日の午前七時三〇分から午後七時の間に、都心部(CBD)に入るには、お金を払わなくては入れない仕組みになっており、今日ではERP(Electronic Road Pricing)という「ネズミ捕り」に似た日本が開発したセンサーによって、自動的に中心部に入る車をチェックするようになっている。乗用車の購入を税金によって規制しているのもこの国の特徴であり、ガーデンシティとして緑と花をくまなく国中に配置した計画都市でもあり、交通渋滞と大気汚染の著しいアジアの他の国とは異質である。ただし、この国は弱者のための都市ではない。勤労者のための都市である。それは、MRTのエスカレーターの早さやかなりの速度でのバスの運行、歩行者用交通信号の点滅の早さを経験すれば明白である(5)。公共住宅、公共交通、生活環境の一体的整備、家事の省力化、これらは明白に二一世紀における一つの生活様式であるのは間違いない。

おわりに

さて一九九五年時点での発達した国々での一人当りのエネルギー消費は、日本は三・九六、アメリカが七・九〇、ドイツが四・一五、イギリスが三・七九、フランスが四・一五で、これらの国々が、世界のエネルギー消費の主翼を担ってきた。そして、この仲間にどうして我々は、中国やベトナムが加わることを拒否できるのであろうか。私たちは二〇〇〇年夏、北東イングランドの在住日本人の研究を実施した。その中で、明確になったことは、彼らが英国製の電気製品へ不満を持っていて、日本製の新しさと便利さを再確認していることであった。しかし、それは同時に新しさと便利さを売り物にした日本の消費社会の現実を逆照射していることを示すものでもあった(藤田編、二〇〇二)。日本でも近年高齢社会を迎えて、路面電車の復建が叫ばれているが、ヨーロッパにおいてはアムステルダムでもブリュッセルでも、首都を路面電車が縦横に走っている。古い空間と生活を破壊して、新しいものに置き換える日本的な消費の論理が再検討されざるを得ない時期にあるといえよう。二一世紀の生活は、第一に伝統と新しさの調和、第二に計画的で公共交通優先の都市づくり、第三に社会的生活基盤の一体的整備、第四に環境適合的で資源節約・資源循環型消費、第五として福祉社会システムの整備のうえにこそ築かれるものといえよう。

そして、多くの発展途上国が、より豊かな生活を求めている以上、その帰着するところは、地球的規模での一層の環境破壊である。しかし、発達した国に誰も途上国の豊かさを禁止する権利はない。自分達は豊かさを謳歌して、他人は禁止するという論理は特権階級の論理そのものであるからである。そうであるならば、発達した国こそ。まず自ら持続可能な生活の論理を示すべきなのである。そこにこそ二一世紀の豊かな生活の展望があるといえよう。私たちはあらためてE・フロム(Erich Fromm)が、

〈持つこと〉(to have) から〈あること〉(to be) への転換を促したことを想起したい (Fromm, 1976)。

ハノイのホアンキエム湖沿いで、ベトナム人と日本の下水処理の話をした。日本では、下水処理をした後の水が、水洗トイレの水として、あるいは親水化した水路の水源として再利用されているということについてである(6)。メイド・イン・ジャパンのこの国への移転が、利益追求型の新しくて便利な家電製品と〝ホンダ〟とそのまま呼ばれるバイクと、勤勉な勤労モラルばかりであってはならない。環境適合技術と資金、抱えている社会生活上の困難を解決する経験なのではあるまいか。

注

(1)一九九九年夏、ハノイの中心的社会科学者と論争した。彼は科学は進歩に貢献するのであって、積極的に推進すべきであるという立場であった。これに対して、私は、自然科学を適用すべき分野には制限が設けられるべきであって、食品などには慎重であらねばならないと述べた。このように、ベトナムではなお〈科学万能論〉が存在しているといえる。

(2)ベトナムにおける耐久消費財の普及率についての「貧富の差」別の統計がある。それによればその差は**表1**の通りである。

(3)J・クラマー (John Clammer) は、日本人の外国旅行には、ショッピングという要素が大きく、買い物の多くがブランド品で、ツーリズム自体が消費であると指摘する (Clammer, 1997: 187-199)。

(4)MRTの新線の開業は結局二〇〇三年六月二〇日になった。

表1　耐久消費財の世帯所有割合（%）1998年

	貧困層	富裕層
カラーテレビ	6.5	76.4
白黒テレビ	15.0	9.4
ラジカセ	26.9	57.6
電気冷蔵庫	0.1	35.3
オートバイ	1.0	55.4
自転車	61.9	76.7
電話	0.0	26.8

資料：Haughton, Haughton and Nguyen eds, 2001.

（5）歩行者用交通信号の点滅の早さは、かつての福祉国家イギリスも例外ではなく、はるかに日本の方が歩行者優先であった。

（6）シンガポールでは、二〇〇三年二月より飲料用水道水にリサイクル（再生利用）の水を混ぜて供給することになっており、リサイクル水は Newater として喧伝されていた。もちろん、その味自体は問題ない。品質も高品質で世界保健機関（ＷＨＯ）や米国環境保護庁の基準を充足するという（*Yahoo News Singapore*, 12 July 2002）。

文　献

Clammer, J., 1997, *Contemporary Urban Japan: A Sociology of Consumption*, Blackwell. ＝二〇〇一年、橋本和孝・堀田泉・高橋英博・善本裕子訳『都市と消費の社会学』ミネルヴァ書房。

Fromm, E.,1976, *To Have or to Be?*, Harper & Row. ＝佐野哲郎訳、一九七七年『生きるということ』紀伊国屋書店。

藤田弘夫編、二〇〇二年、『日本企業のイギリスへの工場進出――従業員の文化変容』。

橋本和孝、一九八七年（増補版一九九四年）、『生活様式の社会理論』東信堂。

Hashimoto, K., 2001, "A Journey to the Palace of the Dragon King with Professor William I. Elliott: A Sociological Insight into Vietnam," *Bulletin of Kanto Gakuin University*, No.92.

———, 2004, *Understanding Japan, Singapore and Vietnam: A Sociological Analysis*, The Hokuseido Press, Tokyo.

Haughton, D.,Haughton, J. and Nguyen Phong eds., 2001, *Living Standards During an Economic Boom: the Case of Vietnam*, Statistical Publishing House, Hanoi.

井上泰夫、一九八七年、「ポストフォード主義の展望」平田清明・山田鋭夫・八木一郎編『現代市民社会の旋回』昭和堂。

日本リサーチ総合研究所編、一九八八年、『生活水準の歴史的分析』総合研究開発機構。

西山卯三、一九八九年、『すまい考今学——現代日本住宅史』彰国社。

吉原直樹、二〇〇二年、『都市とモダニティの理論』東京大学出版会。

Yahoo News Singapore, 12 July 2002, http://sg.news.yahoo.com/020712/5/singapore12937.html

第4章　都市づくりと公共性

田中　重好

1　はじめに

これまでの「官」主導の都市計画が近年、大きく変化しつつあり、「共」の都市計画へと発展してゆく可能性を獲得しつつある。

一九九〇年以前日本では、都市マスタープランを欠如させたまま、都市計画事業が行われてきた。都市計画は事業中心主義であった。さらに、都市計画(法定都市計画)では土地利用規制が緩やかであるため、都市空間を十分コントロールできなかった。第三に、日本の都市計画は国家主導の性格が強いため、ほとんど市民参加が制度化されておらず、「住民不在の都市計画」であった。

こうした都市計画のあり方が、一九八〇年の地区計画制度の導入や一九九二年の市町村マスタープランの導入などの一連の制度改正と地方分権化の流れのなかで、変化しつつある。さらに、住民が主体となった各種のまちづくりの展開という、現実の動きのなかからも、広義の都市計画が変化しつつある。これらの変化は、「共」の都市計画へとつながるものである、と考えられる。ここでいう『共』の都市計画とは、地域住民が合意した『住民共同のソフトなルール』に基づく都市づくり、まちづくりである」(田中、一九九九a：二一三)。

ここで、都市づくりを取り上げるのは、「急速な経済成長と都市膨張の時代は終わり、二一世紀の日本では『安定・成熟した都市型社会』をいかにつくりあげていくかが都市政策の最重要な課題になる」(原田、二〇〇一a：一)からである。すでに、地方の小規模な都市を皮切りに都市の本格的な衰退が始まっている(田中、近刊)。現在、都市を取り巻く社会的条件が大きく変化し、都市構造が根本から変化しようとしている。さらに、その変化に合わせて都市再生の方策をさぐり、あるいは、「都市の衰退」への危機に対処するために、各地でまちづくり、都市づくりへの取り組みが行われている。

本稿では、以上の議論(田中、一九九九a・一九九九b)を再検討し、近年の都市づくりの構造的な転換を追う。そして、この新たな都市づくりを、公共性の観点から意味づける。現在進行中の都市づくりは、新たな公共性を創出しようとしている。それは、「小さな公共性」の「小文字の公共性」づくりから始まって、「大きな公共性」の「大文字の公共性」を再編成してゆく可能性をもっている。

2　官主導の都市計画

これまでの日本の都市づくりは官の都市づくりであった。都市計画は国家の事業であった。最初の近代都市づくりは一八七二年(明治五年)、大蔵省によって行われた銀座煉瓦街の建設であった。また、一八八八年(明治二一年)の東京市区改正条例は勅令として交付された。そのため、東京の改造は内務省が中心となって「国家の仕事」として進められた。

「都市計画は国家の仕事」という考え方は、一九一九年(大正八年)制定の旧都市計画法にも引き継がれてゆく。「旧都市計画法においては、都市計画は国の事務とされ主務大臣が決定し内閣の認可を受けることとされた」(小泉、二〇〇〇:九三)。同法では、「都市計画、都市計画事業及毎年執行スヘキ都市計画事業」は「都市計画委員会ノ議ヲ経テ」内務大臣が決定して内閣の許可を得るという仕組みになっていた。こうしたプロセスを見れば分かるように、「まさに都市計画は『国家ノ事務』であった」(小林、一九九九:八)。そして、このことは、欧米と比較すると極めて「特異な特質」をもっていたのである。「欧米諸国では当時においても、都市計画や建築規制は基本的に市町村の権限・事務に属するという考え方をとる国が多かったことと対比すれば、日本の制度は、いわば市制=地方自治制の原則を目的意識的に排除した特別法として、極めて特異な特質をまとって確立されたのである」(原田、二〇〇一

b：二九―三〇）。

そのため、都市計画のもつ公共性は「国家的公共性」であった。「国家＝官が『公』を独占的に吸収し垂直的な関係で『代弁』『行使』するのは、戦前の権威主義的国家の特徴の一つである……都市計画については、自治体のレベルでは――自らの都市のあり方にかかわる重要事項であるにもかかわらず――固有の『公共性』を樹立することを許さないということである。……いわんや、自治体またはその一部の居住者＝市民の間の（参加等を通じる）共同の意思決定としての『水平的でパブリックな公共性』の創出などといったことは、およそ想定されず、制度の枠組みの完全な埒外にあった。かくして都市居住者＝市民もまた、都市計画の支持勢力たりえないのである」（同書：六〇）。

この特質は、一九六八年に改正された新都市計画法にも引き継がれた。新都市計画法においては、たしかに、国から地方へと都市計画の決定権限が委譲された。しかしながら、その主要なものは知事に機関委任され、それ以外のものは市町村に団体委任された。このように、最終決定権は、政府にとどめおかれたのである。こうした都市計画のあり方は、「国家高権」と言及されている。「地域地区の決定権限を含めて都道府県知事の都市計画決定はすべて国の機関委任事務とされたため、都市計画全般に国の『支配』が貫徹されていた」（坂和、二〇〇〇b：一一九）。それゆえ、日本の都市計画は「官」の都市計画であった。「日本の都市計画体制の基本的な構図は、自治体成員の合議によって市民共通の利益の実現を追求するという市民的な『公』の都市計画ではなく、あくまでも国から権限を委任された地方官が高権的にその内容を定めるという『官』の都市計画なのである」(大方、一九九四：二〇二)。

こうした構図のなかでは、都市住民は都市づくりの主体とはなりえない。「権力者が町をつくり住民を住まわせる城下町が日本の都市の主流となる。明治になってからも、都市は『お上』がつくり、また『企業』がその城下町をつくってきた。……日本には……受動的な『住民』はいても、主体的に都市をつくろうという『市民』は不在である。つい最近まで、都市や町をつくるのは行政権力や企業権力であり、住民そこで暮らすだけで、自ら『まち』をつくるという意識は希薄なままであった」(田村、一九九九：二二〇―二二二)といわれる。

3　官主導の都市計画の転換

こうした「官の都市計画」が、今大きく変わろうとしている。この変化を、小林重敬は「近代都市計画による都市づくり」から「協議型まちづくり」へと(小林、一九九四)、吉川富夫は、「事前確定型都市計画」から「協議型都市計画」へと(吉川、二〇〇〇：一二一―一二七)、名付けている。

都市計画を取り巻く社会的、経済的枠組みが変化するなかで、今後の都市づくりは、第一に行政の主導性が薄められ、第二に、参加と連携の理念をベースに、多様な主体が参加・協議しながら進められてゆく。第三に、都市づくり全体がヒエラルヒー型からボトムアップ型へ変化してゆくと考えられる。

この変化を、「近代都市計画による都市づくり」から「協議型まちづくり」へと、小林重敬はいう。「近代都市計画による都市づくりは公共団体が事前確定的な計画規制を用意し、主に新規市街地形成における民間の開発行為、建築行為をその計画規制の基準に照らしてチェックすることによって都市づくりの秩序化をはかってきた」(小林、一九九四：二二)。これに対して、「新しく要請されている次の時代の都市づくりの仕組みは公共側の都市規制はあくまで大枠を示し、民間から提起された開発行為、建築行為を周辺市街地との調整、周辺地域社会との調整を住民参加などの要求を加味しながら果たし、さらに公共団体と開発主体とが交渉しながら計画内容を詰めていく仕組みである」(同書：二二)。

こうした計画のあり方の転換を、西村幸夫は「細部から構築する都市計画」(西村、二〇〇〇：二〇五)と表現している。小浦久子は持続的更新が重要となるとして、「これからの市街地更新は、成長期の開発と異なり、誰もいないところの開発計画ではない。既に多くの生活があり、地域の主体がある。そのなかでのパートナーシップや協働のあり方を考えて」(小浦、一九九九：一五二)いかなければならないという。

4　都市づくりの転換の背景

いま、なぜ、こうした形で都市づくりのあり方が大きく変化しているのであろうか。その背後にある社会的条件は、大別して、都市を取り巻く全体社会の状況変化、「公と私を結ぶ中間部分」の変化、さらに、都市計画を中心とした制度改革に分けられる。

(1) 都市を取り巻く状況の変化

現代日本の都市をめぐる状況の変化としては、第一に、従来までの公共事業のあり方の転換がある。これまで、全国各地で大規模な公共事業が続いてきた。しかし、国家財政の制約条件がますます厳しくなるなか、こうした状況は過去のものとなった。第二に、都市化社会の終焉、すなわち、都市成長の時代が終わり、現在では、「都市社会の成熟」「都市型社会の到来」といわれている。第三は、日本の総人口が二〇〇六年頃を境に減少に転じ、少子高齢化が一層進展する。第四に、そうした人口面での変化にともなって、流動社会から定住社会への切り替えが進んでゆく。第五に、現在、都市基盤整備や都市施設の一定の整備水準の達成されている。第六には、一定の都市整備が完了していると同時に、これまでの急激な都市化により、さまざまな「負の遺産」が各都市に残されており、そうした問題をどう解決してゆくかという課題を背負っている。

以上の点に関連して、全国一律の都市づくりから、分権的な都市づくりへの転換が要請されている。従来の「都市計画制度は……制度の内容を全国一律化する傾向があったが、都市化社会から都市型社会へと時代が変化するなかで、地域の特性に対応した制度内容の弾力化が図られつつある。時代の変化に対応して都市計画制度を充実していくためには……公共性の認識を持った住民による主体的な活動を生かす方向で、都市計画法による全国的なルールと条例による地域のルールが相互に補完しながら協働していく必要がある」(小泉、二〇〇〇：一〇〇)。

(2)公と私を結ぶ中間部分の変化

「公と私を結ぶ中間部分」の変化は、全体状況の変化や制度改革とは異なり、それほど明確な形をとってはいない。しかし、都市づくりのあり方を変えてゆく底流には、この部分の変化が重要な鍵を握っている。

その変化の第一は、行政と私的セクターとの間に「すき間」が生まれたことである。これは、現象的には、「行政の撤退」現象や、行政からの私的セクターへの「主体性の鼓舞」(鳥越、一九九七)となって現れている。前者は、規制緩和、PFIや行政サービスのアウトソーシングに現れている。後者は、行政側からの住民参加の推奨やボランティア・NPO団体の育成策となって現れている。

第二は、ＮＰＯやボランティアなどの非行政セクターの、さまざまな主体が誕生し、まちづくりに積極的に関与してきたことである。第三に、それと同時に、専門家も従来のように行政に委託されて関与するのではなく、さまざまな形でかかわり始めた。各地のまちづくりに、専門家が継続的に関与し、援助やアドバイスを与えてきた。第四に、前述の二つの点に密接に関連して、運動としてのまちづくりが各地で叢生していることである。

(3) 制度改革

制度改革としては、第一に都市計画法の改正、第二に地方分権改革、第三には地方自治体の成熟と条例の制定がある。

地方分権改革にともなう都市計画法関連の改正について、「官の都市計画」からの転換を考える上で注目すべき点は、一九八〇年以降、逐次導入されてきた地区計画制度、一九九二年の都市計画法の改正によって導入されてきた市町村マスタープラン、二〇〇〇年の都市計画法の改正によって導入されてきた都道府県マスタープランであり、その一連の改正によって、都市計画制度に参加の拡大が進んできたことである。さらに、地方分権一括法によって実現した、都市計画決定が自治事務に変更されたことである。

各々の項目に関して、簡単に説明を加えておこう。

地区計画制度は、都市計画区域内で、小地区を単位として、地区施設・建築物・土地利用に関する事項を詳細に都市計画決定する制度である。この制度が導入されたことによって、「わが国都市計画制度において、本格的に住民参加への道が開かれた。そこでの主役は、住民と地元市町村であり、従来の『国中心、事業中心』から『市町村・住民中心、計画・規制中心』の都市計画への方向を示している」（渡辺、二〇〇一：一六五）。そのため、「地区計画は……まちづくりの地方分権を先取りした制度であった」（坂和、二〇〇〇b：一二三）と評価できる。地区計画の策定の状況は、一九九八年三月現在、全国で二七一二地区、七万四二二一ヘクタール（坂和、二〇〇〇b：一二二）といわれている。

日本では都市マスタープランは一般的にまちづくりの理念・構想や将来のビジョンを示す総合計画を指すと認識されている。西欧では、都市ビジョンであるマスタープランと詳細な地区計画との二段階制となっており、マスタープランは法的拘束力はもたないが、都市全体の統合性をつくり出す根拠となってきた。マスタープランと整合性を保ちながら、地区計画によって私的所有権を公共性の観点から規制していた。日本の都市計画は、マスタープランを欠落させていたため、都市の統合性が保たれず、つなぎ合わせの空間やスプロール化した空間をつくりだしたと批判されてきた。

一九六八年の都市計画法改正において「市街化区域・市街化調整区域については、その区分及び区域の整備、開発又は保全の方針を都市計画に定めるものとする」（第七条四項）とされた。その「区域の整備、開発又は保全の方針」（整開保と略称される）を都市計画のマスタープランに準ずるものと考えられてきた。その後、「整備、開発又は保全の方針」が拡大して、緑のマスタープラン、市街地整備基本計画の基本的事項、都市再開発方針などの内容が加えられてきた。

しかし、市町村マスタープランをより具体的な形で創設したのは、一九九二年の改正においてであった。同法において、「市町村は議会の議決を経て定められた当該市町村の建設に関する基本構想並びに整開保に即し、市町村の都市計画に関する基本的な方針を定めるものとする」(一八条の二第一項)。この「市町村の都市計画に関する基本的な方針」を一般には市町村マスタープランと称している。さらに、この規定には、「あらかじめ、公聴会の開催等住民の意見を反映させるための必要な措置を講ずるものとする」(一八条の二第二項)と、住民参加の規定も加えられている。さらに、市町村マスタープランの決定に関しては、都道府県知事の承認が不要とされた。

建設省第九四号通達でも、「基本方針の策定過程それ自体が住民のまちづくりへの理解と参加を得ることや合意の形成に資するもの」であり、整備、開発又は保全の方針に即して「市区町村の独自の工夫により策定」すると規定されている。各市町村が住民の合意形成の下に、市町村固有の特性をふまえてマスタープランを策定することによって、創意工夫のあるまちづくりを進めることが可能となった。

さらに、二〇〇〇年の都市計画法改正によって、都道府県のマスタープランが策定されることになった。その結果、先行していた市町村マスタープランとともに、すべての都市計画区域において、マスタープランとして「整備、開発及び保全の方針」を定めることになった。ここにおいて、都市全体のビジョンを策定し、その下で具体的な都市計画を決定し、都市計画事業を推進する体系ができあがった。

二〇〇〇年の法改正は、この点の変更の外、地域の実状に応じた開発許可の技術基準の設定、準都市計画区域制度の導入など、分権的な改革が平行して行われた。そのため、「一九九八年から二〇〇〇年までの一連の都市計画法の改正は、都市計画の法体系を集権型から分権型へと転換させたものとして評価できる」(小泉、二〇〇〇:一〇四)といわれている。

一九六八年の新都市計画法において、都市計画案の作成、決定過程に公聴会の開催や案の縦覧という住民参加の手続きが導入されて以来今日まで、地区計画制度、市町村マスタープランなどをとおして、都市計画制度に住民参加が取り入れてきた。

地方分権化は、地方の自己決定、自己責任、自己統治の理念の下、「まちづくりの中心的役割は住民にもっとも近い市町村がになうべき」だとし、「全国の統一性と公平性を過度に重視してきた旧来の中央省庁主導の縦割りの画一行政システム」を「地域社会の多様な個性を尊重する住民主導の個性的で総合的な行政システム」に変革する(地方分権推進委員会編『中間報告——分権型社会の創造』一九九六)ことをめざして実施されてきた。その意味で、地方分権改革は自治体の自主性の拡充をめざすものであった。

地方分権化の結果、従来までの機関委任事務は廃止され、自治事務と法定委託事務に区分された。「地方公共団体は、地域における行政を自主的かつ総合的に担う」(総理府編『地方分権推進計画』一九九八)

ことを原則として、限定された法定受託事務以外を自治事務とした。都市計画の分野では、従来まで機関委任事務であった都市計画区域指定、線引き、都市計画の決定などがほとんど自治事務となった。そのため、都市計画分野に地方議会の権能が及ぶようになり、条例も制定できるようになった。「自治事務化によって住民は都市計画を決定される立場から決定する立場になった……つまり、都市計画は国の地域詳細計画ではなく、地域住民の意思に基づく地域空間の自己管理計画になったのである」（小泉、二〇〇〇：九五）。

5　制度改革の限界

(1) 都市計画改正の限界

前節でみてきたように、都市計画制度の改革の方向として、分権化、参加の拡大が確認される。しかし、そうした制度改革が、実際の都市づくりに対して、いかなる効果、影響を及ぼしたのかをみると、さらに、一見分権化が大幅に進んだかに見える制度改革について仔細に検討すると、そうした楽観的な評価だけではすまない。

まず、市町村マスタープランついて、みてみよう。現在までのところ、市町村マスタープランは一部の市町村で策定されたにとどまっている。一九九九年六月現在、三二五六市町村のうち、策定したものが五三七市町村にとどまり、策定率は一六％にすぎない（坂和、二〇〇〇a：一一二）。しかも、策定済みのマスタープランについても、十分に活用されているとはいいがたく、「絵に描いた計画」にすぎない場合も少なくない。都市マスタープランが「合意された都市ビジョン」という意味を地域のなかでもっていない。それどころか、自分の住んでいる都市のマスタープランの内容はおろか、存在すら知らない市民が少なくない。マスタープランづくりが後回しにされる理由としてよく指摘されるのは、一九九二年の都市計画法の改正で、用途地域が八種から一二種に変更され、そのための作業を先行しているからだといわれるが、この説明自体に、市町村マスタープランを用途地域のように実質的なものとは異なる、「形だけの計画」と市町村自身が見なしていることがうかがわれる。

こうした現状では、都市マスタープラン――都市計画――地区計画、あるいは、都市マスタープラン――都市計画――都市計画事業という、計画全体の一貫性が実質的に確立していない。「地方分権法により都市計画決定は原則的にすべて自治事務とされるとともに、市町村の各種都市計画決定の権限は大幅に拡大した……［この］ことは、とりもなおさずこれら具体的な都市計画を決定する前提としての市町村マスタープランの役割が今まで以上に重要になることを意味」（坂和、二〇〇〇a：一一三）しているにもかかわらず、十分活用されていない。こうした状態が続けば、「『まちづくりの地方分権』『市町村を主体としたまちづくり』『住民参加のまちづくり』はお題目にすぎないことになる」（同書：一一二）危険性は大きい。

参加制度の導入にもかかわらず、現在の都市法では、「市民が登場できない仕組みになっている」。「都市計画や個々の開発行為の実施過程では、法が直接的な拘束力をもつ規範として適用される局面は意外に少なく、実際には通達等を基準とした行政指導と事実上の〝交渉・協議〟で決定されることがらが相当に多い。のみならず、この法領域では……個々の計画決定や行政処分の当否を法的に争う余地が大幅に制約されている……要するに、以上のいずれの点からみても、もともと法の担い手として市民・住民が登場できない仕組みになってるのである」（原田、一九九九：一五）。

しかも、参加といっても「限定された関係者の既存権利調整」であった。「わが国の場合、都市計画におけるこれまでの住民参加［は］……限定された関係者の既存権利調整の場としての住民参加が多かった。……計画段階における市民の関与はこういった個別権益の主張が目的であってはならず、まさに環境をめぐる公益のあり方を議論することが関与の目的とならねばならない」（中井、一九九九：六七）。

(2) 地方分権改革の限界

地方分権一括法によって、都市計画の事務は、ほとんど自治事務化したため、地方議会の権能が及ぶようになり、条例も制定できるようになった。

しかし、地方自治体の条例制定については「都市計画審議会答申の立場は、都市計画法は、規制内容が地域によって異なることが見込まれる場合については条例へ委託することを明示しており、それ以外の場合については、法律の規定と異なる条例の制定は許されない」(福川、一九九九b：八三)というものである。そうだとすれば、議会の関与もごく限られたものとなる。「ここには、自治体は無謬の国家が定めた法律を執行すればよいという、官治・集権行政の考え方が全面に押し出されている」(同書：八四)。「官治・集権政治の考え方」とは、「自治体は国法を執行するだけでよい」(松下、一九九六：一七八)というものである。都市計画決定は、個人の私的所有権の制限(たとえば、建築の自由の制限)をともなうが、「財産権の制限は国の法律によらなければならない、という考え方」(福川、一九九九b：八七)の下、条例にそうした権能を与えられていない。

さらに、都市計画行政に関して、従来のような形の国や県の関与が否定された。たしかに、後見的関与はできなくなり、そのことは「同意を要する協議」という表現に置き換えられた。「国・都道府県の後見的関与は『縮減』されたが、国家高権のあらわれである従前の『認可』『承認』は『同意を要する協議』という形で残存した」(坂和、二〇〇〇b：一二四)という意見や、「この条件のもとでは国と自治体の上下関係は維持され、承認や許可と実質が変わらない」という批判的な意見がある。

以上の点をみて、今回の分権改革にともなう都市計画法関連の改革は、厳しい評価にさらされている。一見、分権化したようにみえて、その実は、分権化の実質的な効果は期待できず、従来通りの国家高権が持続しているという批判がなされている。

福川裕一は「今回の地方分権は、少なくとも都市計画に関する限り不発に終わった」(福川、一九九九a：五〇)と断定する。その理由として、次のように述べている。「都市計画は土地所有権の制限であり、この制限は、公平性を保つために国しか行うことができないという伝統的な『国家高権』」(同書：四九)をうち破ることができなかった。同様に、原田純孝も、「日本では、都市計画を『国家高権』とする明治以来の伝統的発想に抗して、いま漸くその『分権化』が進められようとしているが、その内容にはなお大きな問題が残っている」(原田、一九九九：一〇)と述べ、「現在考えられている制度改正の内容では、名前だけは『自治事務』に変わっても、都市づくりにおける基礎自治体、さらには住民の『自治』がそれによって大幅に実質化することはほとんど期待できない」(同書：一六)という。「地方分権法案は、そのスローガンとは異なり国も権限を保持したまま単に法の運用事務を地方自治体に分担させる法律案である」(野口、一九九九：八八)とも批判される。

福川裕一によれば、分権的な都市づくりにおいては、以下の三点、すなわち、「自治体が、その範囲について、総合的で実効性のある土地利用計画を立案し、それに基づく規制を行うことができる」こと、第二に「計画や規制の内容について、自治体が条例で独自に定めることができる」こと、第三に「開発や建築の許認可において、自治体がそれぞれの条例に基づいて裁量を発揮することができる」こと(福川、一九九九a：四三)が必要となるが、これらのことはすべて実現されなかったという。

これまで、自治体は、国家高権論を超えるために、開発指導要綱や条例などを独自に定め、自治体ごとに工夫をこらして問題解決にあたってきた。今後も、分権改革がおこなわれたといはいえ、「結局、地方自治体が国の法改正にさきがけて地方自治のシステムを構築するほかないのである」(野口、一九九九：八八)。

6 都市づくり

ここまで、狭義の都市計画(法制的都市計画)を中心に、都市づくりをみてきた。しかし、都市づくりは狭義の都市計画と同義ではない。ここで、一度、狭義の都市計画という狭い領域から離れて、都市づくりを、社会学的に整理してみよう。そこから見えてくるものは、都市計画の制度内では依然、国家高権的な仕組みが残っているが、制度外では、それとは別の、まちづくりが強く進んでいることが明らかとなる。

(1) 都市づくりの必要性

なぜ、都市づくりが必要なのかといえば、根本的には、「土地の公共性」による。「土地は、わが国においても私有財産制度の対象となっている。私的財産権の対象となっている土地は、しかし、その利用のあり方が、上記のように周囲の土地利用や公共空間のあり方にさまざまな影響を与えずにはおかない財であり、そのことのゆえに、その利用につき制限を受ける必要がある。これが土地の公共性の本質であろう」（寺尾、一九九九：二〇）。

こうした「土地の公共性」に基づき成立している都市の「地域空間は、人びとの生活・事業活動が折り重なって展開する場である。まちづくりは、このような地域空間について、その利用秩序を定め、その計画的・体系的整備をはかるものである。このため、まちづくりには、さまざまな利害を調整するためのルールづくりが不可欠となる」（久保、二〇〇〇：一五二）。

都市という空間はもともと、「私的活動と私的所有に強く性格づけられながら」同時に、「都市住民の共同の場」であるという、矛盾した特質をもっている。もちろん、この点で農村社会でも本質的には変わりはないが、その両者の乖離が都市の場合の方がはるかに大きい。「一つには、都市の土地と建物が私的・個別的支配の客体であると同時に、人びとの生活と活動のために形成・創造されるべき共同の都市空間の物理的基盤をなすという、相矛盾する二重の性格をもつこと、いま一つには、その共同の都市空間が担う生活基盤や環境基盤としての性格と経済活動基盤たる性格とは、しばしば相互に矛盾・対立する契機を内包することを認識すれば、それらの両レベルにおけるアンヴィバレントな二つの側面をいかに調整し合理的に結合させていくかが、高度に都市化した現代社会にとっての大きな課題」（原田、二〇〇一a：四）となる。

こうしたなか、「もっぱら経済面での最大の利益と効率（有効高度利用）の実現を基準として決定される[と]……住民の生活・居住・環境上の諸利益が損なわれることは必然であるから、共同の『場』としてその都市空間の公共的性格(『公衆にとって共同のもの』という意味での市民的公共性)の承認を基礎としてその形成と利用配分のあり方を経済=市場システムの外側から公共的に制御し秩序づける制度的仕組み(建築の不自由)がどうしても必要となる」(同書:四)。

(2) 都市づくりとは

では、都市づくりとは何であろうか。ここでは、まず、意図的な都市づくりと、意図せざる都市づくりについて検討し、次に、「都市づくりの三角形」について説明する。

「私」(企業であれ、個人であれ)の都市における活動や、構造物の建築など空間の創造活動はすべて、かりにその主体が都市づくりやまちづくりという意図・自覚をもたないとしても、結果的には、都市をつくってゆく活動の一部となっている。一方、個人、企業、行政機関などが、都市づくりへの明確な目的・ビジョンと意図をもって、都市づくりをしている場合がある。ただし、意図的な都市づくりとはいえ、当初の意図がそのまま実現されていると考えるのは間違いである。

都市づくりを考える場合、この両側面を考える必要がある。「資本が都市をつくっている」という議論は第一の場合である。他方、都市計画論のなかで、都市づくりを取り上げるのは、第二の場合である。

両者を同じ言葉で呼ぶと、議論が混乱する。そのため、ここでは、第一の「都市づくりという意図をもたず、結果として都市づくりとなっている」部分を「意図せざる都市づくり」と呼び、「都市づくりという意図をもって都市づくりを行っている」部分を「意図的都市づくり」と呼ぶ。

都市づくりは、都市の空間づくりだけではない。たとえば、阪神大震災後の被災地に復興についての議論をみると、そのことはよく分かる。「被災地の復興は……都市基盤施設や住宅・事業所などフィジカルな空間の再建だけでは、まちは再生しない。復興まちづくりは、生活環境の再生であり、そこには雇用、福祉、産業、生活文化など多様な分野が関わる」(小浦、一九九九：一四七)。

都市づくりの内容からみると、空間づくり、活動づくり、仕組みづくりに分けられる。都市づくりは、都市空間の創造であるとともに、都市のさまざまな活動(経済活動、社会活動、文化活動など)を活発にしていくことであり、さらに、空間の創造や活動の活性化を進めてゆく社会的仕組みの創造である。都市づくりのための仕組みには、都市計画制度、地方自治制度、国家と地方自治体との関連性に関わる制度、フォーマル、インフォーマルな市民活動を支える仕組みなどが含まれる。これを図にすると、**図1**「都市づくりの三角形：空間の創造・活動の創造・仕組みの創造の三角形」となる。

都市づくりに関して、佐藤滋は都市計画・まちづくり・都市開発の三つの部分からなるという。「都市計画、まちづくり、都市開発という都市空間を創出し制御するそれぞれの方法……これら三者の関係を融合し、全体を編集する方法が『現代都市デザイン』の姿である」(佐藤、二〇〇〇：二一七から二一八)。

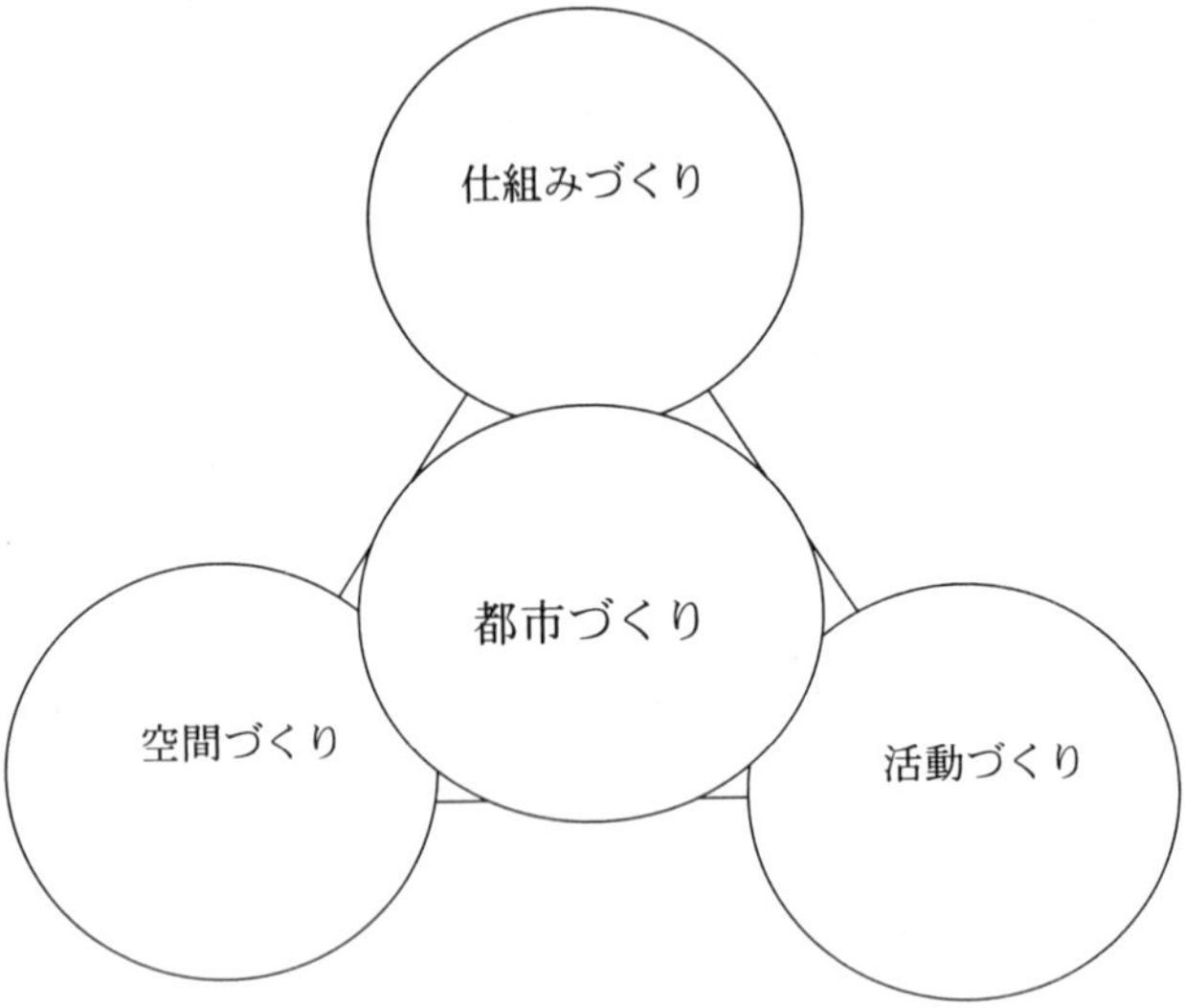

図1　都市づくりの三角形

ここでいう「まちづくりとは個々の主体の自律的な活動の組み合わせにより、地域社会を包括的に改善する活動であり、都市開発とは巨大な資本による大規模な事業によって一挙に都市空間を改編し、周辺の都市空間に波及効果を目指すものである。そして、都市計画とは本来、地域社会を支える物的な基盤条件を整合的に計画的に形成する方法」（同書：二一七—二一八）と説明されている。

この説明にヒントをえて、都市づくりを、都市づくりの主体、都市づくりの基準、内容に着目して整理すると、**図2**「行政・企業・市民の三角形」のようになる。都市づくりの主体に注目すると、政府や自治体（行政）、企業（市場・資本）、市民の三者を、都市づくりの主体として設定できる。各主体ごとに都市づくりは内容が異なる。

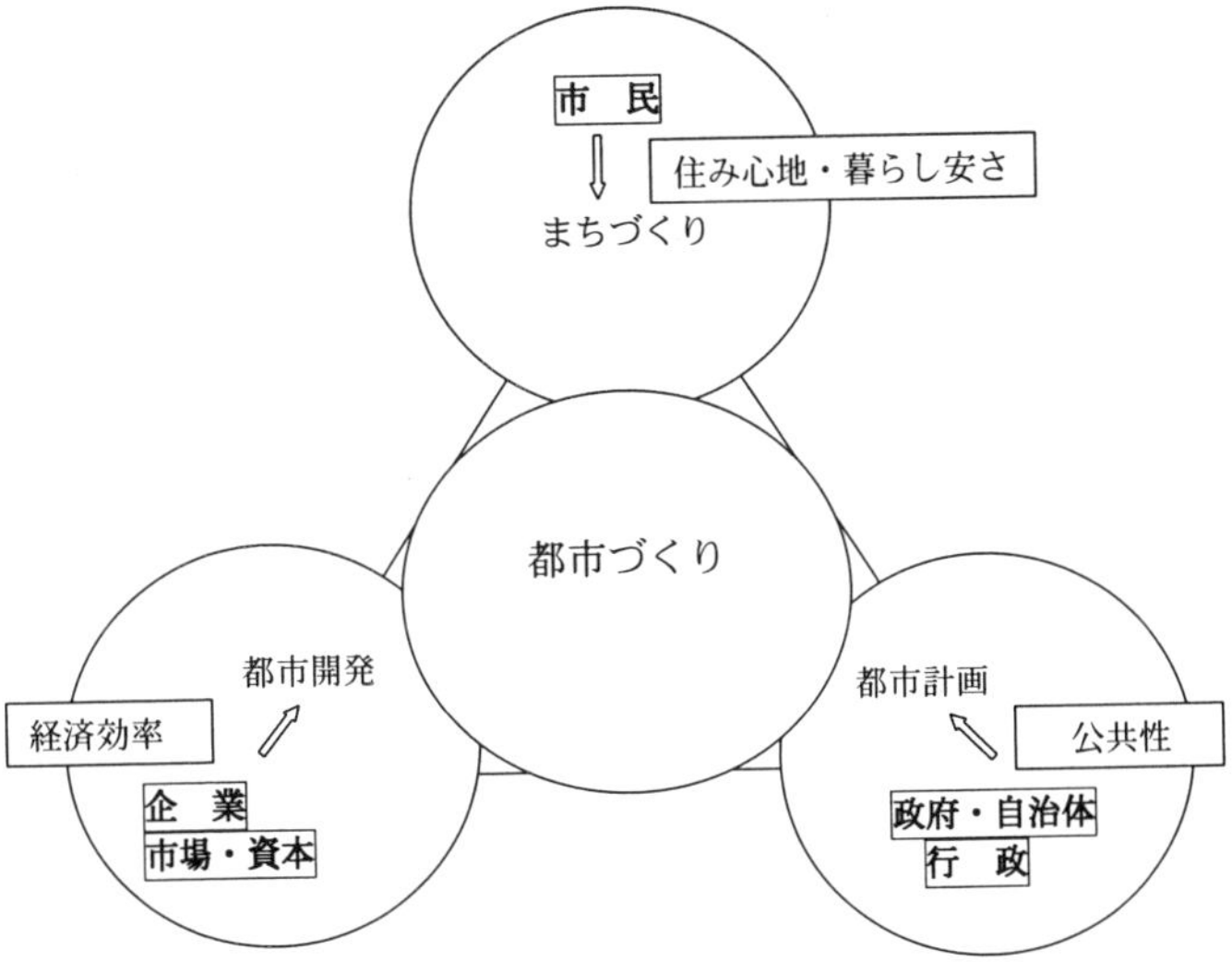

図2　都市づくりの三角形：行政・企業・市民の三角形

行政による都市づくりは（狭義の）都市計画に、企業の都市づくりは都市開発、市民の都市づくりはまちづくりに対応している。さらに、各主体ごとに、都市づくりを進める目的を異にしている。行政は「公共性」を、企業は「経済的効率性」を、市民は「住み心地・暮らしやすさ」を基準として、都市づくりを進めようとしている。

「官主導の都市計画」といわれてきたように、近代日本においては、行政による「国家的公共性」を基準にした都市づくりが進められてきた。しかし、実際の都市づくりにもっとも大きな力を発揮してきたのは、企業による収益向上を目指した都市づくりであった。行政の側も、都市計画に定める容積率の特例・緩和によって、この企業の都市開発を誘導してきた。もちろん、企業を中心とした都市づくりの大半は、「意図せざる都市づくり」であった。企業が「意図的な都市づくり」に取り組むようになったのは、郊外住宅団地開発を除けば、高度経済成長以降である。具体的には、大都市の工場跡地の開発、臨海開発、駅周辺の再開発、容積率の特例にあわせて進められてきた再開発やバブル期の都市開発など、いずれも最近のことである。

しかし、行政と企業を中心とした都市づくりでは、都市に暮らす市民の「住み心地や暮らしやすさ」が向上しなかった。都市づくりにおける「政府の失敗」と「市場の失敗」が明確になってきた。そのために、各地で市民によるまちづくりが起こってきた。

今後、われわれが注意深く見守ってゆかなければならないのは、行政、企業、市民の三者がどう関連性をもちながら(対立・対抗・協力しながら)、どういった内容の都市づくりをおこない、いかなる都市が実現されていくかである。

(3) まちづくりの登場

現在、都市づくりは、政府、国土交通省が中心となって進められている都市づくり政策がある一方、住民参加を基盤として自治的まちづくりが全国各地で、多様な形で進められている。

官の都市計画の行き詰まりとともに、まちづくりが登場し、注目を集めるようになってきた。「まちづくりは、国家主導・官僚主導の官治的都市計画に対する住民・市民の多様な対抗運動のなかから生みだされた」(広原、二〇〇二：二五)。「国家の意思、あるいは地方政府の代弁者としての都市計画ではなく、市民社会を基礎として、地域社会をボトムアップで改善する方法としてのまちづくりは生み出されてきた」(佐藤、二〇〇〇：二一六―二一七)。そのため、まちづくりの源流を、一九六〇年代の公害反対運動に求める論者(佐藤、一九九九)も少なくない。

まちづくりとは一般に、「特定の地域社会が主体となり、行政と専門家、各種の中間セクター、民間セクターが連携して進める、ソフトとハードが一体となった居住環境の向上をめざす活動の総体」(同書：一二)と規定される。まちづくりは、行政制度や地域組織の枠内にはおさまりきれない、運動としての側面を強くもっている。しかも、まちづくりは「建築と都市の中間に位置する」住環境を「制御することで両者を繋ぐ方法を構築できるという原則に立っている」(同書：一七)。この点で、まちづくりは、私空間と公共空間との両者にまたがり、両者をつなぐ役割をもっている。

(4) まちづくりの整理

まちづくりは、全国各地で多様な形で展開されている。

そのまちづくりを、目的別に分類すると、①住宅・住環境まちづくり、②景観まちづくり、③歴史を生かしたまちづくり、④防災まちづくり、⑤交通からみたまちづくり、⑥健康・福祉のまちづくり、⑦水と緑のまちづくり、⑧生態環境のまちづくり、⑨循環型まちづくり、⑩市民まちづくりとなる(三船ほか、一九九七)。さらに、まちづくりのプロセス、主体、運動形態、行政との関連性、専門家の関わり方などに着目すれば、別の分類も可能である。このように、さまざまな形態をとって、まちづくりが展開されている。この多様性、多元性こそ、まちづくりの特徴である。この点で、法定都市計画の一元性とは好対照をなしている。

このように多様に展開しているまちづくりを、まちづくり協定を手がかりに、中井検裕は**表1**のように分類している。ここでは、まちづくり協定を「公共施設整備、土地利用規制など広く良好な空間・生活環境を確保する目的で、住民、事業所、開発業者、まちづくり組織、公共団体のうちの一つの主体内もしくは二つの主体によって、合意に基づき自主的に締結される協定」(中井、一九九九:三五—三六)と定義している。ただし実際には、まちづくり協定をもたない、運動としてのまちづくりが数多く存在しているが、この分類には、そうした運動としてのまちづくりが含まれない。そうしたまちづくりの位置づけについては、後に論ずる。

中井検裕は、まちづくり協定を契約型と憲章型と区分する。契約型と憲章型協定の違いは、関係者全員の同意が存在するかどうかである。「『協定型』ではまず協定に合意する個々の締結者があり、協定地区はそれら個々の締結者の敷地の集合として存在する。……これに対して『憲章型』では、まず地区が明確に意識され、その地区のルールとして協定が締結されることになる」(同書:三六—三七)。

この二つの類型に分けた上で、協定の法的位置づけ、協定に対する自治体関与の形式の二つの基準

表1　まちづくり協定の類型

契約型まちづくり協定の実例

		協定に対する自治体関与の形式		
		a 関与せず	b 自治体の承認	c 自治体が締結者
協定の法的位置づけ	A なし	(Aa) 実態は把握困難	(Ab) 自由が丘南口地区街づくり協定(目黒区)	(Ac) 任意の開発協定
	B 要綱	(Ba)	(Bb) 建設省まちなみ環境整備事業によるまちづくり協定	(Bc) 宅地開発指導要綱に基づく開発協定
	C 条例	(Ca) 論理的に存在が考えにくい	(Cb) 尼崎市都市美形成条例による協定	(Cc) 尼崎市住環境整備条例による協定
	D 法律	(Da) カベナント(米)	(Db) 建築協定 緑化協定	(Dc) 計画協定(英国) カベナント(米)

憲章型まちづくり協定の実例

		協定に対する自治体関与の形式		
		a 関与せず	b 自治体の承認	c 自治体が締結者
協定の法的位置づけ	A なし	(Aa) 三軒茶屋銀座商店街まちづくり協定(世田谷区)ほか多数	(Ab) 八雲8丁目地区街づくり憲章(目黒区)	(Ac) 本町通りの地域の街づくりに関する覚書(船橋市)
	B 要綱	(Ba)	(Bb)	(Bc)
	C 条例	(Ca) 論理的に存在が考えにくい	(Cb) 藤沢市景観条例による協定	(Cc) 神戸市・掛川市のまちづくり協定制度
	D 法律	(Da)	(Db)	(Dc)

出典：中井検裕、1999年6月。

から、表1のような分類をおこなっている。協定の法的位置づけについては、①法的な裏づけがまったくない場合、②要綱その他の行政制度が規定されていない、任意の紳士協定の場合、③自治体の条例に根拠がおかれている場合、④法律に根拠がおかれている場合に分けられる。④に近づくほど、法的正当性が高まってゆく。

もう一方の基準である、協定に対する自治体関与の形式に関しても、①自治体が一切関わらない場合、②民間の協定に対して自治体が認定・承認する場合、③自治体がまちづくり協定の締結者として名前を連ねる場合に分けられる。③に近づくほど、自治体の行政的関与の程度が大きくなる。

日本では、法律に規定のあるまちづくり協定は建築協定(建築基準法)と緑化協定(都市緑地保全法)の二つのみであり、アメリカのカベナント(covenant)とイギリスの計画協定(planning agreement)もここに分類される。カベナントとは、慣習法によって規定されている特殊な契約であり、「一旦締結されれば、土地の所有者が変わってもその効力は新しい所有者を拘束する……契約であり……実質的には自治体による土地利用規制として機能する」(同書:四〇—四一)。一方、計画協定は都市農村計画法で規定された制度で、「自治体が土地利用規制の目的で事業者および土地所有者など権利関係者と締結する協定で……土地利用の規制のみならず、公共施設提供の義務や管理の条件など、締結者間で合意できれば広範囲にわたって」(同書:四一)規制することが可能な制度である。

自治体が締結者となるcタイプに注目すると、契約型のまちづくり協定のなかでは、「ほとんどが自治体と事業者との間で公共・公益施設や緑化の負担について定めたもの」(同書：四二)である。また、憲章型まちづくり協定のなかでのcタイプは、住民のまちづくり組織との間での協定である。「憲章型のまちづくり協定制度は、住民もしくは自治体の自発的取り組みの結果として存在しており、国の定める要綱や法律とは一線を画している」(同書：四三)。

「まちづくり協定制度は、法的にはあやうい不安定な制度である。しかしだからこそ逆に、厳格で硬直的な法制度には見られない柔軟性、機動性という利点がある。地方分権、住民参加による地区の自発的ルールづくりという文脈の中では望ましい制度であり、今後も各地で協定の例が増加していくに違いない」(同書：五〇)。

このように、協定をもつまちづくりのなかで、地方自治体は重要な働きをしてきた。「先進的な自治体が定めた指導要綱やまちづくり条例の多くのものは、個別規制法的タテ割り構造の問題点に対応して、複合的な目的を掲げさまざまな手法を規定する総合的なまちづくりを目指す方向へと徐々に発展していった」(角松、二〇〇〇：八―九)。

その自治体の役割のなかでも、「認知的・試行的先導性」に注目すべきである。自治体の「認知的先導性」とは、「法的な対処を必要とする新しい種類の問題が生じたときに、現場の事情による通じている地方公共団体の方が、問題の認知あるいは分析において、あるいはその『公共化』において、国よりも先行する……能力」(角松、二〇〇一：三二六)である。こうした能力をもつからこそ、「認知的先導性に裏付けられ、自治体は条例や要綱などの形で、全国的には未だ法的対処の対象となっていない事案に対して先導的・試行的に対処することがある」(同書：三二七)のである。

その典型的な事例として、神奈川県真鶴町まちづくり条例を見てみよう。同条例において、真鶴町ではマスタープランとしての「まちづくり計画」を制定し、独自のゾーニングである「土地利用規制基準」と「美の原則」を定め、さらに、参加を積極的に取り入れた開かれた協議システムを謳っている。この「真鶴町まちづくり条例は、①デュープロセスによる住民参加に裏付けられた認定的先導性を発揮し、②価値創造的な具体的な地域像を形成し、それに加え、③手法的側面では独自のゾーニングという試行的先導性を発揮している事例と位置づけることができる」(同書：三三五)。

(5) 制度内と制度外の都市づくり

都市計画の制度内では依然、国家高権的な仕組みが残っているが、制度外では、それとは別の、まちづくりが強く進んでいることが明らかとなった。

しかも、このまちづくりは、中井検裕のいうように、法制度にはない「柔軟性、機動性」をもって、「住民参加による地区の自発的ルールづくり」(中井、一九九九b：五〇)を進めながら、「上乗せ」(法に定められた基準よりも高い基準を設定すること)や「横出し」(法に定められていない事項を定める、たとえば、景観に関する規定)をともなって、進んでいる。

このように、都市計画を中心とした制度の枠内で国家高権的な都市づくりが依然として続いている一方で、制度の枠外で、それを「乗りこえようとする」まちづくりが各地で、数多く試みられている。この状況をどう考えるのかが、次節の課題である。

7　「小さな公共性」「小文字の公共性」

結論の先に示せば、各地の数多くのまちづくりによって「小文字の、小さな公共性」が生まれており、それが「小さな、大文字の公共性」をつくり出しつつある。こうした動きが、最終的には「大文字の、大きな公共性」を創り出す可能性を獲得している。

(1)公共性とは

ここで、公共性とは、共同性との対比において次のように定義する(田中、二〇〇二)。公共性と共同性とは原理的には、強制力、垂直・水平的関係、普遍的な言語という三つの点で異なる。

第一に、公共性は社会の構成員全員に対して一種の強制力をもっているのに対して、共同性は、社会全員に対する強制力をもたない。

第二に、公共性は垂直的関係であるのに対して、共同性は水平的な関係である。五十嵐敬喜は、「公共性とは、個と個との間の水平的な関係に対して、それが社会的に有益であり必要であると認められる場合に、垂直的関係におきなおして、個と個の関係とは異なる別の論理として組み立てるというもの」(五十嵐、一九八九:二五二)であると説明している。行政学では、行政を権力行政(規制行政)とサービス行政、侵害行政と給付行政とに区分することが一般的である。ここでいう垂直的関係は、権力をもって私権を制限・侵害する行為だけではなく、強制力をもって徴収した税金から一定の行政サービスを提供・給付する行為も含まれていると考えておきたい。

第三に、公共性は普遍的言語を必要とするのに対して、共同性はそれを必ずしも必要としない。公共性は社会的な正当性を必要とし、その結果として、社会を構成する人びとの文化や宗教・民族を超えた普遍的な言明となって現れる。

こうした定義を加えても、なお、公共性という用語は多義的である。ここでは、都市づくりというテーマにも関連させて、公共性を「政策的公準としての公共性」という意味に限定して、以下の議論を進める。

(2) 公共性の多様化、多元化

公共性は大きな転換を迎えている。日本においては、とくに、国家によって独占されてきた公共性が解体しつつある。これまで論じてきた「官主導の都市計画」の終焉も、こうした大きな潮流の一部である。

国家的な公共性の衰退は、一元的な公共性の衰退を意味している。その結果、「公共空間の多様化、重層化」(金、二〇〇二：四)が進んできた。

国家的な公共性の解体は、市民社会の側から公共性を定義することにつながってゆく。しかしここで注意しなければならないのは、「市民社会それ自体も抗争を免れた空間ではありえない」(斉藤、二〇〇二：一〇三)ということである。その意味で、「市民社会と国家の間に、そして市民社会の内部に、利害のみならず価値をめぐる熾烈な抗争が存在するということは、近年の公共性論を振り返る際に重要なポイントになる」(同書：一〇二)。市民社会内部においても公共性に関して一元的な合意が簡単に成立しないとすれば、「〈市民社会〉の公共性がより多元的で、異種混交的である」(同書：一〇二)という認識から出発することが求められている。このように、公共性が創出される場においては、さまざまな「公共性」が競合している。その競合している公共性は、次に述べる「小文字の公共性」である。

同様に、都市計画の公共性も変化し、多様化している。「かつての都市計画は、不足の充足のための効率的な『需要対応型』、及び低い水準のボトムアップによる公共主導の『問題解決型』であり、比較的わかりやすい目標に向けて、一律、公平、最低の基準によって公共投資や私権制限を投入していくシステムをもっていた。しかし、バブル経済とそれを支えた社会的価値観や制度が崩壊した現在……市街地化がすでに進行した地区の改善などの現実の難しいナショナル・ミニマム的な未解決の問題として多く残されている一方で、都市の魅力と個性づくりや地域の活性化などの多様で目標の不確かなテーマの比重が高まっている。このような価値創出的なテーマについては……地域住民や市民団体、関係する企業との計画協議によって計画を発意、評価して合意形成を図り、協同してその実現に向けて分担するという進め方が重要になる」(水口、一九九九：二七二)。

(3)小さな公共性と大きな公共性

近年、国家的な公共性に対して、「小さい公共性」や「私的公共性」(寄本、二〇〇一：三)「スローな公共事業」(斎藤・田中、二〇〇三)などと表現される、「新しい」公共性が注目を集めている。これらは、「私的」と「公共性」の組み合わせのように一見すると形容矛盾している用語であったり、あるいは、「小さい」と「公共性」のように双方の結びつきがないように見える表現であったりしている。こうした形で、現在われわれの眼前に出現しつつある公共性の「新しさ」をなんとか表現しようとしている。

小さい公共性に注目してみよう。林泰義は「新しい公」を、「二一世紀日本の構想」懇談会報告(第一章総論)を借りて次のように説明している。「『お上』や『官』に一方的に決められ、強いられてきた従来の『公共』や『公益』ではなく「個人を基盤に力を合わせて共に生みだす新たな公」であり、「自分の所属する場にとらわれず、自分の意志で、意識的に社会へかかわり合うことで新たに創出されてくる公である。多様な他者の存在を許し、思いやり、他者も支える公である。同時に、合意が形成された場合には、自分が従うべき公でもある」（林、二〇〇〇：二）。

従来の公を「垂直の公」「大きい公共」とし、それに「小さい公」を対置する。「地域社会の現場での住民発意によって、住民自身のイニシアティブのもとに、地域住民が共同して小さな公を生む」（林、二〇〇〇：六）。小さな公は、全国一律の存在ではなく、地域ごとに「個性的な」公である。その意味で、小さな公共性は「地域の公共性」（田中、二〇〇二）でもある。小さな公はコミュニティ、地域社会によって生みだされる。「小さな公こそ、個人を認める公として、大きな公ではなしえない価値を実現している。小さな公と大きな公とはこの意味で対等であり、水平の関係にある」（林、二〇〇〇：六）。

「市民まちづくりは典型的な〝小さな公共〟である」（同書：二六）。その具体例として、東京都町田市のケアセンター成瀬（ボランティアが中心になってケアセンターを開設し、その後、運営まで行っている事例）や神戸市真野地区（コミュニティ型のまちづくりに長く取り組み、さらに、一九九五年の阪神大震災時には防災コミュニティとしても活躍した。阪神復興支援NPO編、一九九五）をあげて説明している。

「小さな公共性」について、「自治に対する市民参加意識の発展やNPOによる公益活動の急速な展開は、公共性が行政の独占物ではないことを証明し、新しい公共として、これまで行政によって不当に軽視され、抑圧されてきた、地域社会が育てる身の回りの『小さな公共性』に目を向け、それを基盤に地域の再生をはかることが重要である」（同書：一六六）。かくして、「地域には、地域独自の公共性にもとづいた都市計画（もしくはまちづくり）があるはずである」（中井、二〇〇〇：一七三）という主張になる。

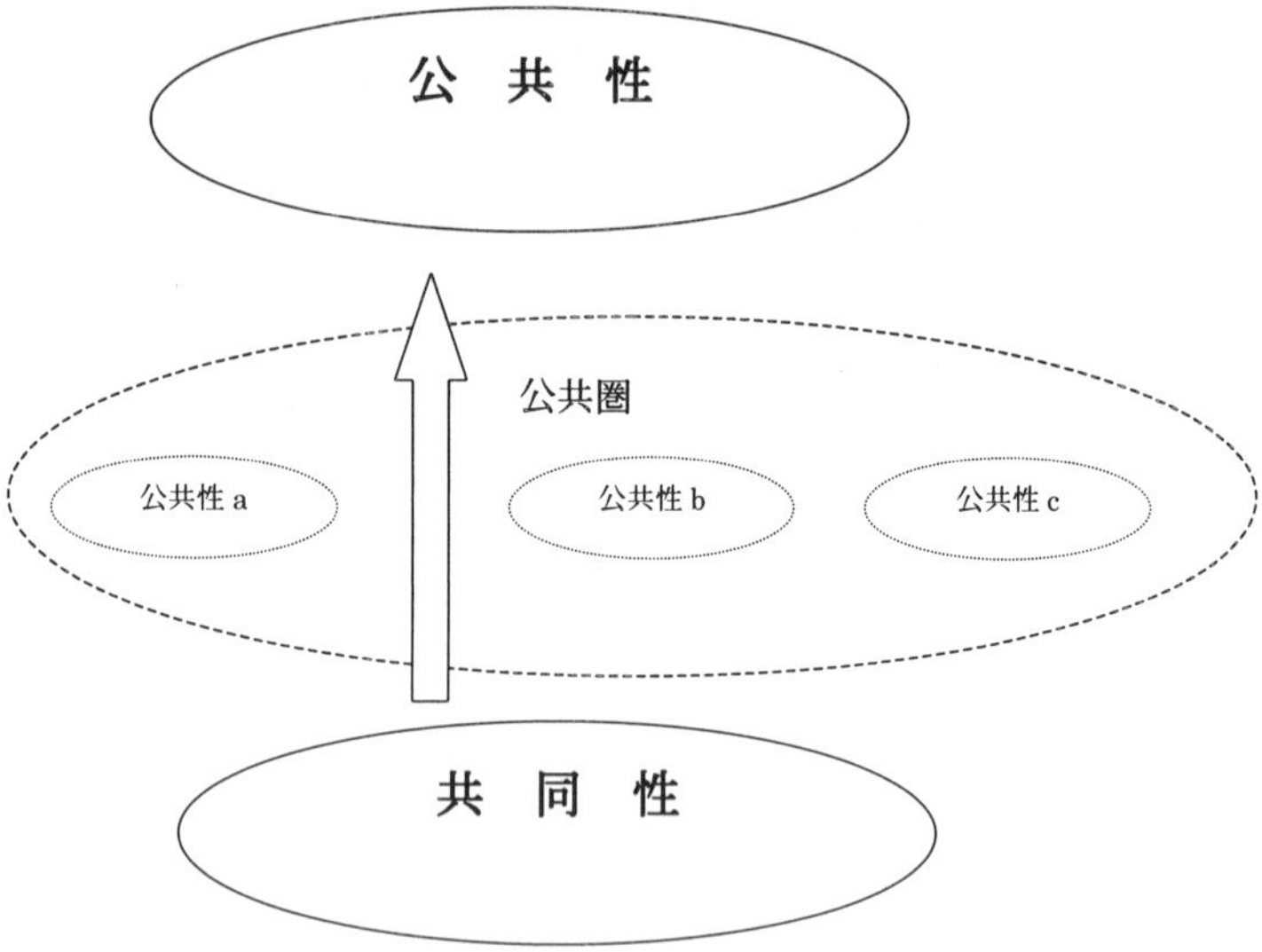

図３　共同性から公共性へ

全国各地のまちづくりは、いま、この小さな公共性を創り出している。

(4)「大文字の公共性」と「小文字の公共性」

以上の小さい公共性に関する議論は、それが、市民や地域社会のなかから、いかに形成されてくるのかという公共性の創出過程に着目している。「公共的利益の発見の過程」とは公共性の創出と同様、「私人間の利害の対立を明確に把握し、その重要度をそれぞれに計量し、比較し、諸価値の中の重要度を定め、数ある選択肢の中から一つのものを選び出していくという作業である」(寺尾、一九九九：三二)。

公共性の創出過程を概念的に整理すると、**図3**のようになるが、ここでは公共性が二つのレベルに分かれ、政策的公準として制度化された

「公共性」と、複数の「言説としての公共性」(図中ではa,b,cと割り振られた)が存在する。これらの複数の「言説としての公共性」が相互に競い合いながら、政策的公準としての公共性が創られてゆく。この公共性の創出過程において、重要なのは公共圏の成立である。公共圏は、公共性を創り出すフィールドである。

ここでは、制度化された公共性を「大文字の公共性」と呼び、言説としての公共性を「小文字の公共性」と呼ぶことにする。小文字の公共性とは、形成途上の公共性であり、大文字の公共性ほど構成員に対する確固とした強制力を確立していない。しかし、それにもかかわらず、なぜここで、未完成の公共性に対して「小文字の公共性」と呼ぶのかといえば、それを公共性と同じように見なして、たとえばまちづくりをしてゆこうとする人びとの活動の理念となっているからである。

小文字の公共性は参加を通して、大文字の公共性となってゆく。公共性の内容を、実質的公共性と手続的公共性に分ければ、実質面では、「皆が納得する理念・目的を実現するためであれば、人は厳しい規制や制限も甘受しうる」(原田、一九九九:八)ものになってゆく。他方、公共性の手続き面では、「皆が十分に納得して共同で合意・決定した[そうした手続を踏んだ]ことであれば、人は厳しい規制や制限も甘受しうる」(同書:九)。いずれの側面から見ても、参加が公共性を成立させてゆく。一般に、「参加の効用」として、「市民による参加は、土地の公共性を認識し、土地が計画による規制を受けて利用されることの必要性を理解している人びとを、専門家の間だけではなく、広く一般市民の間に育て上げていく効果を持っているのである」(寺尾、一九九九:二八)。なかでも、「都市計画過程への市民参加とは、都市において土地という財産がその制約に服すべき『公共の福祉』とは、具体的に何を意味するのかの決定過程に、市民が参加するということである。『公』という概念、すなわち人びとがどのようなものを『公』と理解するかが、この過程においてきわめて重要な役割を果たすことは容易に理解されよう」(同書:二九)。

(5) 大きな公共性と小さな公共性、大文字の公共性と小文字の公共性

大きな公共性と小さな公共性、大文字の公共性と小文字の公共性を組み合わせると、図4にみるような領域が設定できる。

まちづくりに関する公共性の創出過程に注目するならば、図4にみるように、小さい公

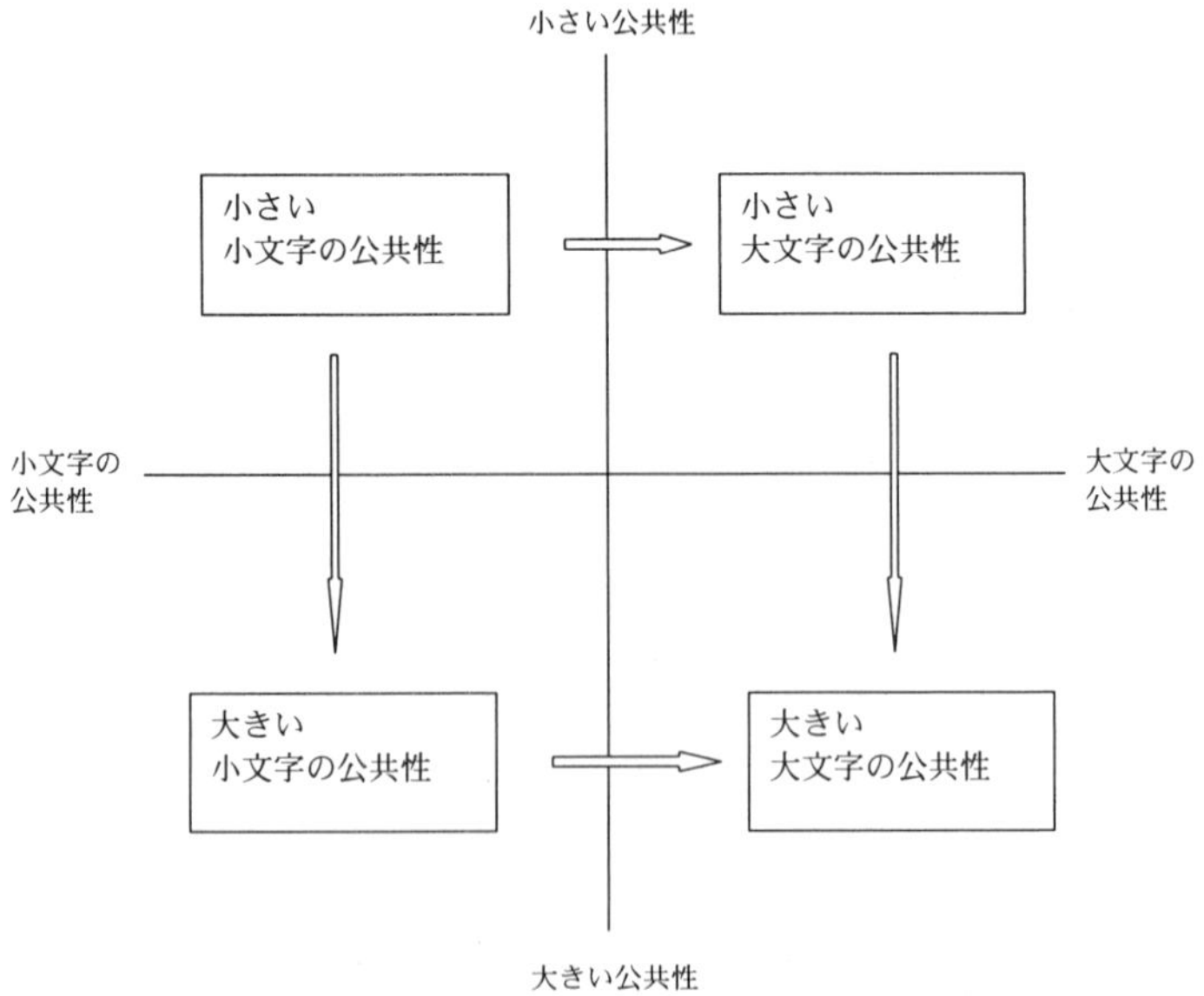

図4　小さい―大きい、小文字―大文字の公共性

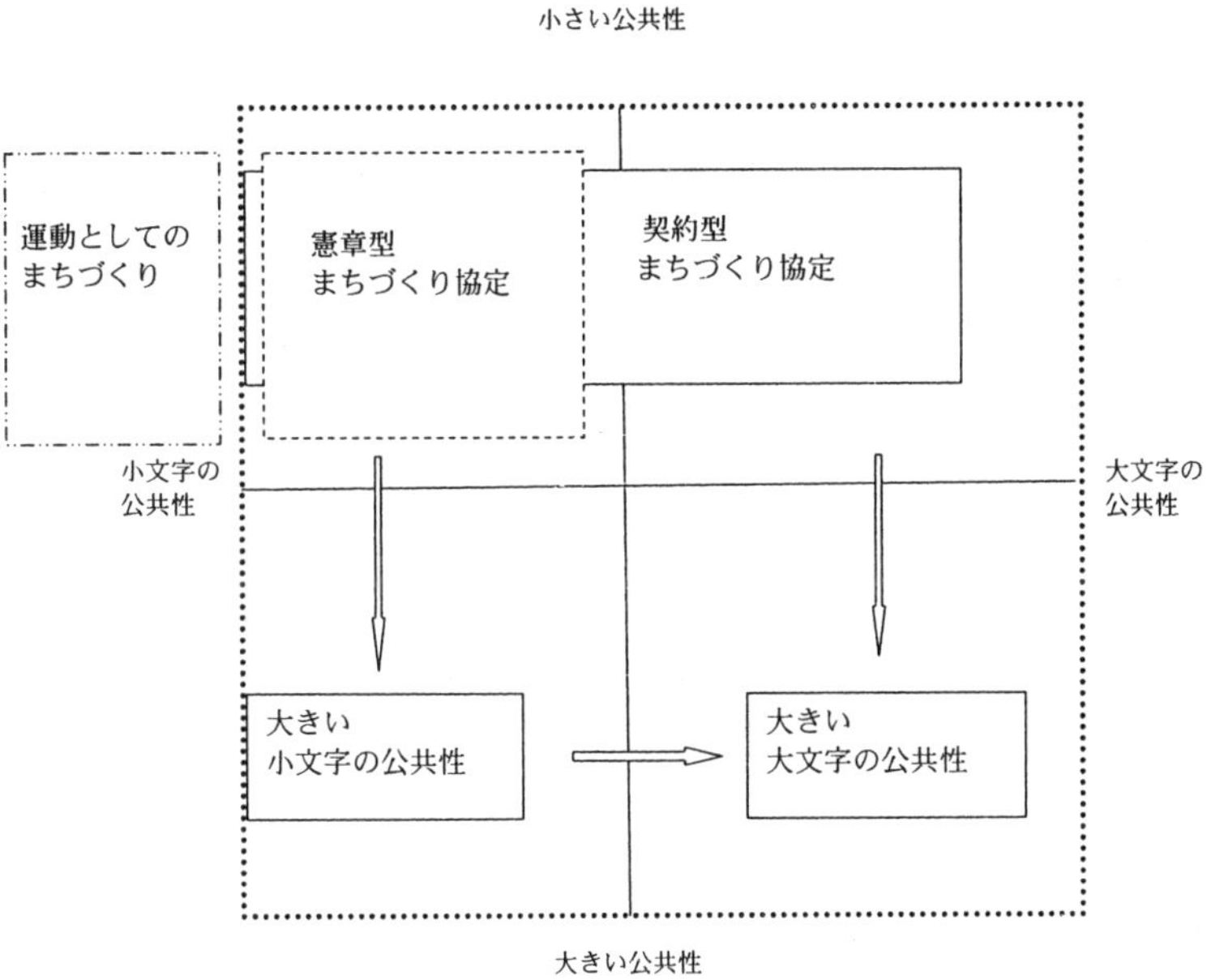

図5　小—大、小文字—大文字の公共性のなかのまちづくり

共性であり同時に小文字の公共性である領域からすべてが出発する。そしてその動きは、最終的に、大きな公共性であると同時に大文字の公共性の領域へと到達する。

図4と先に見た表1とを重ね、さらに、運動型のまちづくりを加えると、**図5**のようになる。運動型のまちづくりは、いまだ協定をもっていない場合には、小さい・小文字の公共性の前段階に位置づけられる。この場合、運動はまず最初に、公共圏の形成から取り組まなければならない。現在、全国各地で行われているまちづくりはすべて、小文字の小さな公共性をもって、大文字の小さな公共性を創り出そうとする動きなのである。

先にみた、中井検裕の契約型と憲章型の

まちづくりの類型は、法的裏付けがあるものを除いてすべて、小さい公共性の領域に含まれているものである。最初は、小文字の公共性の領域にあるが、自治体の関与の程度が高まるにしたがって、大文字の公共性へと転換してゆく。

現在、日本の都市づくりでもっとも活発に行われているのは、小さい・小文字の公共性を基盤とするものである。小さい・小文字の公共性が多様な形をとって提案されている。そして、もっとも保守的なのは、大きい・大文字の公共性である。こちらの側の公共性は、いまだに、国家高権的発想を引きずっている。こうした二つの都市づくりの力が、同時に並存し、引っ張り合いながら、新しい都市づくりが進められている。

8　都市社会学における都市づくり研究

歴史的に、都市社会学はシカゴ学派の議論に納まりきれないほど「多系的な発展」を辿ってきた(藤田、二〇〇二：二三)。都市社会学の源流を、イギリスのP・ゲデスによる Civic Sociology に求める藤田弘夫は、「R・E・パークたちは都市問題から『社会福祉』や『都市計画』の側面を分離」してしまったという。さらに、シカゴ学派の強い影響下で都市社会学を確立してきた日本でも、「奥井復太郎は都市計画に熱心にとりくんだ。しかし、その後、都市計画は社会学において、ほとんど取り上げられなくなった」(同書：三五)という。磯村英一も『都市社会学研究』において、「都市社会の計画理論」「都市社会計画調査の枠組」という章を特に設け、「日本のこれまでの都市社会学と名のつく論文を見ても、都市の《計画》に役立つようなつながりを説明しているものがない。これは日本の都市社会学研究の最大の欠点である」(磯村、一九五九：三〇三)と断定している。約半世紀を経た現在、日本の都市社会学はこの「最大の欠点」を克服できたであろうか。

今日、都市の構造転換が迫られている。そのなかで、都市づくりのあり方そのものも、大きな転換をしつつある。この都市の構造転換や都市づくりは、都市空間の問題だけではなく、都市的生活様式を含む都市の活動のあり方や、空間や活動を支え、あるいは制御する都市社会の仕組みそのものの問題である。こうした議論に対して、都市社会学が果たすべき役割は大きい。

そのためには、日本の都市社会学も「多系的な」都市研究に立ち返り、これまで等閑視してきた都市計画や都市づくりへ、研究の重点を移していかなければならない。

文献

藤田弘夫、二〇〇二年、「都市社会学の多系的発展」『慶應義塾大学大学院社会学研究科紀要』五四号(『都市と文明の比較社会学』東京大学出版会所収)。

福川裕一、一九九九年a、「地方分権推進に伴う都市計画制度の見直し」日本都市計画学会地方分権研究小委員会編『都市計画の地方分権』学芸出版社。

――、一九九九年b、「分権型社会に望まれる都市計画制度の制度改革」小林重敬編『分権社会と都市計画』ぎょうせい。

阪神復興支援NPO編、一九九五年、『真野まちづくりと震災からの復興』自治体研究社。

原田純孝、一九九九年、「土地にとって法とは何か」『都市問題』九六―六。

――、二〇〇一年a、「序」原田純孝編『日本の都市法 Ⅰ』東京大学出版会。

――、二〇〇一年b、「『日本型』都市法の形成」原田純孝編『日本の都市法 Ⅰ』東京大学出版会。

林泰義、二〇〇〇年、「『新しい公共』概念が開く世界」林泰義編『市民社会とまちづくり』ぎょうせい。

広原盛明、二〇〇二年、「まちづくりの歴史とパラダイム変換」白石克孝・富野暉一郎・広原盛明『現代のまちづくりと地域社会の変革』学芸出版社。

五十嵐敬喜、一九八九年、「都市と公共性の再編成」宮本憲一編『公共性の政治経済学』自治体研究社。

磯村英一、一九五九年、『都市社会学研究』有斐閣。

角松生史、二〇〇〇年、「分権型社会の地域空間管理」小早川光郎編『分権改革と地域空間管理』ぎょうせい。

――、二〇〇一年、「自治立法による土地利用規制の再検討」原田純孝編『日本の都市法 Ⅱ』東京大学出版会。

金泰昌、二〇〇二年、「はじめに　今何故、欧米における『公』と『私』なのか」佐々木毅・金泰昌編『公共哲学四　欧米における公と私』東京大学出版会。

小林重敬、一九九四年、「協議型まちづくりになぜ注目するのか」小林重敬『協議型まちづくり』学芸出版社。

――、一九九九年、「近代都市計画における権限配分の歴史とわが国における経緯」小林重敬編『分権社会と都市計画』ぎょうせい。

小泉祐一郎、二〇〇〇年、「都市計画制度の改革とその意義」小早川光郎編『分権改革と地域空間管理』ぎょうせい。

小浦久子、一九九九年、「地域課題を総合化し協議プロセスを空間化する」日本都市計画学会地方分権研究小委員会編『都市計画の地方分権』学芸出版社。

久保茂樹、二〇〇〇年、「まちづくりと合意形成手続」小早川光郎編『分権改革と地域空間管理』ぎょうせい。

松下圭一、一九九六年、『日本の自治・分権』岩波新書。

三船康通・まちづくりコラボレーション、一九九七『まちづくりキーワード事典』学芸出版社。

水口俊典、一九九九年、「都市計画の地方時代への制度改革の動向」日本都市計画学会地方分権研究小委員会編『都市計画の地方分権』学芸出版社。

中井検裕、一九九九年、「まちづくり協定の法制度的考察」『都市問題』第九〇巻第六号。

――、二〇〇〇年、「都市計画と公共性」簑原敬編『都市計画の挑戦』学芸出版社。

西村幸夫、二〇〇〇年、「二一世紀の都市像に向けて都市計画に求められるもの」簑原敬編『都市計画の挑戦』学芸出版社。

野口和雄、一九九九年、「地方分権と都市づくり制度」『都市問題』第九〇巻第六号。

大方潤一郎、一九九四年、「日本の協議型まちづくりの系譜」小林重敬『協議型まちづくり』学芸出版社。

斉藤純一、二〇〇二年、「現代日本における公共性の言説をめぐって」佐々木毅・金泰昌編『公共哲学三　日本における公と私』東京大学出版会。

斉藤敦・田中重好、二〇〇三年、「〝スロー〟な公共事業」三重県政策開発研修センター編『地域政策』八号。

坂和章平、二〇〇〇年a、「地方分権とまちづくりマスタープラン」小早川光郎編『分権改革と地域空間管理』ぎょうせい。

――、二〇〇〇年b、「分権時代の用途規制・形態規制」小早川光郎編『分権改革と地域空間管理』ぎょうせい。

佐藤滋、一九九九年、「まちづくりとは」佐藤滋編著『まちづくりの科学』鹿島出版会。

――、二〇〇〇年、「二一世紀の都市計画の枠組みと都市像の生成」簑原敬編『都市計画の挑戦』学芸出版社。

田村明、一九九九年、『まちづくりの実践』岩波新書。

田中重好、一九九九年a、「都市計画とまちづくり」藤田弘夫・吉原直樹編『都市社会学』有斐閣。

――、一九九九年b、「都市計画の社会学序説」弘前大学人文学部『人文社会論叢』一号。

――、二〇〇二年、「地域社会における公共性」地域社会学会編『地域社会学会年報 第一四集』ハーベスト社。

――、近刊「地方都市：成長時代から脱成長時代へ」『講座・社会変動第三巻 都市化とパートナーシップ』ミネルヴァ書房。

寺尾美子、一九九九年、「都市計画における公共性・法・参加」『都市問題』第九〇巻第六号。

鳥越皓之、一九九七年、『環境社会学の理論と実践』有斐閣。

寄本勝美、二〇〇一年、「二つの公共性と官、そして民」寄本勝美編著『公共を支える民』コモンズ。

吉川富夫、二〇〇〇年、「都市計画の評価」簑原敬編『都市計画の挑戦』学芸出版社。

渡辺俊一、二〇〇一年、「都市計画の概念と機能」原田純孝編『日本の都市法 Ⅰ』東京大学出版会。

第5章　都市生活と生活環境変動
——ローカルな空間制御システム・再考——

堀川　三郎

1　都市生活におけるリスク

(1)疫病・災害・食糧不足——都市における三つのリスク

本書のタイトルである「都市社会とリスク」という言葉を聞いた時、読者は何を真っ先に思い起こしただろうか。それは震災や洪水といった災害や、断水や停電であったりしたに違いない。たとえば、本書の序章で藤田弘夫は、都市におけるリスクの三つとして、(一)疫病の蔓延、(二)災害、(三)飲食の確保、をあげている。生存に不可欠な食糧の生産から切り離され、人びとが高密度で集住する都市という環境においてこの三つは、リスクといえるだろう。なぜなら、便利で華々しい都市生活とは、もっぱら食糧生産や災害対策などを専門機関や制度に任せて生きることによって得られるものであるからだ。都市空間に満ち溢れる流行のファッションは、「平時」には魅力的ではあっても、戦争や震災などのいわば「戦時」にはまったく「腹の足し」にはならない。「戦時」下のリスクを引き受けることによって、ようやく、きらびやかな都市文化は享受されるのだ。だから、藤田の指摘は正しい。

(2)リスクとしての町並みの急変動――本章の課題

では、読者諸氏は以下のような事態をリスクとして想起しただろうか。たとえば、吟味を重ね熟慮の末に購入した住宅――それは生涯賃金の過半を投入し、今後三〇年にわたってローンを払い続けることによってようやく入手可能になったものである――が、目の前に建った高層マンションの影響で、日照や眺望がほとんどなくなってしまった、という事態である(五十嵐・小川、一九九三/日弁連公害対策・環境保全委員会編、一九九五)。

もしこれが都市生活のリスクとして想起されなかったのならば、それはこうした事態がリスクではなく、むしろ都市では当然のことと考えられているからに違いない。疫病や災害、食料不足などのように外部から都市を脅かす「危険」への対処についてはコンセンサスを得ることは相対的に容易だろうが、高層マンションのもたらす悪影響は、都市生活に内在的なもの、言い換えれば「都市の利便性を取る以上、仕方のないこと」、「合法的な建築行為だから」、「受忍限度内だから」、そして「不動産の選定と購入は自己責任だから」という言葉で説明され、都市生活の当たり前の一側面として語られてきたのではなかったか。都市は常に変化すべきものと考えられているのだ(Holleran, 1998)。

しかし、上で述べたマンション建設の悪影響を「都市の利便性」などといった観点で相殺してしまう前に、都市生活におけるリスク――日常生活環境の急変動によるリスクと言い換えてもよい――について考えておかねばならないと思われる。それはなぜか。

高層マンションの建設といった建築行為は、建築基準法や都市計画法をはじめとする幾多の法制度によって規制されている。そして、いうまでもなく、建築基準法や都市計画法は、不動産市場での根底的ルールである。それらが、ある日突然に「規制緩和」され、以前は不法とされた建築物が明日からは合法的なものとして堂々と建設されるという事態は、予測・対策をとることがきわめて困難であり、またその結果が深刻かつ不可逆的である。株投資であるなら、リスク・ヘッジするために、複数の銘柄に分散して投資することも可能であろうが、住居はきわめて高額な「商品」でもあり、通常、買い換えたり、複数所有してリスクを分散しておくことは不可能だ。だから、何らかの規制や予防の枠組みがないかぎり、他者の意思決定によってもたらされる町並みの急激な変動は、周辺居住者にとって致命的なリスクとなる。そして、こうした事態は、不動産の所有／非所有に関わりなく、現在の日本の都市に居住しているかぎり、どこでも、誰にでもついてまわる問題だろう。

このことは、先にあげた序章の藤田論文では「豊かな社会の貧しい住環境」の項で論じられている。藤田は日本の都市が乱雑になる原因のひとつを、土地に対する「私権」の大きさに求めている。私権と公共性が対立概念としてとらえられている日本では、私権にしがみつくことしか「私」を守る方途はありえず、したがって公共性が豊かに発展しなかった、と論じている。この藤田の指摘を受けるなら、高層マンション建設による日常生活環境の急変動というものは、まさに起こるべくして起こるリスクであるといってよいだろう。

であるなら、なぜ読者諸氏は、こうしたリスクをリスクとして想起しなかったのだろうか――こう問う地点にこそ、筆者が本章で問題としたいものが横たわっている。すなわち、こうした都市生活のリスクが広範に生起し、われわれの都市生活の質や、都市で育まれてきた文化の内実を大きく変えてきているにもかかわらず、そのことが自明視されているがゆえに問題化されていないことである。

敷衍しよう。大きな力をもつ「私権」がやることに他人は手が出せない以上、都市環境の急変動は制御できない、だから都市は常に変化し、その悪影響は必要悪として我慢するより他にないのだ――本章では、こうした「自明の認識」をもたらす都市における生活環境変動を、絶対的な私権のもたらすリスクととらえ、それがどのように都市の生活や文化を変化させてゆくのかについて考察する。そこでの中心的課題は「都市環境に特徴的な問題点とは何か」「その変動を、都市住民はどのように制御してきたのか」といった問いである。

2　都市における建築紛争

(1) 建築紛争という問題——成果としての日照権

都市は、空間的にも物理的にも、農村とは異なる場所である。多種多様な主体がきわめて近接した状態で高密度に空間を利用・共用し、しかも住居、工場、商店、オフィスなどといった、まったく異なる用途が混在している。夜勤明けで寝ようとしている人の隣で、早起きの老人が朝食をつくり、そのまた隣では町工場の機械がゆるりゆるりと回転をはじめる。昼過ぎに掃除洗濯を終えた主婦が幼稚園児の帰路を案ずる頃、大学生がもさもさと起き出してくる——多様な主体による多様な空間利用は、予定調和的に統合されハーモニーを奏でるどころか、むしろ相互に矛盾する空間利用が引き起こすコンフリクトに満ちている。

こうした都市的空間利用の矛盾が引き起こすコンフリクトは、たとえば建築紛争という形で顕在化する。建築紛争という事態が指し示すもの、それは都市的土地利用がもたらす固有の困難である。冒頭で示したマンション建設の例も、これに含まれるだろう。個々の建築行為の影響をめぐって、関係する諸主体間での調整が行われることになるが、もっとも根底的な条件としての住居の日照確保を訴える周辺住民と、投資を回収し収益を上げうる高層マンションを建設・販売しようとする企業活動は、通常は対立・衝突してしまうことになる。なぜなら、依然として「開発促進型都市計画」が背景にあることに加えて(五十嵐・小川、一九九三)、個々の建築行為の影響評価が「私的見解」「好みの問題」という位相で受け止められてしまいがちだからである。そして何よりも「その建築計画は合法なので建築確認を認めざるをえない」という合法性の壁に直面し、周辺住民は打つ手を失い、沈黙させられていくことになる(堀川、二〇〇一)。

こうした一連の建築紛争ついては、曲がりなりにも日照権という主張が認められ、一定の紛争解決のスキームが形成されてきた。もっとも、それは一連の建築紛争や公害問題を経験した住民たちが徐々に形成・提唱してきた「環境権」という思想のごく一部に過ぎない。現在にいたる判例では、差し止め請求権として認められたものは人格権を除けば日照権のみである。換言すれば、個々の建築紛争を解決するための対抗手段として社会的に受け入れられて機能しうるのは、ほとんど日照権のみという状況にある、ということであろう。

(2) まちづくりという問題――要綱から条例へ

曲がりなりにも獲得した日照権という「武器」ではあっても、それは個々の敷地を超えて機能するわけではないし、そもそも、その敷地を縁どる都市全体の土地利用の誘導や規制、空間のマネジメントという課題については無力というほかない。ここにまちづくりという枠組みで取り組むべき根拠があったといえるだろう。

上述を敷衍するなら、一九六〇年代の高度成長期、大都市周辺部で急速に進行したスプロールおよびそれに伴う建築紛争を解決するため、住民運動の必死の訴えを背景にもつ地方自治体によって展開されたのが「指導要綱行政」であった。一九六七年の「川西市住宅地造成事業に関する指導要綱」、翌一九六八年の横浜市「宅地開発指導要綱」がその先駆となったものである。強制力のない任意の規制であること、一定の開発負担の要請は違憲の可能性があること、議会の議決がない行政内部ルールであることなどの弱点を抱えていたものの、水道給水や道路の使用許可など、自治体の許認可権を資源としたまちづくり行政であったといえよう。少なくとも一九八〇年代初頭まで、この「指導要綱行政」は一定の機能と役割を果たしたといえるように思われる。

しかし、一九八〇年代中盤以降、「指導要綱」は裁判所でその根拠を問われ始め、法的根拠を持たない「指導要綱」による土地利用規制などは違憲であるとの判例が確立してくる。俗にいう「横出し上積み規制」が違憲であるとされ、全国各地の「指導要綱行政」は後退を余儀なくされてゆく。

開発に抵抗する自治体や住民運動は、「指導要綱」に「デュー・プロセス」(法の適正な手続き)を与えて「条例」化して対抗しようとするようになる。一九九〇年代初頭に登場してきた各地の条例――例えば、湯布院「潤いのある町づくり条例」(一九九〇年)、世田谷区「住宅条例」(一九九〇年)、それに掛川市「生涯学習まちづくり土地条例」(一九九一年)など――は、「指導要綱行政」から「まちづくり条例」への展開を指し示している(五十嵐・小川、一九九三)。

とはいえ、議会の議決と「デュー・プロセス」を得た「条例」ではあっても、依然としてその制定は「法律の範囲内」や「国法との整合性」といった制約を負わされており、しかも財産権への制限をかけることに裁判所の判例は否定的である。開発促進的な都市計画法制と、「要綱行政」および「まちづくり条例」とが抱えている制約を考慮するなら、冒頭にあげたマンション建設をめぐるリスク問題は、回避できないどころか、こうした法制度自体がリスクの原因そのものになっている可能性すら否定できないように思われる。

3　ローカルな空間制御システム・再考

(1) 文化としての町並み

いままで観てきたように、現在の日本における制度的対応では、問題の解決は困難であるように思われる。そこでいったん、歴史的に遡行して、過去の日本にどんな解決策があったのかを考えてみることにしよう。それはノスタルジックに「過去へ戻れ」と主張するためではなく、自明視されがちな現状を相対化する一戦略である。異なる時代を通して現状を相対化することによってもたらされるものは、現状の持つ問題点やその解決策への端緒を展望する可能性である。

そこで注目されるのが、問題を未然に防止する、あるいは解決のひとつのプロトコルとしての「伝統的町家システム」と、それによって形成された「町並み」、そしてそれを守ろうとする保存運動の実践である。身の処し方や解決の手順が人びとに共有され、かつそれらが人びとと制度に内面化されて特段の意識をしなくても遂行可能になっている(なった)ものを文化と呼ぶならば、町家システムとその町並みを文化ととらえることができるはずである。歴史的な町並みをノスタルジックに賛美するのではなく、都市的な土地・空間利用がもたらす固有の困難に対処する文化として読み解き、現代の都市を再考する――「文化としての町並み」という用語には、このような含意があるのだ。

以下では、「古い」あるいは「ローカルな」と貶められてきた空間制御システムに着目し、そこに隠された有機的な空間秩序を解読してみることにする。換言すれば、保存を「変化をコントロールするひとつの方法」(Gratz, 1989＝一九九三：二二四)ととらえるということである。

(2) 建物と敷地――川越における建て方の作法

では、「伝統的町家システム」とは何なのか。ここでは、川越に残る蔵造りの町家を例に、建物と敷地の関係に着目して考えてみることにしよう。

埼玉県川越市は、その昔、江戸の北の護りとしての重要な役割を担っていた都市である。このことは、一四五七(長禄元)年、太田道真・道灌によって江戸城の出城的性格を持つ川越城が築かれ、一五九〇(天正一八)年には川越藩が置かれたことにも見てとれる。経済的には、新河岸川の改修整備によって開かれた江戸―川越間の舟運によって、川越藩は物資の集散地として繁栄を極めた。城下に蔵が立ち並ぶ活気溢れる様が「小江戸」などと呼ばれたのもこの頃である。

今日の川越を考えるうえで重要なことは、一六三八(寛永一五)年と一八九三(明治二六)年の二度の大火である。前者は、藩の繁栄を決定づける松平伊豆守信綱による城下町「再開発」の契機となった点で重要であった。後者は、耐火建築としての蔵造りの建設を促進することになり、これが今日、観光名所になるほど有名になった川越一番街の重厚な蔵の町並みのルーツである。川越の蔵は、一般の蔵よりもはるかにデコラティヴであり、鬼瓦や屋根にいたっては建物との均整を欠くほどに豪勢である。これは、大火後の復興に際して川越商人が、強いあこがれの対象であった江戸・東京の大店の様子を参考に蔵を再建したもので、その強いあこがれの故に、江戸の大店よりも大店らしい蔵になったのだといわれている。伝統的といわれる蔵の町並みが、江戸期ではなく、実は明治中期の建造であることに奇異の感を持つ読者もいるだろうが、すでに、明治中期の川越の様子を伝える歴史的環境になっているといってよい。一九九九年四月には伝統的建造物群保存地区に指定され、関東圏に残る貴重な歴史的環境の代表格の一つである。

しかし、今日まで残存するこの川越独自の蔵造り店舗を、その独自の形態や歴史性、希少性だけで評価してしまってはいけない。文化としての町並みという観点からここで注目すべきは、小江戸・川

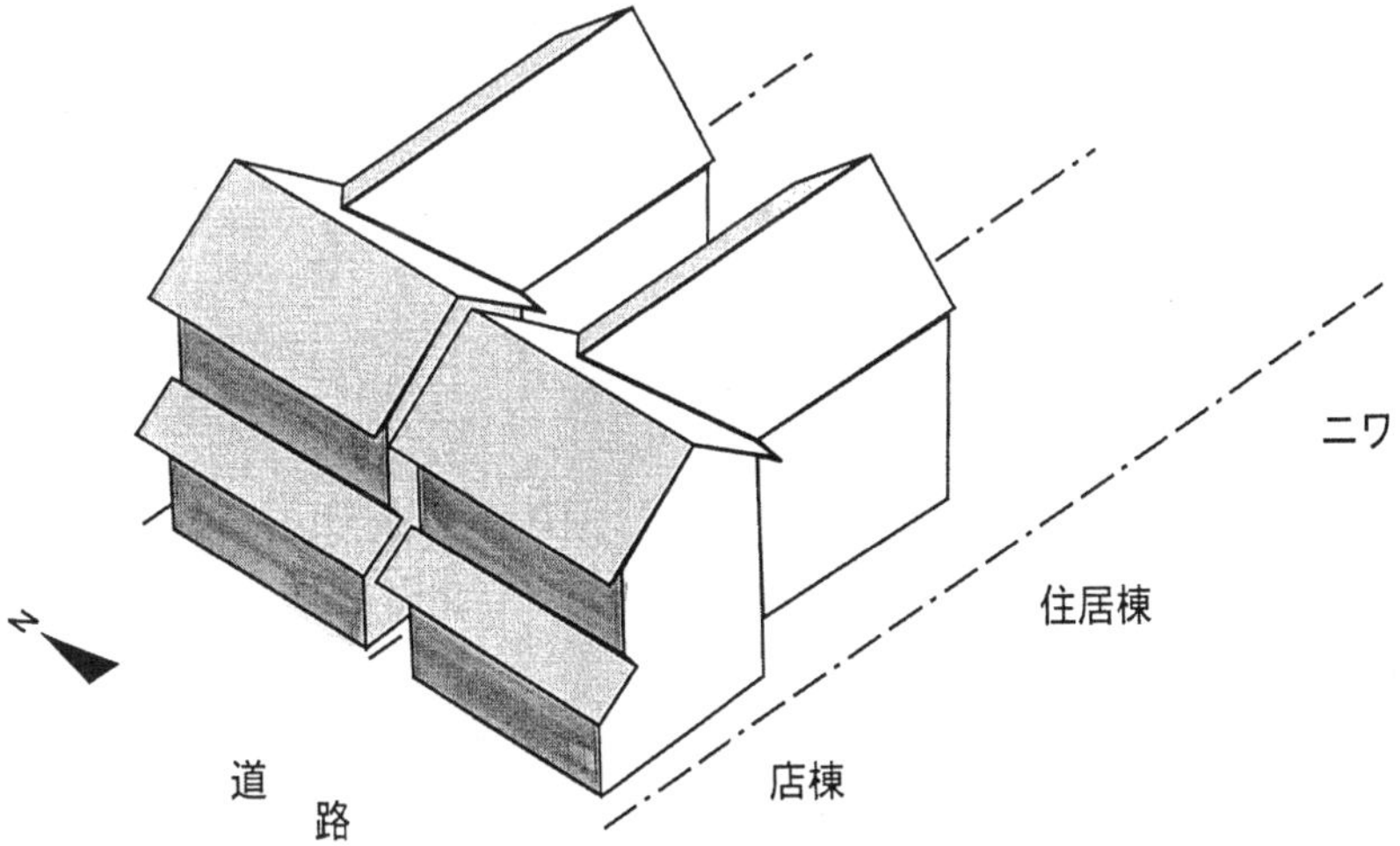

(1) 道路に接する
(2) 庇がある
(3) 隣同士が隣接する
(4) 2階壁面が1階壁面より後退
(5) 屋根は平入り、ただし角地は入母屋
(6) 屋根勾配がほぼ一定
(7) 角地以外では左右対称な正面
(8) 裏側に窓〔は〕なく、道路が主たる採光源

図１　川越における蔵造り町家の建築的特徴（概念図）

備考：川越一番街商店街活性化モデル事業推進委員会編（1986）および福川裕一（2003）を参考に、堀川が作図。列挙した特徴の記述は、前者をもとに〔 〕内を堀川が補足した。

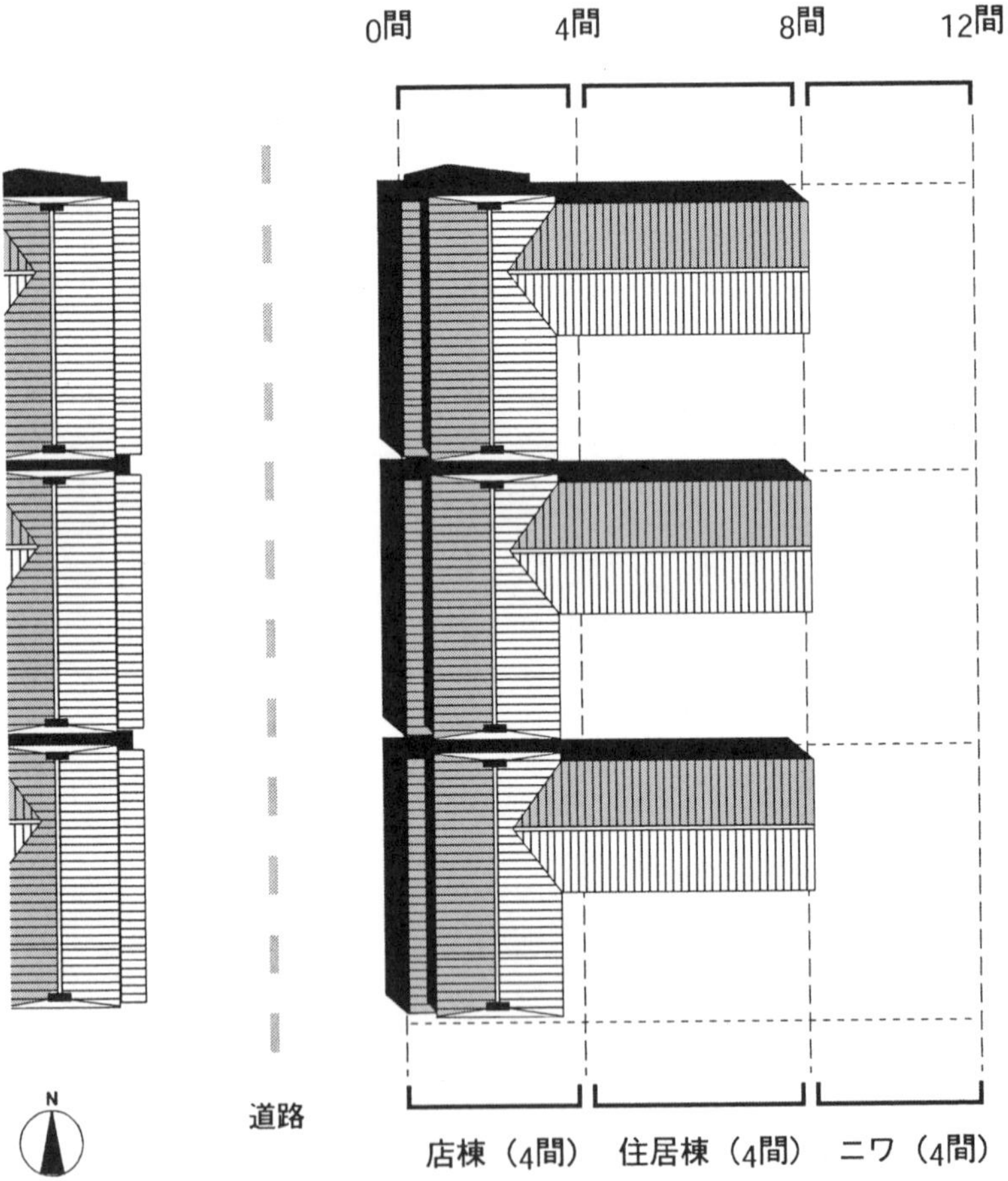

図２　川越における町家の「作法」（概念図）

備考：川越一番街商店街活性化モデル事業推進委員会編（1986）および福川裕一（2003）を参考に、堀川が作図。

越での建物と敷地の関係、言い換えれば「建て方の作法」である。

一九七〇年代以降、川越では市内に計画されたマンション建設反対等を契機に各種の調査や研究が行われていたが（荒牧、二〇〇三／福川、二〇〇三）、そのうちのひとつである「デザインコード調査」で明らかにされてきたのは、一番街の蔵造り店舗が、一見ばらばらに建てられているようでいて、実は一定のルールに則って建てられているということである（川越一番街商店街活性化モデル事業推進委員会編、一九八六／川越一番街町並み委員会編、一九八八）。

図1をもとに説明しよう。各店舗は店部分は平入りで建てられ、その後ろに建つ居住部分は店と九十度で直交し、その奥に「ニワ」とよばれるスペースが続く。これが川越の蔵造り町家の典型である（福川、二〇〇三）。図1中の八つの「特徴」をもった町家は、大きな店舗スペースを確保することができるとともに、居住棟の南側には周囲を建物に囲まれた静かな日だまりスペースができ、日照と通風とともにプライバシーも保つことが可能となっている。つまり、道路から見ると平入り二階建ての蔵が切れ目なく連続する町並み景観が、その裏には日陰になることのない静かな空間が、それぞれ実現するということである。細長い敷地という悪条件下で、商売とプライベートな生活部分を上手に接合したプランであるといってよいだろう。

しかし、もっとも注目されるのは、個々の建物とその敷地の関係である。**図2**に見られるように、個々の敷地は道路側から奥に向かって「店棟」「住居棟」「ニワ」の三つのゾーン（スペース）に区分されており、しかも各ゾーンの奥行きが四間で統一されている（川越一番街商店街活性化モデル事業推進委員会編、一九八六：一五一―一六九／福川、二〇〇三：一四〇―一四三）。これを川越の人びとに倣って「四間・四間・四間ルール」と呼ぶとすると、一体、このルールは、何を目指し、何を意味しているのだろうか。

改めて図2を見てみると、各ゾーンが四間であるという長さの問題というより、それぞれの敷地に建つ建物の位置を揃えることに主眼があることに気づくだろう。鰻の寝床のように間口が狭く奥行きが長い敷地のなかで、たとえば、ある建主が慎重に場所を考慮してニワを配したとしても、南隣がそこに二階建の蔵を建ててしまえば、日照はえられない。熟慮の末の計画も空しく、日の当たらないニワが横たわるだけとなってしまう。このように、個々の敷地内で実現可能な良好な環境とは極めて限定的なものでしかないこと、そして隣人の意思決定に左右されてしまうほど脆弱なものでしかないといわざるをえない。これが都市生活におけるリスクの内実だ。

ここでようやく「四間・四間・四間ルール」の意味が了解できる。つまりこれは、店棟、住居棟、ニワ、それぞれの位置を揃えることによって、日常生活環境の急変動によるリスクを回避し、個々の敷地だけでは実現不可能な良好な環境を街区単位で実現しようとするためのものなのである。換言すれば、これは個々の建物を制御する敷地利用原則であり、自らの環境の質を、他者の意思決定に左右されないようにするための仕組みである。一つの敷地だけを見ていては見えてこないが、連続する一街区単位でみてみると明らかになってくる「建て方の作法」といってよい。個々の建物やニワは、それぞれの私有物であると同時に当該街区の環境条件を良好に保つための「共同装置」でもある、ということなのだ(堀川、一九九八a)。町家の細部にはこのように、個々の建物、敷地、そして街区とを整合的につなぐ住まい方・建て方の作法が巧妙に仕組まれており、それらは長年の住まい手による実践のなかで蓄積・継承されてきている(堀川、一九九八b)。

上述を逆に見れば、川越をはじめとして多くの都市で、どうして町家が潰れていくのかが理解できる。多くの場合、町家の崩壊過程は次のような過程を経る(福川・西村、一九八一/堀川、一九九八b)。

(一)増築などのため、ある家が庭を潰して家を建てる
(二)日照・通風が遮られ、隣接家屋の環境条件が悪化する
(三)隣接する家の住人は市役所などに苦情を申し立てるが、合法建築物であることを理由に却下される
(四)隣接する家の住人は、環境条件の回復を目指して、対抗的な建築行為に及び、庭に家を建てる
(五)その結果、さらに隣の家の環境条件が悪化し、同様の過程の進行によって伝統的町家が消滅する

ルールを逸脱して建てられた最初の一軒が、上述二番目以降の諸過程を引き寄せてしまい、町家は

急速に失われていくスパイラルへと突入する(1)。明らかに、川越のルールは上の過程の一番目を予防しようとするものだ。つまり、川越の「四間・四間・四間ルール」には、都市的集住によるリスク回避の方策が埋め込まれている、ということができる。

では、この「四間・四間・四間ルール」は具体的にどのような効力を発揮するのだろうか。たとえば、川越の蔵に、新たに誰かが転入してくるときのことを考えてみよう。

新規参入してくる者は、当該建物だけでなく、両隣の家業や周囲の町並みをみて、購入を決断し転入してくるのが普通である。一方、その地所の両隣の既存住民からすれば、既存の住環境が悪化しないかが最大の懸念となるはずだ。「もし、隣に越してくる人が、蔵を壊して四階建ての鉄筋コンクリートビルを建ててしまったら、我が家の日照はどうなってしまうのか」、と。しかし、上述のルールが実際に共有されているならば、このような懸念を杞憂に終わらせることが可能となる。なぜなら、住み手が変化しても、あるいは／そして建物自体が変化したとしても、新規参入者側からみれば、不動産を購入したときの前提となった環境条件が保たれているからであるし、既存住民側から見れば、現況がほぼ維持されることを意味するからだ。「四間・四間・四間ルール」は、双方の将来を台なしにしないためのガイドラインとして機能することが理解できるだろう。

しかし、直ちに注意しておかねばならない点は、このルールが個性や多様性の展開を阻害するわけではない、ということだ。敷延すれば、この「四間・四間・四間ルール」が「秩序と多様性の両立」(福川、二〇〇三：一三〇）を図るものであり、個々の建築物はサイズ・形態ともに多様性と個性が保障されうるということである。実際の川越の町並みをみればわかるように、決して画一的な町並みになっていたり、すでに示した二つの概念図のように同一意匠・同一容積で建てることが強制されているわけではない。むしろ、蔵造りであることと「四間・四間・四間ルール」を遵守してさえいれば、それぞれの好みの意匠でよいのだ。したがって、このルールによってもたらされる町並みは、様式や意匠が揃っているが、よく見ると住み手のニーズや好みを反映して多様な建物が建っているという、「統一的多様性」（井口、二〇〇二：二六／山崎、二〇〇二：一三六―一三七）とでも表現すべきものである[2]。その要点は、「ほんの少しの不自由を引き受けることによって手に入るより大きな自由」である。これはとりもなおさず、土地利用に共同性があることを示している。

では、個々の敷地から、街区単位へと土地の利用を制御してきたローカル・ルールは、都市全体に対してはどう対処するのだろうか。都市全体に跨がったルールはあるのだろうか。次節では、筆者が長年調査してきた北海道小樽市の事例で考えて見ることにしよう。

4　街区と都市

(1)〈空間〉と〈場所〉――小樽における都市のデザイン

明治の一時期には主要都銀一九行が集まり、「北のウォール街」と呼ばれるほど隆盛を極めた小樽は、札幌市の北西に位置する港湾商業都市で、運河はその中心に位置している。樺太との交易や鰊漁で栄え、さらにはヨーロッパの穀物相場に大きな影響力を持つほどにお金が動き、人や情報が流れ込んできた都市・小樽は、当時のいわば先進都市で、豪壮な石造建築が数多く建てられていた。

海岸線近くまで山並みが迫る小樽では、平たん地が少なく、したがって町は坂の上、山の斜面へと発展していった。小樽が「運河のある町」というだけではなく、「坂の町」とも呼ばれているのはこのためである。急勾配の坂の上に登れば、市内どこからでも、港と船、運河、石造倉庫、艀《はしけ》などを眺めることができ、まさに運河と港はこの町のシンボル、ランドマークとなって市民に親しまれているといってよい。

明治期、町の発展にしたがって入港する船の数も増加してゆく。そこで、増加する港湾荷役のため、小樽は「運河」を建設する。今日の小樽観光の目玉である運河は、こうして建設された。

上述のように、小樽に繁栄をもたらした運河港湾地区の景観は、木骨石造倉庫群が運河に面して並ぶ、他に類を見ないものである。そこに見いだされる「デザイン原理」は、以下のようなものである。

(一)外壁材が札幌近郊で産出される軟石である

(二)軒高が八～一二mの範囲内に収まっている
(三)にもかかわらず、棟高がほぼ五～六mで一定していて横のラインが揃う
(四)屋根勾配が五寸と一定している
(五)切妻屋根であること
(六)前に運河水面、後ろにサービス道路である「出抜小路《でぬきこうじ》」がある
(観光資源保護財団編、一九七九：一四〇―一四一をもとに堀川が作成)

こうした原理が、緩やかなカーブを描く約一キロの運河沿いに、まるで鋸の歯を横たえたような切妻屋根がリズミカルに並び、それが水面に逆さまに映る小樽独特の景観を産み出している。川越同様、ここにも独自の様式が存在しているといってよい。

ここで注目すべきは、個々の倉庫が決して単体として存在しているのではなく、港や運河、艀などと一体となったシステムを構成しているということだ。上述を理解するために、一旦ここで、艀荷役の手順を簡単に説明しておこう。

まず、入港した船から艀に移された積荷は、運河へと運ばれる。つぎに、港湾労働者が肩に荷物を担いで艀から運河沿いの倉庫に運び込む。倉庫裏の出抜小路からは、取引された荷物が、大八車やトラックなどで道内各地へと運ばれて行く――このようにして荷物や人の動線が錯綜しないように工夫

され、運河と倉庫は市街地と港湾システムを繋ぐ界面(インターフェイス)として機能している。つまり、港、運河、倉庫、出抜小路は一体のものであり、有機的連関があったといえるのだ(堀川、一九九八b・二〇〇二)。

今日では観光都市・小樽のシンボルである運河だが、高度経済成長期には小樽市自体が衰退し、運河も、埋め立てて道路にされる計画が策定されるに至る。この計画をめぐって、道路建設か運河を保存するかで長い論争が起こったのが、「小樽運河問題」である。

「小樽運河問題」とは、一九七三年から一九八四年にかけて、地域のシンボルであった小樽運河と周囲の町並みを道路建設で壊すか否かを争点にした、小樽市行政と保存を求める住民運動の攻防である。市当局は運河を埋め立てて幹線道路を建設することが市経済再建に不可欠であると主張したが、対する保存運動は歴史的環境である運河の保存・再生による再活性化を唱えていた(堀川、一九九四)。

したがって、顕在化した争点は道路建設問題であったわけだが、実際には都市再開発戦略構想の相違に起因する社会的対立であった思われる。道路建設を主張した市側は、旧機能を絶えず新たな機能で更新していく「スクラップ・アンド・ビルド」戦略を、保存を唱道した運動側は、古いものをストックとして評価して再活用する「リハビリテーション」戦略を、それぞれ考えていたと思われる。このどちらの戦略を採用するのが小樽「百年の計」にとって最適なのか、という対立であった。

これをもう少し詳しくみてみよう。運河を終始一貫して道路建設用地としてとらえ、行政手続済であることを理由に計画の中止は不可能であるとしてきたことからもわかるように、市当局にとって運河は機能的に時代遅れであり、新たな機能にとって替えられるべきものだった。このような捉え方を、無色透明で他の同面積の土地と互換可能なものである〈空間〉(space)と呼ぶことにしよう。それに対する住民運動の側は、運河は機能的で無機質な〈空間〉ではなく、機能を超えたかけがえのない意味を持っているから保存すべきであると主張していた。彼らの「運河を埋めたら小樽が小樽でなくなってしまう」といった語り口がそれをよく示している。こうした環境認識のあり様を、意味や想い出の詰まった個別具体的な〈場所〉(place)と呼ぼう。

このように、ある風景を〈空間〉と〈場所〉とに分節化して把握すると、市当局と運動の戦略上の対立は、「運河とその周辺の環境をどうとらえているか」という「まなざし」の微妙なズレ――各主体毎の環境認識の相違――に起因していたことがみえてくる。言い換えれば、物理的に同じ運河を眺めていても、無色透明で他の同面積の土地と互換可能なものである〈空間〉(space)ととらえるか、それとも「かけがえのない」〈場所〉ととらえていたかで、その後の戦略の構想の仕方がまったく異なってきていた、ということである(堀川、二〇〇〇)。運動側からすれば、自らが生きる〈場所〉としての運河地区を再開発してしまうことは、〈場所〉の崩壊、「アイデンティティの崩壊」として経験されていたわけで、運河の保存は、小樽に固有な〈場所〉の防衛であったと解釈できる。小樽にみられるような歴史的環境の保存を求める運動が提起していた中核的論点は、地域住民にとっての〈場所〉が、不断に〈空間〉化されてゆく現代日本の都市計画行政への疑義であった(堀川、一九九八b)。

(2)都市のパブリック・スペース(3)

前項から、住民にとって小樽運河はかけがえのない〈場所〉だったことが理解できたが、小樽運河保存運動に当初から関わっていた小樽生まれのS氏は、「〈場所〉としての運河」という視点に、興味深い点を付け加えてくれる。子ども時代を振り返りながらS氏は、町ごとにあった縄張を守ったり侵犯しながらの子ども世界にあっても、運河のある港湾地区だけは、誰の縄張でもない特別な場所であったというのだ。

それ〔縄張意識と他の町内への対抗意識〕が凄い、小樽は強いんですよ。例えば通り一本で、もう、ダメなんですよね。行けないんですよ。……〔中略〕……、だから行く時はもう徒党組んで行くんですよね。ワーと行くんですよ。……〔中略〕……、そして捕まればもう幽閉されますからねえ。……〔中略〕……、親が貰いに行かない限り、許してくれませんからね。……〔中略〕……、〔そして、唯一、そういうようなテリトリー〔縄張〕がない場所っていうのが、運河周辺、ま、今で言う港湾地区なんですね。……〔中略〕……。これは誰に聞いてもそうでした。〔同じく小樽運河保存運動の中心人物であった〕Oさんに聞いても港湾地区だけでは、テリトリー、ないんですよ。

なしてかとゆうと、皆釣竿持ってね、そこに釣りに行くんですよ。それは誰でも行けたんですね。……〔中略〕……、港だけが本当にテリトリーがなくて自由に遊べるんですね。んで、艀もそん時はねえ全然使われてなくて、艀の上で、「義経の八艘飛び」だとかやりましたし、それからまだ〔運河辺りの海水が〕比較的きれいな時〔だったの〕で潜って、ババ貝だとかねえ、まあ、ほたての小さいやつなんですけど、それを採ったり……〔後略〕……（一九九七年九月二日、小樽市内でのS氏へのインタビューによる）(4)。

運河だけが子どもの縄張から独立した「誰でも行け」る所であったというこの証言に加えて、さらに、Y氏の言葉を引いておこう。Y氏は、このS氏や引用中に登場するO氏とともに保存運動で中心的な役割を担った人物で、大人の魚釣りが許される場所としての運河と埠頭について証言している。小樽に来住し、運河保存運動に関わるようになる経緯を尋ねられたY氏は、港に一般人が出入りできない他の港町と対比させながら、一九七六年当時の小樽の運河地区について、つぎのように語っている。

小樽〔で〕はみんなじいさんがね、孫を自転車の後ろ乗っけてね、竿もしばってさ、自転車で海まで行っててよ、魚採っとるような風景があるわけ。運河なんかは駅からたったの歩いて五分ていう所がね、広大な空き地になっとるわけよね。草、ぼうぼうだけど。そんなところ〔他に〕あるかってね。非常に、何か合理的じゃない〔か〕っていうか、もうすごく当時っていうのは十パーセント成長っていう経済の時代だったから、空き地があるわけがないっちゅうね、路地がどんどん消えてく、都会から空き地が消えていく。所有権のはっきりしてなかった、誰が使っても良いなんてところはどんどん消えていくっていう時だったから身にしみて感じたと思うんだけど。（一九九八年九月四日、小樽市内でのY氏へのインタビューによる）(5)

錯綜する語りではあるが、論旨は明快だ。市の所有である運河・港湾地区が、立ち入り禁止であるどころか、小樽市民が自由に出入りして釣りや散策を楽しむ光景に、Y氏はある種の市民的合理性を感じ取り、そうしたパブリック・スペースとしての運河を潰してはならないと考えて運河保存運動へとのめり込んでいくことになる、というものだ。続けてY氏はいう。

もともと港でこの街は出きたんやな。港っていうのはそういう意味で言うと、この街の礎みたいなものなんですよ。鎮守の森が村の中心で、森を壊した場合、コミュニティは完璧に崩壊するよな。そういう意味で、港は非常に大事だと思ったわけ。港と六車線の道路〔運河保存問題の原因となった道路計画を指す〕で街が切れちゃうって状態になるんだな。それはバチがあたるっていう風に直感的に僕はそう思ったの。すごく良い地形の街なのに、ちょうどさ、この手のひらでここ〔掌〕の場所が海だよな、それで〔掌を取り囲む指を指しながら〕これはみんなこういう風にコミュニテイがあるわけ。小樽の場合は北へ行くと越後衆って言って新潟のほうのニシン採ったりする漁師が多いわけだな。……〔中略〕……。で、街の人は北陸のひとかたなの。商人なわけだな。……〔中略〕……。そういう商人がここに住んでいるわけだな。そうみると違うんですよ。上手に住み分けになっとるわけ。まあもっと細かくわかれてるんだけど。そういうのが全部海につながってるのを全部切っちゃうんだよな〔、この道路計画は〕。そういうのは街として面白くないっていうか、デザイン的に非常に恥ずかしいことだと思ったわけ、な（一九九八年九月四日、小樽市内でのY氏へのインタビューによる）。

引用に見られるように、Y氏の語りが明らかにするのは、運河が「鎮守の森」のようにコミュニティの中心になっており、かつ「広大な空き地」というかたちで住民が自由に集う場所となっている、ということであろう。S氏の語りとあわせて読めば、〈場所〉としての運河が大人から子どもまでがアクセスできるパブリック・スペースでもあったことが理解できる。

また、Y氏の語りは、異なる地方から入植・移住してきた人びとが住む個々の街区同士のつながりを調整する機能を、町並みが持っていたことを示唆している。漁師の住む海沿いの町内や商人の住む中心部の町内は「上手に住み分けになっ」ていたが、それが「全部海につながって」いたという。ここには、すでに前項でも言及したように、海の手の「港湾システム」と山の手の「都市生活システム」の界面としての運河——両システムを上手につなげるものとしての運河——を見出すことができる。そして、「敷地―建物―街区―地区―都市」をつなぐ空間制御システム、言い換えれば都市デザインがあったということをも示唆しているように思われる。

5　おわりに——都市生活と生活環境変動

都市生活のリスクにどう対処するべきかという問い掛けで始まった本稿は、川越と小樽の事例を経由して、敷地から都市全体までをつなぐ都市デザインへとたどり着いた。そしてわれわれは、都市デザインというものが、最先端の建築といった位相ではなく、住民の生活実践の中に蓄積されてきた住まい方のノウハウや〈場所〉性を、どのように都市全体の有機的連関へと組み上げてゆくのかという位相でこそ語られるべきものであることに思い至る。川越で見た個々の敷地を制御するものから、小樽における都市の全体のデザインにいたるまで、中央集権的に制御される都市計画行政とは異なる、あるいは市場によってのみ動かされる都市の開発とは異なる、住まい手によるローカルな空間制御システムが依然として持つ可能性を、われわれは垣間見てきた。換言すれば、私権と私権の対立を調停しようとしない日本の都市計画に対置されうる、私権と公共性とを接合する技としての町並みを、われわれわれはみてきたのだ。そこからは、私権と私権との対立・紛争を個々人にのみ帰責させて一切関与せず、結果として、土地開発に暗黙の承認を与える日本の都市計画法制の問題点が浮き彫りになってきたように思われる。

ここでもう一度、Y氏の語りを想起しよう。Y氏は、自分の出会った小樽の原風景を語りながら、町並みを保存しようとする運動の論理をも語っていた。それは、都市デザインを思想の問題としてとらえ、そこから都市構造を急変動させないまちづくりを考えるべきだという保存の論理である。都市における「広大な空き地」の重要性や、「海につながってる」コミュニティを「全部切っちゃう」ような都市のあり方を「デザイン的に非常に恥ずかしいことだ」と言い切るY氏の言葉は、現代日本の成長促進型都市経営と、私権同士の対立を調停しえない都市計画法制への問題提起である。個々の建物の変動の影響を個人的な好みの問題とせず、公共性をもった都市をどう創るのかという「都市の思想」として把握しようとすることが、町並み保存運動の重要な含意であったと思われる。

本稿の冒頭の問いに立ち戻ろう。川越の蔵造りの町並みが、一定の範域に収まりつつも、決して没個性を帰結していなかったように、あるいは個性の異なる小コミュニティが運河を媒介に海とつながっていた小樽の事例が雄弁に語っていたように、自由を制限することなく、どれだけ建築自由の産み出すリスクを軽減・回避できるか――これが都市デザインの課題だ、ということができる。その際、早くも一九六〇年代から、ローカルな空間制御システムに学びつつ、そこから新たな都市再生をと主張していた日本の町並み保存運動の先見性は高く評価されうるし、その主張は本稿のリスク・マネジメントという観点からも再評価されるべき内容を持っていた。したがって、本書全体を貫くテーマである「豊かな生活」と「リスク」との関連で都市を再考するとき、都市という集住形態のもたらす生活環境変動リスクを巧みに回避・制御してきた実例から今一度、われわれは多くを学ぶことができると思われる。

注

(1)こうしたスパイラルは、社会学的には「社会的ジレンマ」と表現して分析することができる(舩橋、一九八九/海野、一九九三)。しかし、私見では、町並み崩壊過程の記述には有効な概念ではあるが、町並み保存問題のその他の局面では、異なる概念装置が必要と思われる。

(2)これは、かつて吉阪隆正が「個はそれぞれの独自性を発揮しながら、集団とうまく調和を保っている」ような都市住宅計画案に「不連続統一体」(discontinuous unity)あるいは「不連続体統一」(discontinuous continuity)という言葉を与えて語ろうとしたことと軌を一にしていると思われる。吉阪(一九七五)を参照のこと。

(3)ここでの記述は筆者独自のものであるが、筆者が主宰した社会調査実習の履修者で、かつ堀川ゼミにおいて筆者の卒業論文指導を受けた学生・鍋田芙紗子氏がこの点をひと足先に論文にまとめている(鍋田、二〇〇〇、鍋田、二〇〇一)。特に鍋田(二〇〇一)は、筆者の指導をはるかに超えて、運河水面の持っていた意味を地域社会の拡がりのなかに位置づけ、「ぶ厚い」記述で描き出している。

(4)以下の引用ではすべて、録音テープから忠実に文字に起こしたものをもとに、〔〕内の補足を付し、話し言葉特有の繰り返しや言いよどみ、語尾、相づちなどを必要最小限の範囲で編集・改変した。また、プライバシー保護の観点から、人名はすべてアルファベットの頭文字で示すにとどめた。

(5)このY氏の証言を裏付けるように、休日の運河の艀の上から多くの住民が釣り糸を垂れている様子が実際に写真集にも多く収録されている。例えば、山口(一九八二)を参照。

備　考

本論文は、二〇〇一～二〇〇三年度文部省科学研究費補助金(基盤研究C)、二〇〇一年度法政大学特別研究助成金および二〇〇三年度日本経済研究奨励財団奨励金による研究成果の一部である。小樽運河保存問題に関する記述は、筆者単独による一九八四年以来継続中の調査データをベースに、筆者が主宰した法政大学社会学部開設科目「社会調査実習・資料分析」で実施した第一次～第三次調査(一九九七～一九九九年度)のデータも加味されている(堀川編、二〇〇〇)。調査実習で収集されたデータの使用・公開については、参加者全員で合意・署名したルールに基づいて行った。また、四度にわたる社会調査実習補足調査(二〇〇〇～二〇〇三年度)によって収集されたものも含まれている。歴代実習参加者全員、およびボランティアとして補足調査をサポートしてくれた森久聡、大倉季久、佐々木大輔、田口由美、高橋真琴の五氏の献身的協力に特記して感謝したい。

文　献

荒牧澄多、二〇〇三年七月、「市民組織による歴史的町並み景観保全の活動――『川越蔵の会』を事例に」『都市問題』第九四巻第七号、七七—九二頁。

藤田弘夫、一九九八年、「都市の共同性と町並み——都市計画の比較社会学」歴史と方法編集委員会編『都市と言語』（歴史と方法二）青木書店。

———、二〇〇三年、『都市と文明の比較社会学——環境・リスク・公共性』（社会学シリーズ）東京大学出版会。

福川裕一、二〇〇三年、「都市コミュニティの保全」西村幸夫・大西隆・大垣真一郎・岸井隆幸・小出和郎編『［都市工学講座］都市を保全する』鹿島出版会。

福川裕一・青山邦彦、一九九九年、『ぼくたちのまち　世界のまち』（ぼくたちのまちづくり第一巻）岩波書店。

福川裕一・西村幸夫、一九八一年、「町並みと住空間の再生」観光資源保護財団編『歴史的町並み事典——ふるさとの町・その保存と再生のために』柏書房。

舩橋晴俊、一九八九年、「『社会的ジレンマ』としての環境問題」『社会労働研究』第三五巻三〜四号合併号、二三—五〇頁。

Gratz, R. .B., 1989, *The Living City*, New York, NY: Simon and Schuster. ＝一九九三年、林泰義監訳・富田靭彦・宮路真知子訳『都市再生』晶文社。

Hayden, D., 1995, *The Power of Place: Urban Landscapes as Public History*, Cambridge, MA: MIT Press. ＝二〇〇二年、後藤春彦・篠田裕見・佐藤俊郎訳『場所の力——パブリック・ヒストリーとしての都市景観』学芸出版社。

Holleran, M., 1998, *Boston's "Changeful Times": Origins of Preservation and Planning in America* （Creating the North American Landscape), Baltimore, MD: Johns Hopkins University Press.

堀川三郎、一九九四年、「地域社会の再生としての町並み保存——小樽市再開発地区をめぐる運動と行政の論理構築過程」社会運動論研究会編『社会運動の現代的位相』成文堂。

――――、一九九八年a、「都市空間と生活者のまなざし」、石川淳志他編『見えないものを見る力――社会調査という認識』八千代出版。

――――、一九九八年b、「歴史的環境保存と地域再生――町並み保存における『場所性』の争点化」船橋晴俊・飯島伸子編『環境』(講座社会学第一二巻)東京大学出版会。

――――、二〇〇〇年、「運河保存と観光開発――小樽における都市の思想」(片桐新自編、二〇〇〇)所収。

――――、二〇〇一年、「景観とナショナル・トラスト――景観は所有できるか」鳥越皓之編『自然環境と環境文化』(講座環境社会学第三巻)有斐閣。

堀川三郎編、二〇〇〇年、『小樽市における歴史的環境保存と観光開発(三)――一九九九年度法政大学社会学部社会調査実習報告書』法政大学社会学部(A４判全三六七頁)。

五十嵐敬喜・小川明雄、一九九三年、『都市計画――利権の構図を超えて』岩波新書。

――――、二〇〇三年、『「都市再生」を問う――建築無制限時代の到来』岩波新書。

井口勝文、二〇〇二年、「〈きわだつ〉デザインから〈おさまる〉デザインへ」都市美研究会編『都市のデザイン――〈きわだつ〉から〈おさまる〉へ』学芸出版社。

Jacobs, J., 1961, *The Death and Life of Great American Cities*, New York, NY: Random House. ＝一九七七年、黒川紀章訳『アメリカ大都市の死と生』〔ＳＤ選書一一八〕鹿島出版会。

陣内秀信、一九七八年、『都市のルネサンス――イタリア建築の現在』中公新書(改題増補版、二〇〇一年、『イタリア都市と建築を読む』講談社＋α文庫)。

観光資源保護財団編、一九七九年、『小樽運河と石造倉庫群』(観光資源調査報告七)観光資源保護財団。

片桐新自編、二〇〇〇年、『歴史的環境の社会学』(シリーズ環境社会学第三巻)新曜社。

川越一番街町並み委員会編、一九八八年、『川越一番街町づくり規範』川越一番街町並み委員会（増刷版、一九九九年、Ａ４判リング綴全一五二頁）。

川越一番街商店街活性化モデル事業推進委員会編、一九八六年、『川越一番街商店街活性化モデル事業報告書――コミュニティ・マート構想モデル事業』川越一番街商店街活性化モデル事業推進委員会（Ａ４判全二九七頁）。

香山壽夫、一九九〇年、『都市を造る住居――イギリス、アメリカのタウンハウス』（建築巡礼 第八巻）丸善。

鍋田芙紗子、二〇〇一年、「小樽運河からの再出発――〝関わり〟の復権」堀川三郎編（二〇〇〇）所収。

――――、二〇〇一年、「都市の水辺と人の〈関わり〉：『遊び』『場所』『風景』の誕生――小樽運河問題から都市の水辺の再生を考える」（法政大学社会学部二〇〇〇年度卒業論文）。

日本弁護士連合会公害対策・環境保全委員会編、一九九五年、『変えてみませんか まちづくり』（Ｊ―ＪＥＣ環境叢書シリーズ第五巻）実教出版。

西村幸夫、一九九七年、『環境保全と景観創造――これからの都市風景へ向けて』鹿島出版会。

白石克孝・富野暉一郎・広原盛明、二〇〇二年、『現代のまちづくりと地域社会の変革』学芸出版社。

海野道郎、一九九三年、「環境破壊の社会的メカニズム」飯島伸子編『環境社会学』有斐閣。

山口八壽夫、（推定）一九八二年、『写真集 小樽／運河と港の風色』財界さっぽろ。

山崎正史、二〇〇二年、「町並みをまもり、育て、つくる」都市美研究会編『都市のデザイン――〈きわだつ〉から〈おさまる〉へ』学芸出版社。

吉阪隆正、一九七五年八月、「不連続統一体」『都市住宅』第九四号（一九七五年八月号）一〇―一一頁。

第6章　豊かさの代償
——環境問題——

横田　尚俊

1　はじめに——都市と環境問題

現代都市(とりわけ高度産業社会の都市)は、モノと情報にあふれており、高度に発展した「情報化消費化社会」(見田、一九九六)の中枢を構成している。都市は、その意味で現代文明の余剰と「豊かさ」の象徴であり、モノや人、情報などを引き寄せるさまざまな権力の所在地でもある(藤田、一九九三)。それゆえ、人口の都市化がほぼ成熟段階を迎えた現代日本においても、都市はなお、多くの人びとを惹きつけてやまないのである。

他方で、現代社会は、その「豊かさ」ゆえに、深刻な環境破壊を引き起こしている。森林破壊や土壌の汚染・流失、オゾン層の破壊、二酸化炭素など温室効果ガスの大量放出に基づく地球温暖化、それらの環境破壊を背景とした自然災害の頻発など、人類による自然環境の改変が、いまやグローバルな地球環境危機をもたらし、人類の生存自体を脅かし始めている。

むろん、環境史の視点から見れば、新人誕生以来の二〇万年に及ぶ人類の歴史そのものが、環境破壊の歴史でもあった。たとえば、牧畜と農耕による人間社会の形成は、膨大な森林を伐採し、消滅させたばかりか、多数の生物種を絶滅させることとなった(Ponting, 1991 = 一九九四/石・安田・湯浅、二〇〇一)。だが、古代文明に始まる都市社会の誕生(都市革命)、さらには一八世紀を端緒とする産業革命とそれ以降に生じた爆発的な都市化は、それまでの人類史とは到底比較できないほどの地球資源の濫費と、環境汚染・環境破壊をもたらしてきたのである。「都市は現代文明の余剰と〈豊かさ〉の象徴である」と述べたが、その意味で、地球環境危機という「豊かさ」の代償は、ある意味で現代都市システムそのものの限界を現しているともいえよう。

そもそも、都市は、遙か昔から、狭い空間への人口集中という特性から、絶えず廃棄物処理をはじめとする環境問題に悩まされ続けてきた。廃棄物による生活環境汚染は、衛生状態の悪化を招き、しばしば伝染病の蔓延をもたらした。長い歴史と豊かな文化を誇るヨーロッパの諸都市では、人びとの生活から生み出される屎尿や廃棄物は、街路や河川にそのまま捨てられたため、路地はいつもじめじめとして悪臭を放ち、生活用水源である川は巨大などぶと化していった。都市河川が「蓋のない下水」

（C・ポンティング）同然だという状態は、二〇世紀になっても容易に改善されなかった。

産業革命後の近・現代都市には、これに、産業廃棄物や産業公害が加わり、都市の生活環境は極度に悪化していった。近代以降の都市の歴史は、一面で、こうした環境問題をどのように解決し、住みよい都市をいかに築いていくかという人びとの営為の積み重ねでもあった。上下水道の整備や都市自治体による廃棄物収集・処理システムの確立、高度な公害排出抑制技術の発展などは、科学技術の進歩とともにそうした営為がもたらした成果の一部である。だが他方で、現代の都市は、ヒートアイランド現象に象徴される新たな環境問題に悩まされ続けているし、膨大な電力エネルギー消費をまかなうための供給源にせよ、大量生産・大量消費が必然的に生み出す廃棄物の大量処理にせよ、リスクや負担を「外部」（地方農山村や離島、第三世界諸国など）へと押しつけながら、表面的な「豊かさ」を維持し続けているのである。

以下、本章では、「豊かさ」の代償として近・現代都市が抱える環境問題のうち、われわれの生活に最も身近な廃棄物処理問題に焦点を当て、その諸相を考察していく。

2　近代都市における廃棄物処理

(1) 都市における廃棄物処理システムの形成

廃棄物処理が、都市住民を常に悩ませてきた生活環境問題の代表格であることはすでに述べたが、日本の都市では、これまでこの問題にどう取り組んできたのであろうか。歴史研究の成果によれば、近世江戸の都市環境は、同時期のヨーロッパ諸都市(ロンドン、パリなど)のそれに比べて、はるかに良好かつ清潔であったようである。当時の江戸では、幕府によって塵芥の投棄が厳しく取り締まられるとともに、都市住民が生み出す廃棄物や排泄物の大半が、資源として再生利用され循環していたのである。

たとえば、糞尿は肥料として近郊農村に買い取られたほか、古着や紙、金属から、陶磁器片、木くず、使用済みのろうそくのしずくに至るまで、それらを買い集め再生利用する職業が成立していた。リサイクルできないごみは、幕府が公認する処理業者が芥銭をとって、これも幕府が指定した東京湾の埋め立て地に芥船により運搬していたのである(鬼頭、二〇〇二:一五三—一五六)。

こうした業者請負型の廃棄物処理・資源再利用システムは、明治政府によってほぼそのまま受け継がれたが、都市化と産業化の進展に伴う塵芥処理量の急増と、コレラ、ペストなどの伝染病防止策を徹底する必要から、廃棄物処理を行政の責任において直接実施するしくみが次第に整備されていった。その端緒となったのが、一九〇〇(明治三三)年に制定された「汚物掃除法」であり、この法律により市(行政)が直営事業として廃棄物処理を実施するという原則が打ち立てられ、塵芥はなるべく焼却するという「焼却主義」の考え方が明示された。

その後、東京市では、大正期に、廃棄物処理は一五区すべてで行政の直営収集へと切り替えられ、各戸の容器から収集したごみを、塵芥取扱場（集積所）に搬入し、そこで選別して、焼却場か再利用施設に搬送するという、現在に至るまでとられている基本的な廃棄物処理のしくみが完成していったのである（寄本、一九九〇：一九―二三）。それは、基本的には、行政機関という専門機関によって廃棄物処理システムが構築され、専門的に問題処理が行われていく過程であり、社会資本の整備も含めて、近代的な都市的生活様式がいっそうの深化を遂げていく過程だとみることができよう。

とはいえ、フォーマルなルート以外で回収・売買される廃棄物も少なくなかったし、選別された廃棄物が再利用される過程では、細かい分業に基づく職業労働が展開していた。大正期から昭和初期に至るまで、塵芥取扱場で資源として抜き取られる有価物は全体のおよそ七割を占めていたといわれるが（寄本、同）、インフォーマルなルートも含めて、廃棄物が選別・売買されるマーケットが都市を中心に広範に存在しており、そのような廃棄物の回収・売買をめぐる職業階層が都市下層社会と重層する形で形成されていたのである。

(2) 都市の廃棄物処理を担う人びと

明治期の都市下層の実態を詳細に調査した松原岩五郎や横山源之助によれば、都市の底辺で暮らす人びとの代表的な生業には、「日稼人足」、人力車夫などと並んで「くずひろい」が挙げられている（松原、一九八八／横山、一九四九）。また、学校や工場などから給食の余り物（残飯）を仕入れて、それらを当時の都市下層の集住地に持ち帰り、貧しい人びとに廉価で売りさばく「残飯屋」なる稼業も存在していた。貧困にあえぐ都市下層の人びとにとって、残飯の供給はまさに日々の糧を保障する生命線であった。

そのほかにも、どぶ川の底やごみ捨て場から金属類や落とし物を回収し、それらを商う「よなげ屋」（ものを選別する＝淘ぐ、に由来する呼称）と呼ばれる一群の人びとも存在したという（野村、一九八二：一二二—一二三）。

こうした廃棄物回収を日々の生業とする都市下層は、かつてのヨーロッパの都市にも広範に存在していた。一九世紀の大都市・ロンドンにおける庶民生活を調査し、全四巻に及ぶ実態報告を完成したH・メイヒューによれば、当時のロンドンには、整備され始めたばかりの下水道に入り込み、銅の釘や鉄片、硬貨などを拾い集める「どぶさらい」や、テムズ川の底から金属類や石炭などを拾い集める「泥ひばり」（引き潮のテムズ川にわっと群がる様子からこう呼ばれた）、小舟を所有し、川で漁をしながら、転覆した船から金目のものを拾ったり、水死人を引き上げて警察に引き渡す（そして報奨金をもらう）「さらい屋」などの稼業が成立していた。また、生活・生産のための主たるエネルギー源を石炭に依存していたため、廃棄物として石炭殻が多く排出されたが、それらは収集人によって拾い集められ、選別婦によって選別され、農耕用客土や煉瓦に混合され再利用された（Canning ed., 1986 ＝一九九二：下巻、八八—

一六二／小池、一九七八：一六九―二二八）。

さて、わが日本の都市に戻ると、こうした都市下層と廃棄物処理との結びつきは、形を変えながらも、比較的最近まで見られたものであった。第二次世界大戦後、昭和二〇年代から三〇年代にかけての都市には、戦災で家財や家業を奪われた人びと、外地から帰国し復員したものの、血縁にも頼れず仕事にもありつけない人びとなどが数多く存在していた。そうした人びとが寄り集まり、廃棄物の回収・売買を生業とする集落を都市の中に形成していったのである。

これらの集落は、差別的なニュアンスを含んだ呼称によって、「バタヤ部落」と呼ばれることもあった。東京都内のある「バタヤ部落」の生活実態と、そこでの住民とボランティアによる生活改善への取り組みを詳細に調査した篭山京によれば、「バタヤ」の元々の意味は、家庭や小さな飲食店などから出た残菜やくずを拾い集めて生業とした人びとのことであったが、これが転じて廃品回収業者の通称となっていったのである。

「バタヤ部落」を構成するのは、廃棄物を回収してくる「買出人」と「拾集人」（狭義の「バタヤ」）、それに彼らの集めた廃品を買い入れ選分加工する「仕切屋」であった。「バタヤ」は「仕切屋」にしばしば借金をしており、仕切場に建てられた粗末な長屋に居住し、一種の親方・子方関係の下で「仕切屋」に隷属していた。彼らの仕事は、景気変動や季節・天候などに左右されやすく、不安定で低収入であった。一家総出で生業に携わる「バタヤ」世帯では、それゆえ、義務教育を十分に受けることのできない未就学児童を多く抱えていた(篭山、一九八一)。

しかしながら、一九五〇年代から、「バタヤ部落」では、篤志の福祉ボランティアによるセツルメント活動や住民自身による「未就学児童解消運動」などが活発に展開されるようになっていく。剥奪された生活環境を改善し、廃品回収業の社会経済的地位を向上させるための取り組みが、次第に拡大していったのである。また、ほぼ並行して、日本社会は高度経済成長時代を迎え、都市には膨大な労働需要が生じるとともに、遅まきながら社会福祉政策が行政施策として制度化されていき、「バタヤ部落」は都市の中から次第に姿を消していった。

豊かさの到来は、「バタヤ部落」に象徴される都市下層社会の痕跡を消し去り、それ

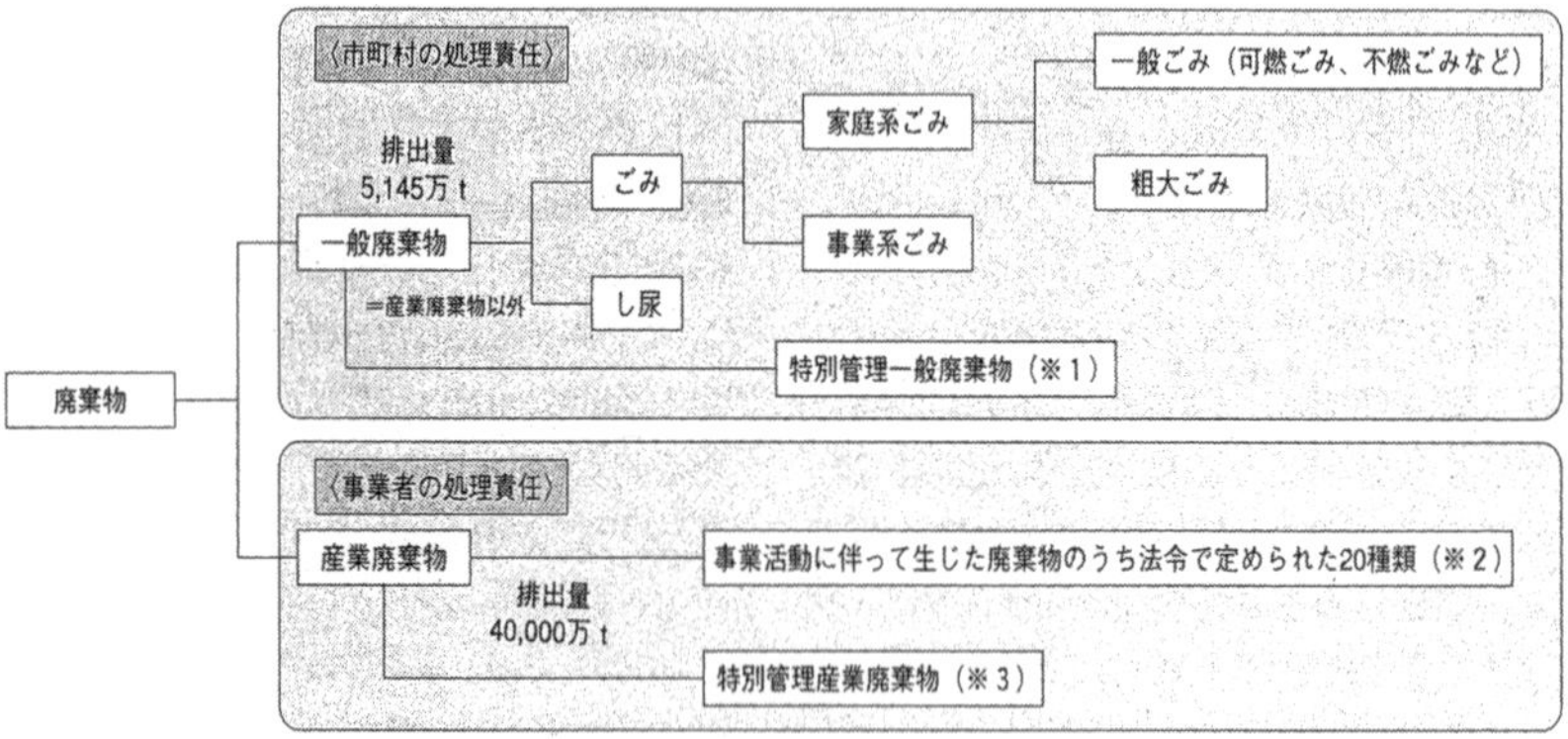

（※1）爆発性、毒性、感染性その他、人の健康又は生活環境に係る被害を生ずるおそれがあるもの
（※2）燃えがら、汚泥、廃油、廃酸、廃アルカリ、廃プラスチック類、紙くず、木くず、繊維くず、動植物性残さ、動物系固形不要物、ゴムくず、金属くず、ガラスくず、コンクリートくず及び陶磁器くず、鉱さい、がれき類、動物のふん尿、動物の死体、ばいじん、上記19種類の産業廃棄物を処分するために処理したもの
（※3）爆発性、毒性、感染性その他、人の健康又は生活環境に係る被害を生ずるおそれがあるもの
（資料）環境省

図1　廃棄物の区分

出典：環境省編、2002年、44頁に排出量（平成11年度）を付加。

とともに、大量生産・大量消費によって生み出される大量の廃棄物は、基本的に行政機関や行政の許可を得た専門処理業者によって回収され、各地に建設された清掃工場で焼却されるか、不燃物や焼却灰は海岸沿いの埋め立て地や山間部の処分場へと運搬・処分されていくようになる(図1)。廃棄物のゆくえは、事業者や都市住民が排出し専門的問題処理システムに委ねるやいなや、彼らにとって不可視の存在へと化していくのである。

ところで近年、現代よりも「資源リサイクル」のしくみが社会に埋め込まれていたとして、江戸期や近代日本の都市社会システムを再評価する動きがある。だが、そうした「リサイクル」が、社会全体の相対的な貧しさとはなはだしい階層格差の下で、生命線ギリギリで生活を営まざるを得ない都市下層の存在と緊密に結びついていたことを忘れてはならないだろう。そしてこうした現実が、いまだ先進産業社会のような豊かさを実現していない第三世界の都市に遍在していることも……。

3　都市が「外部化」する廃棄物

(1) 廃棄物処理をめぐる受益圏・受苦圏問題

大量生産・大量消費にともなう大量廃棄の問題が、都市住民の前に顕在化したのは、高度経済成長期後半の一九六〇年代後半から七〇年代にかけてであった。すでに、一九六〇年代には、急速な経済成長の負の側面として、全国各地で産業公害が深刻化したため、自らの生活環境を守るために地域住民が団結して、公害反対住民運動を繰り広げていた。豊かさの到来は、これに加えて生活公害の発生を促し、廃棄物処理をめぐる紛争・対立や住民運動を広範に生み出すこととなった。

その象徴的な事件が、一九七一年に当時の美濃部東京都知事が宣言した「ごみ戦争」である。これは、東京都が急増するごみ処理に対応するため、一九六七年に杉並清掃工場建設計画を発表したことに始まる。施設予定地周辺住民による激しい建設反対運動が起こったが、これに対して、清掃工場や最終処分場(夢の島埋め立て地)が早くから立地し、都区内の廃棄物処理を引き受けてきた江東区から反発の声が挙がったのである。長年、悪臭、煤煙などの「ごみ公害」に悩まされてきた江東区民から見れば、清掃工場建設反対運動を展開する杉並区民の対応は、自らは「嫌なもの」(清掃工場)を受け入れようとしないで、外部(江東区)に押しつけようとする「地域エゴ」と映ったのである。このため、一時は当時の江東区長自らが先頭に立って、杉並区内のごみを運搬してきた清掃車両の立ち入りを阻止するという騒ぎに発展していった。

こうした紛争の構図は、社会学的には、「受益圏」と「受苦圏」の分離という枠組みによって解釈し説明することができる。受益圏と受苦圏という考え方は、ダムやコンビナートなどの巨大地域開発や、新幹線、高速道路、空港に代表される高速交通網整備、原子力発電所をはじめとする危険物取扱施設の建設などをめぐって、それらの施設整備によって利益を得ることのできる人びと(あるいは地域)と、騒音やリスクなど不利益を被る人びと(地域)とが存在することを明示したものである(梶田、一九八八、八―一二三)。両者は重なり合うこともあるが、現在では分離するケースが増え、それが紛争の問題解決を複雑にしたり、受益者が受苦圏に属する人びとに不利益を押しつけて問題を隠蔽したり「解消」したりするという社会的矛盾を生み出しているのである。「ごみ戦争」の事例でいえば、受益圏(杉並区)と受苦圏(江東区)とが分離しており、受苦圏の自治体・住民が強硬な異議申し立てを行うことによって、紛争が顕在化していったといえよう。

「ごみ戦争」はほぼ八年にも及んだ後、結局は東京都の強固な方針によって、杉並区高井戸地区に新たな清掃工場が建設され、表面上終息していった。この紛争が大きなきっかけとなって、廃棄物の「自区内処理原則」が提起されたほか、廃棄物の集団回収運動や不燃ごみの分別収集など、廃棄物問題に対する行政や市民の取り組みはそれ以前よりも強化されるようになった。しかしながら、廃棄物処理施設の建設をめぐる「分離型紛争」自体は、後述するように、現在でも形を変えながら各地で頻発している。

(2) 廃棄物処理をめぐる都市・農村問題――越境する産業廃棄物

近年、特に問題となっているのは、廃棄物処理が都道府県境を越えて広域化し、都市の廃棄物が地方小都市や過疎農山村に運ばれ処分されるという問題(「越境廃棄物問題」)である(図2)。なかでも最も

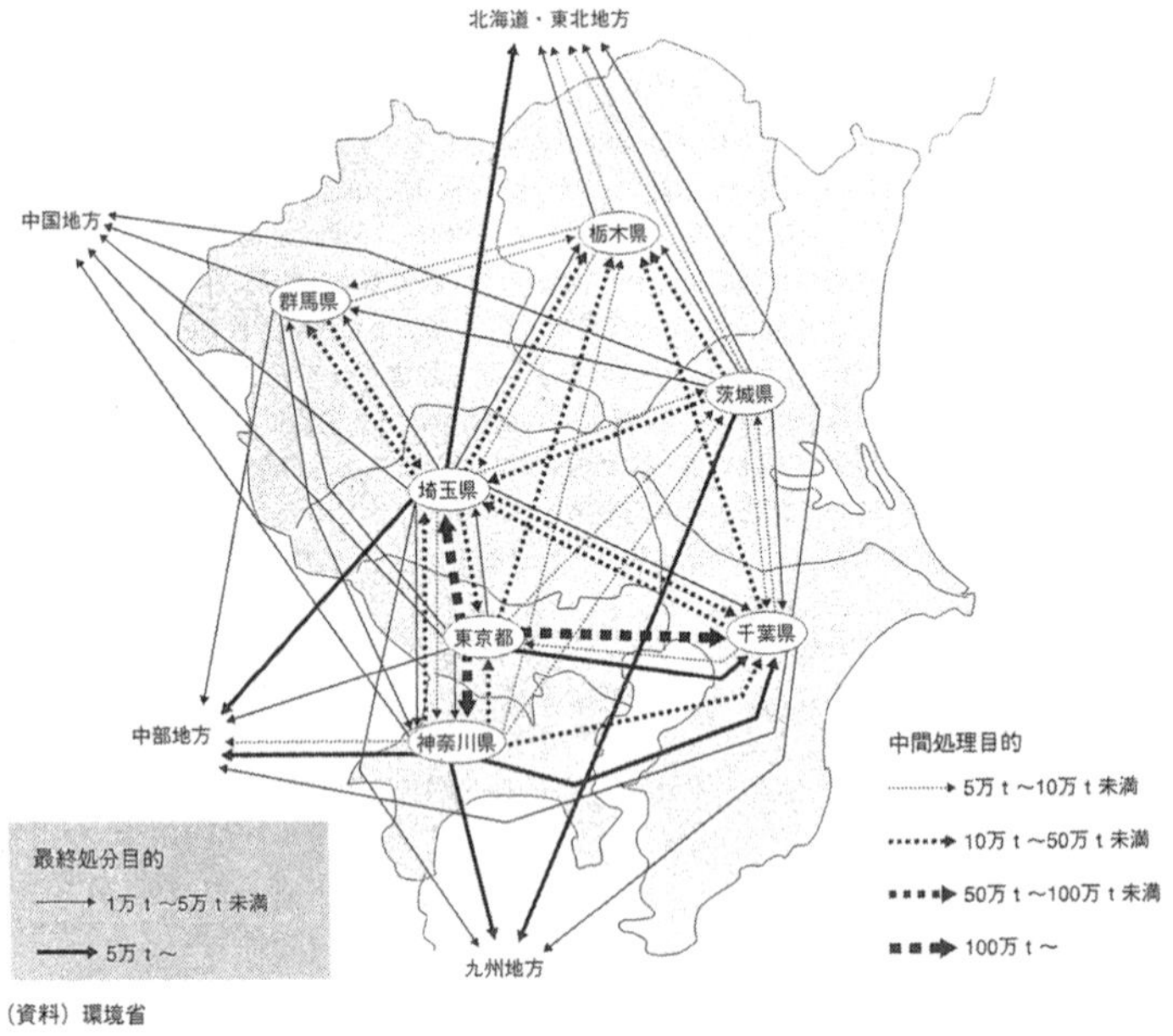

図2　首都圏の産業廃棄物の広域移動状況（平成11年度）

出典：環境省編、2002年、124頁。

深刻なのは、産業廃棄物が十分な安全措置のとられぬまま、場合によっては違法に、山間地域や離島などの処分場に廃棄され、それが地域住民の生活環境を汚染するケースである。たとえば、マス・メディアなどで大きく取り上げられた、香川県豊島を舞台とする産業廃棄物不法投棄事件は、いまだ記憶に新しい。

豊島は、小豆島の西側の瀬戸内海に浮かぶ、人口約一五〇〇人ほどの静かな島であった。一九九〇年、ここに約五〇万トンもの産業廃棄物が民間の業者によって不法投棄されていることが明らかになった。内訳は、大量のシュレッダーダスト（自動車のスクラップから鉄や金属類を回収した後に残る屑)、廃油、汚泥などであり、投棄され埋め立てられたこれらの産廃からは、鉛やダイオキシン、重金属、有機塩素化合物などの有害物質が海に流れ出していた。豊島の住民は、業者の不法行為に対する取り締まりを求めて、指導監督権限をもつ香川県に対して何度も訴えたが、業者は、持ち込んだのは産廃ではなく「有価物」であり、処理を施して金属や油を回収すると言い逃れをし、県も不法性を追求しようとはしなかった。

そもそも、豊島に産廃が持ち込まれるようになった経緯は、この業者が有害廃棄物処分場を建設することを計画し県に申請を行った一九七七年に始まる。この時、豊島住民による建設反対運動が起こったが、香川県が仲介に入り、「有害」以外の一般産業廃棄物三品目(汚泥、糞尿、木屑)の持ち込みを許可したのである。そして、県が十分な監督責任を果たさぬまま、業者による産廃の搬入・投棄が進んでいったのである。

一九九三年、豊島の住民は廃棄物対策豊島住民会議を組織し、不法投棄をした産廃業者とこの業者に処理を委託した排出企業二一社、それに香川県の責任を問うて、公害調停を申請した。住民はシンポジウムを開催したり熱心な署名活動を行って運動に対する支援を求め、これを手弁当で島にやってきた弁護団が支えた。結局、二〇〇〇年六月の最終合意によって、県は不法投棄を助長したとして住民側に謝罪し、豊島から約四キロ離れた直島に処理施設を建設し、そこで産廃処理を行うことになった。産廃業者は破産を宣言し、廃掃法(廃棄物の処理および清掃に関する法律)の規定にある罰金を支払っただけだったが、排出企業の方は公害調停委員会の求めにしたがって解決金を支払い、処理費用の負担を受け入れることになった(曽根、一九九九/堀畑、二〇〇一：一三八―一四〇)。

豊島の事件は、産廃処理にかかわるさまざまな問題や教訓を明るみに出した。処理を請け負った業者の法的・道義的責任はもちろん、排出企業の社会的責任や行政の監督責任が全うされないならば、産業廃棄物は、それらが持ち込まれた地域の自然環境や住民の生活環境を取り返しがつかないまでに破壊してしまうのである。

それと同時に考えなければならないのは、これらの産業廃棄物が、主に都市部の事業者から排出されるものであり(その意味で、生産して利益を得る受益者は都市部の事業者であり)、受苦圏の方はもっぱら地方農山村・離島(その住民・自治体)に押しつけられているという構図である。いわば、廃棄物処理をめぐる受益圏と受苦圏との関係が、「都市によって過剰に農村が利用され」るという都市と農村との格差をともなう地域間関係、あるいは地域間のヒエラルヒーと重なり合っているのである(飯島、二〇〇一：二七)。

そもそも、過疎化が進む農山村・離島地域には、人口減少にともなう監視の弱まりや土地利用の条件(人気のない山林や海岸の存在、放棄された農地の増加)などにより、産廃が持ち込まれたり、産廃処理施設が立地しやすいという条件が生まれている。しかも、農林水産業が衰退し工場・企業誘致などの産業経済振興策もままならないこれらの地域では、危険物取扱施設や産廃処理施設などの「迷惑施設」を受け入れることが、地元の受益や地域経済活性化(施設による雇用創出や土地売却益・地代収入確保による所得上昇、補助金・助成金交付にともなう社会資本整備など)につながると思念される場合も少なくない(藤川、二〇〇一：五二—五四)。産廃問題が顕在化する前の豊島でも、「リゾート開発」の誘いに土地を売却し、「たとえ産廃を搬入されても、後がリゾートに変わればそれでよい」と考える住民も存在したという。ここには、「ゴミにもすがりたい過疎の島の姿」が凝縮されている(曽根、一九九九：二四)。

一方、都市生活の快適さや豊かさは、さまざまな機関、人口、情報などが一定の空間に集まってくることによって生み出される「集積利益」に依拠している。だが、現代の都市社会は、基本的に「各受益の享受にともない受苦を外部へと放置してきた存在として……〈受苦忘却〉型でかつ〈受苦放置〉型の構造」(梶田、一九八八：五四—五五)をもっている。日々排出される廃棄物は、専門的処理プロセスの中で「外部化」され、廃棄・回収されるや否や、あたかも排出者とは無関係であるかのように「不在化」していくのである。

しかしながら、産廃処理をめぐる紛争の顕在化は、都市から排出される廃棄物は決して「不在」ではないこと、そして都市社会を構成するメンバーが廃棄物問題を「自分たちが解決を迫られた問題として」意識し(梶田、同)、現行の都市社会システムや住民意識、ライフスタイルの変革に取り組んでいくことの必要性を示しているといえよう。

4 「循環型社会」形成をめざした地域住民活動の展開

(1)「循環型社会」と「地域環境主義」

大量に物財を生産し、それらを消費する現代の「豊かな」生活様式は、地球資源を枯渇させるとともに、数え切れないほどの汚染物質や大量の廃棄物を排出する(図3)。先進産業社会や都市で大量に排出され行き場を失った廃棄物は、第三世界や地方農山村に押しつけられ移出されて、便利で豊かな生活を享受する人びとにとって「無関係」のものとなっていく。

だが実際には、受苦という面においても、大量の廃棄物が生み出す問題は、「豊かな社会」に生きる人びとにとって決して「無関係」ではない。たとえば、大量に移出された有害物質を含む廃棄物は第三世界の農地・土壌を汚染し、そこで採れた農産物が今度は豊かな国々に輸入され、日々の食卓に並ぶということもありうる。都市の貴重な水源である河川上流部の山間地に産業廃棄物が投棄されたなら、それらが都市住民の飲み水を汚染し、多くの人びとの身体に危害を及ぼすという可能性も否定できない。農山村を過剰に利用し、受苦を押しつけたつけは、必ずや都市に戻ってくる。これらは、U・ベックがいうところの「ブーメラン効果」であり、われわれは否応なく、環境リスクがグローバルに拡大し、当のリスクを「生み出し、それから利益を得ているものをも襲う」時代に生きているのである(Beck, 1986

＝一九九八：五一―六六）。

　このような環境負荷および環境リスクを低減するためには、結局は、大量生産・大量消費に支えられた「豊かさ」の限界を認識し、社会システムや生産・生活様式の総体を組み替えていくという困難な取り組みを進めていかざるを得ない。それは、資源を大量に使用し消費する社会を資源節約型の社会へと組み替えていく営為であり、その一環として、廃棄物の量を極小化し（リデュース）、可能な限り資源を再使用（リユース）・再生利用（リサイク

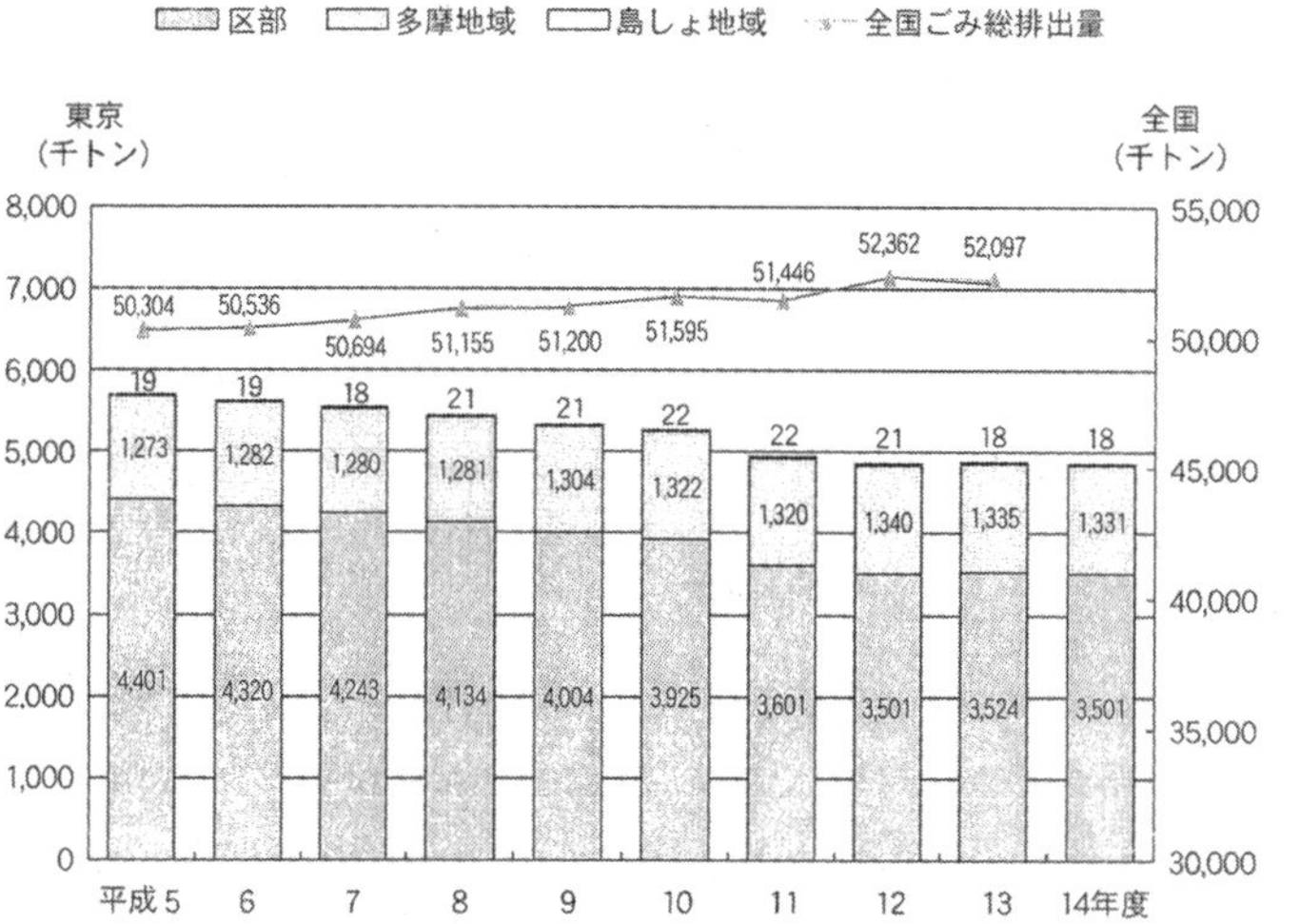

・全国ごみ総排出量は環境省資料による。
・区部のごみ量は「行政による資源収集量」を含まないが、多摩・島しょ地域のごみ量は「行政による資源収集量」を含む。
・多摩・島しょ地域の14年度のごみ量は速報値による。

図３　東京都と全国のごみ量（一般廃棄物）の推移

出典：東京都環境局、2004年、２頁。

ル）する「循環型社会」を築いていく取り組みにほかならない。

遅まきながら日本社会でも、ドイツをはじめとするヨーロッパ諸国の取り組みを先例としつつ、循環型社会づくりをめざした法整備とそれに基づく行政施策が展開され始めている。一九九〇年代以降、「再生資源利用促進法」（一九九一年）、「容器包装リサイクル法」（一九九五年）、「家電リサイクル法」（一九九八年）などが相次いで公布され、行政、企業・事業者、住民がそれぞれ役割を分担しながら、資源再利用を推進する態勢が整えられてきた。これらの動きは、二〇〇〇年の「循環型社会形成推進基本法」公布と「廃棄物処理法」改正（地方自治体による廃棄物処理計画策定や不法投棄に対する罰則強化など）、「容器包装リサイクル法」完全施行などに受け継がれ、廃棄物処理をめぐる施策はより体系化されてきている。

特に、「基本法」では、事業者と国民の「排出者責任」および事業者に対する「拡大生産者責任」を強調し、生産者は製品の耐久性の向上や材質・成分の表示などを行う責務があり、一定の製品の循環的利用を行う責務があると規定するとともに、国民にはそうした循環的利用に協力する責務（廃棄物の分別と資源回収に協力する責務）があると規定している。どちらかというとリデュースよりも排出後のリユース、リサイクルに力点が置かれており、事業者の「拡大生産者責任」を謳ってはいるものの、「政府や事業所の管理責任や発生責任をまっとうすることを後回しにして、消費者や住民に重い負担を求める傾向」（飯島、二〇〇一：二二）が顕著であるという批判が存在するのも事実である。

とはいえ、資源リサイクルへの取り組みは、環境問題への草の根レベルでの対応として、最も身近でとりかかりやすいものだといえようし、それは、住民自らが共同して、日々の消費生活のありようを反省しながら、循環型社会、資源節約型社会の形成に積極的に参画していくための有力なルートを形成していると考えられる。われわれは、いくら環境問題が地球規模に拡大しているという現実を認識しようとも、それらの解決に直接貢献しうるようなグローバルな実践の舞台をもっているわけではない。観念的な「地球環境主義」を振りかざすよりも、むしろ、「市町村レベルの対策を自治体に要求する住民運動」や自治体政策と連動しながら繰り広げられる地域のリサイクル活動など、コミュニティ・レベルでの住民活動に参加し、それらを積み上げ、地域ごとに環境負荷を小さくすることによって、初めて問題解決に踏み出していくことができるのである(寺田、二〇〇一：一八一―一八二)。こうした考え方は、環境社会学において、しばしば「生活環境主義」や「地域環境主義」と呼ばれている。

(2) 資源リサイクルをめぐる地域住民活動

地域環境主義の考え方に沿う形で、全国各地で展開されている資源リサイクルへの取り組みには、その担い手や活動スタイルなどの面から見ていくつかのタイプがある。たとえば、消費者団体や生活協同組合などのボランタリー・アソシエーションが中心になって取り組む運動型、あるいは学習型の活動がある。これらの活動の中には、環境に配慮した商品(再生資源を素材とした商品や省エネルギー型の商品など)や、そうした商品を取り扱ったり、省資源、廃棄物削減、リサイクルなどに取り組んでいる事業者を選ぶよう消費者に呼びかける「グリーン・コンシューマー」運動へと展開するケースもみられる。

これに対して、自治会・町内会や婦人会、老人会といった既存の地域住民組織が日常活動の一部として行う、コミュニティ密着型の資源回収活動も広く実施されてきた。都市部においては、自治体の呼びかけによって、運動型の団体と地域住民組織とが連携して「リサイクル推進会議」のような組織を結成し、地域ぐるみのリサイクル運動に取り組むケースも存在する。いずれにしても、これらの取り組みは、地域社会を単位とした草の根型の住民活動であり、概して、女性、特に中高年の主婦層がきわだって大きな役割を果たしてきた(鳥越、一九九三:一三八―一三九)。

さらに近年では、行政と地域住民とが協力しあって、小地区コミュニティを単位とした細かい分別回収を行い、そうした取り組みを都市全域へと広げていく先進自治体も出現してきている。水俣病という産業公害による惨禍を受け、差別や偏見によって地域社会の絆をずたずたに引き裂かれた熊本県水俣市では、環境問題への取り組みを通して、市民どうしの「もやいなおし」(絆の再生)を図りつつある。一九九三年以降、およそ二〇品目にも及ぶごみ(家庭から出される一般廃棄物)の分別回収を実施し続けているのである。各家庭で細かい分別を行い、収集日には、七〇世帯に一か所の割合で設置されたごみ集積場に、当番の住民が立って分別状況を見守る。それらを回収する市が、さらに八〇種に区分けして、再処理業者に引き取ってもらうのである。そうした努力の結果、廃棄物の再資源化率はいまや二〇%を超えるに至っている(井上・須田、二〇〇二:三四—五三)。

水俣市では、このほかにも、省資源・省エネルギーに自覚的に取り組んでいる家庭・学校・事業所を対象に、市が独自の基準にしたがって、「家庭版ISO」や「学校版ISO」、「お店版ISO」などを認証する制度を創設したり、環境保全型農業やリサイクル事業などの環境ビジネスを地域経済の柱に据えようという取り組みなども進めている。いわば、町ぐるみで「環境都市」をめざした多彩な活動を展開しつつ、かつて「公害都市」の烙印を押される中で疲弊していったコミュニティの再生に取り組んでいるのである。

「循環型社会」形成をめざした地域環境主義的な住民活動は、水俣市以外の地域でも胎動し始めている。たとえば、愛知県碧南市では一九九五年から、三〇種類に及ぶ家庭ごみの分別回収をほぼ町内会ごとに実施しているが、これは「碧南方式」と呼ばれ、全国の自治体で資源リサイクルの手本とされつつある(『毎日新聞』二〇〇〇年三月一〇日付朝刊)。また、商店街における「エコステーション」の設置と「リサイクル商店街」づくりは、近年、大都市・地方中小都市を問わず、一大ムーブメントとして全国の商店街へと拡大している(**コラム**参照)。そのほか、企業が資金を拠出し、NPOがマネージメントを担当する形で(企業とNPOとが協働して)、資源リサイクルも含めた環境市民講座を展開して、環境問題に対する人びとの関心や行動へのモチベーションを高めようとしている地域もある。

■コラム：エコステーションとリサイクル商店街

既成市街地の人口減少や、規制緩和にともなう郊外型大型店の林立などによって、都市中心部に位置する商店街の衰退・空洞化が顕著になってきている。そうした中で、リサイクルを核に商店街を再生しようという動きが高まってきている。

発祥元となったのは、東京新宿区・早稲田の商店街である。学生街が空っぽになる夏休み対策として、一九九六年に商店街がリサイクル・イベントを開催したのがきっかけとなり、大学や行政などと連携した「リサイクル商店街」づくりが始まった。

中心となるのは「エコステーション」である。空き店舗を利用して、空き缶回収機やペットボトル回収機、生ゴミ処理機などのリサイクル機器を設置し、そこを地域のリサイクル拠点としたのである。空き缶やペットボトルを持参して回収機に入れると、商店街での買い物に使える割引券やサービス券（ラッキーチケット）が当たる機器を設置したところ、これが評判を呼んで、多くの人が集まるようになった。

これは活性化策に悩む各地の商店街に注目され、いまやエコステーションは全国の七〇を超える商店街に設置されるに至っている（二〇〇四年一〇月現在）。むろん、持ち込まれた空き缶やペットボトル、新聞紙・雑誌などを暫時、保管・管理するのは商店主の人びとである。

一九九九年からは、リサイクル商店街づくりを進める全国の商店街組織がネットワークを結成して、毎年、「全国リサイクル商店街サミット」を開催するなど、活動領域はさらに拡大している。

なお、全国のリサイクル商店街とエコステーションの詳細に関しては、ホームページ上で情報が公開されている（http://www.ecostation.jp）。

こうした取り組みは、われわれの日常生活圏域を実践の舞台としながら、これまでの便利な消費生活や企業の生産システム、専門機関による廃棄物処理システムのありようを問い直し、「都市的生活様式の〈存続可能な発展〉に向けた創出への努力」(鈴木、二〇〇二：一三)を積み重ねていこうとする試みである。地域環境主義を志向するさまざまな住民参加の取り組みが、どの程度の深さと広がりをもって展開していくかは、これからの日本社会が、資源節約型で循環型の社会へと真に脱皮していくことができるかどうかの重要な鍵を握っているといえよう。

5　集中過密型都市から環境都市へ——都市づくりのパラダイム転換をめざして

冒頭でも述べたように、現代の高度産業社会、とりわけその「豊かさ」の象徴としての現代都市が抱える環境問題は、大量廃棄にともなう廃棄物処理問題だけにとどまらず、きわめて多岐にわたっている。大気汚染やヒートアイランド現象に対応するには、都市における自動車交通(とりわけマイカー利用)の抑制や、企業活動、家庭生活における省エネルギーの徹底、都市そのものの大規模な緑化などが必要不可欠である。また、近年、豪雨にともなって都市部を流れる河川が氾濫し大きな被害を生み出す事例が相次いでいるが、こうした都市水害も、過剰な都市化により河川上中流域の保水力が急速に衰えたことが一因となっており、環境問題への対応なくして根本的な解決は不可能である。

これらはすべて、集中過密型都市構造そのものの限界を示している。その意味で、地域環境主義に基づくコミュニティ・レベルでの取り組みは、都市構造のあり方を「環境都市」へと方向づけていくようなマクロな都市政策や都市計画、産業政策などと連動することによって初めてその十全な機能を発揮できるといえよう。

むろん、環境都市といっても、その理念や具体的な政策、計画の手法などは、必ずしも一義的に明示できるわけではない。広義の環境都市づくりの中には、欧米の諸都市の中で取り組みが進んでいる成長管理政策や、内発的な文化芸術活動、地場産業などの隆盛を主軸に置いた「創造都市」形成、歴史的環境保存を中心とした都市再生策など、さまざまな取り組みが含まれる。そこに共通するのは、大量生産・大量消費型の産業社会、およびその中心をなす集中過密型の大都市に体現された「豊かさ」を問い直し、安全、福祉、自然環境、地域文化や人間関係の質など、オルターナティブな豊かさをたたえた都市と社会を構築していこうという姿勢である。

六四〇〇人以上の犠牲者を出した阪神・淡路大震災は、集中過密型都市の脆弱性を余すところなくあらわにした、衝撃的なできごとであった。震災後の神戸市では、それまでの開発志向的な都市政策をいくらか軌道修正し、いくつかの小地区コミュニティが寄り合わさり、生活機能の自足した人口五千～三万人程度(小学校区から中学校区程度)の「コンパクトタウン」形成に力を注ぎ始めている。それらのコンパクトタウンを基本単位とした、人口・機能分散型の都市構造を形成していこうという新たな試みである。そこには、人びとが交流しやすく、徒歩や自転車移動の範囲内で日常生活に必要な機能をおおむね充足することができるようなコンパクトな町こそが安全な都市の基盤であるという、震災から得られた教訓を読みとることができる。コンパクトタウン構想もまた、震災という災禍を契機としつつ、これまでの「豊かさ」のありようを組み替えていこうとする大きな流れの中に位置すると考えることができよう。

オルターナティブな豊かさをめざした環境都市形成への取り組みは、いまだ緒についたばかりである。都市づくりにおけるパラダイム転換の成否は、二一世紀の社会と地球環境の存続可能性を占う試金石のひとつであるといっても過言ではないだろう。

文　献

Beck, U., 1986, *Risikogesellschaft Auf dem Weg in eine andere Moderne*. ＝一九九八年、東廉・伊藤美登里訳『危険社会』法政大学出版局。

Canning, J. ed., 1986, *The Illustrated Mayhew's London*. ＝一九九二年、植松靖夫訳『ロンドン路地裏の生活誌』(上・下)原書房。

Engels, F., 1845, *Die Lage der arbeitenden Klasse in England*. ＝一九九八年、一條和生・杉山忠平訳『イギリスにおける労働者階級の状態』(上・下)岩波書店。

藤川賢、二〇〇一年、「産業廃棄物をめぐる地域格差と地方自治」(松本・飯島、二〇〇一)所収。

藤田弘夫、一九九三年、『都市の論理』中央公論社。

長谷川公一、二〇〇三年、「環境社会学と都市社会学のあいだ」『日本都市社会学会年報』二一。

堀畑まなみ、二〇〇一年、「産業廃棄物問題と企業責任」(松本・飯島、二〇〇一)所収。

飯島伸子、二〇〇一年、「廃棄物問題の環境社会学的研究」(松本・飯島、二〇〇一)所収。

飯島伸子編、一九九三年、『環境社会学』有斐閣。

井上智彦・須田昭久、二〇〇二年、『世界の環境都市を行く』岩波書店。

石弘之・安田嘉憲・湯浅赳男、二〇〇一年、『環境と文明の世界史』洋泉社。

篭山京、一九八一年、『ボランタリー・アクション――バタヤの解放』(篭山京著作集第一巻)ドメス出版。

梶田孝道、一九八八年、『テクノクラシーと社会運動』東京大学出版会。

環境省編、二〇〇二年、『平成一四年版循環型社会白書』ぎょうせい。

鬼頭宏、二〇〇二年、『文明としての江戸システム』(日本の歴史一九)講談社。

小池滋、一九七八年、『ロンドン』中央公論社。

倉沢進、一九九八年、『コミュニティ論――地域社会と住民活動』放送大学教育振興会。

松原岩五郎、一九八八年[初版一八九三年]、『最暗黒の東京』岩波書店。

松本康監修・飯島伸子編、二〇〇一年、『廃棄物問題の環境社会学的研究』東京都立大学出版会。

見田宗介、一九九六年、『現代社会の理論』岩波書店。

宮本憲一、一九九九年、『都市政策の思想と現実』有斐閣。

野村敏男、一九八二年、『新宿裏町三代記』青蛙房。

Ponting, C., 1991, *A Green History of the World.* ＝一九九四年、石弘之・京都大学環境史研究会訳『緑の世界史』(上・下)朝日新聞社。

曽根英二、一九九九年、『ゴミが降る島――香川・豊島産廃との「二〇年戦争」』日本経済新聞社。

鈴木広、二〇〇二年、「現代都市社会学の課題」鈴木広監修、木下謙治・篠原隆弘・三浦典子編『地域社会学の現在』ミネルヴァ書房、所収。

田口正己、二〇〇二年、「ごみ〝広域移動〟と紛争の拡大」『都市問題』第九一巻第三号。

寺田良一、二〇〇一年、「産業廃棄物と地域環境主義」(松本・飯島、二〇〇一)所収。

鳥越皓之、一九九三年、「生活環境と地域社会」(飯島編、一九九三)所収。

東京都環境局、二〇〇四年、『東京リサイクルハンドブック二〇〇四』東京都。

鵜飼照喜、二〇〇一年、「廃棄物処分場問題における自治体と住民運動」(松本・飯島、二〇〇一)所収。

横山源之助、一九四九年[初版一八九九年]、『日本の下層社会』岩波書店。

寄本勝美、一九九〇年、『ごみとリサイクル』岩波書店。

――、二〇〇三年、『リサイクル社会への道』岩波書店。

第7章　ホームレスと豊かな社会

麦倉　哲

1　貧困問題の顕在化

(1) 貧困の潜在化

戦前の日本の大都市において、貧困や衛生の問題は、解決すべき大きな課題であった。貧困は目にみえる形で具体的に存在していた。その後も都市の貧困は、戦後の混乱や都市の復興途上の貧困の問題として、また高度経済成長途上の影に隠れたいわゆる「浮浪者問題」として、実在してきた。しかしその貧困は、高度経済成長とともに、表向きの経済活動の活性化の影に隠れて、徐々に見えにくい形態に変化してきた(1)。これは主に、経済成長により雇用の場が広がったことと、戦後、新憲法の下に福祉制度が充実してきたことによる。もちろん、貧困や貧困地区は都市の発展の華やかさとはうらはらに確実に存在してきた。筆者が研究と社会活動の場としている東京山谷地域も、大阪釜が崎、横浜寿町などと並んで、現在も引き継がれた代表的な貧困集積地区である。

(2) 新しい貧困の顕在化

一般の人びとからみえにくい、あるいは隠されているとされてきた現代の貧困は、都市の中心課題として、近年改めて浮上してきた(2)。先進国のホームレスの問題として、大きくクローズアップされるようになったのである。この背景には、経済のグローバル化に伴う労働の国際移動や、国際紛争・地域紛争後の政治的難民の国際移動も影響を与えている。先進諸国においてある程度共通するこうした貧困の第二段階(豊かな社会の貧困の二次的拡大)は、高度成長時代の日本には、縁遠いもののようにもみえた。しかしながら、その日本こそが現在、有数のホームレス国となっている。こうした新たな貧困に対して、対策の進んだ国と遅れた国の違いも目立ってきた。対策の体系化という点では、ヨーロッパ諸国と比べて、日本は進んでいるとはいいがたい。野宿に至る以前の予防対策、野宿生活者への相談業務、野宿後の自立支援対策という諸側面において、行政のかかわりの度合いがいまだ限定的なのである。

(3) ホームレスの定義

ヨーロッパ諸国におけるホームレス概念は広い。国によって定義の違いはあるが、要約すれば次の通りである。ヨーロッパ諸国では、野宿ばかりでなく安定した住宅に住んでいない人が含まれる。各種施設入所者のうち帰宅できる家のない人や、今後一定期間内に野宿生活に至る可能性がある人（イギリス）も含んでいる。ホームレスを狭義と広義に分けて、狭義を野宿者とするならば、広義は野宿者を含む不安定居住にある人のすべてである。日本政府は広義のホームレスについて、定義をもっていない。定義をもっていないということは、この広義のホームレス人口を統計的に把握できていないということである。こうしたことが予防対策の遅れにつながり、ホームレス対策及び野宿者対策が遅れる要因となっている。以下、本論では、狭義のホームレスという意味で、野宿者、路上生活者という用語を用いる。

日本におけるホームレスの定義のあいまいさは、自治体によって野宿者の呼称が異なることからもうかがえる。そしてこのこと自体が、政府の対策の遅れを物語っている。国会は二〇〇二年七月にホームレス支援法（ホームレスの自立の支援等に関する特別措置法）を成立させた。

表1　地方自治体と野宿者表記

地方自治体	野宿者の自治体呼称
東京都・東京二三区	路上生活者
大阪市、大阪府、川崎市	野宿生活者
横浜市	屋外生活者
名古屋市	住居のない人・者

2　問題の顕在化と問題の深刻化

(1) 野宿生活への危機

一九九〇年代の日本は、野宿生活者の数が急増し、誰の目から見ても、ホームレスの存在が日常的にありふれたものとなってきた。これまでホームレス生活とは無縁と思ってきた人びとにとっても、ホームレスになる可能性は決して低いものではなくなった。そうしたいうなれば、「どん底の生活」に陥ることの恐怖を抱く人も少なくない。こうした状態は、社会政策上もまた人権上・人道上も、さらには環境衛生上も、無視できない事態である。

安定生活層(上層、中の上層)、不安定生活層(中の下層、下層)、野宿生活層(最下層)という階層構造が、誰の目にも明らかになり、中層から下層やとりわけ最下層へと移行する可能性すら決してまれではない。こうした傾向が続けば、社会不安は高まる(3)。

かつては不安定生活層も含めて、大多数の階層にとって、現実に野宿にいたることが起こりうるとは想定しにくかった。現在では、こうした不安定層の人びとが最下層に至る可能性が無視できないレベルまであがってきた。そして、この下に最下層としてある程度固定化した野宿生活層が、一つの社会階層として定着しつつあるのである。そして、こうした野宿層が現実に階層を形成している背景には、様ざまな社会問題が絡み合っていることがわかる。失業や貧困や差別などの諸問題が複合した結果、こうした野宿階層が固定化され、社会全体の不安や緊張が高まりをみせているのである。

野宿生活(ホームレス)に至る可能性を、東京二三区を例にとって計算してみよう。二三区の一九九九年から二〇〇二年までの数は、東京都の発表で五八〇〇人から五七〇〇人である。この調査は、調査方法にも問題があり全数をつかめているか疑問である。路上生活者数の実態は、この数値の一・三倍から一・五倍くらいにはなるであろうと推測される。二三区総数で七〇〇〇人としこれが恒常的な数字とし、また野宿生活の継続期間が平均して三年であるとする。日本の平均寿命七八歳とすると、七八÷三で、二六サイクルとなる。寿命期間の野宿者のべ人数は、七〇〇〇人×二六サイクル＝一八二〇〇〇人である。二三区の人口、八〇〇万人÷一八・二万人＝〇・〇四である。この計算から、この状態が続くことは、人びとが死ぬまでの間に、四%か五%ていどの確率で、ホームレスになる可能性があるということである。日本の特徴として、ホームレスのうちのほとんどが、具体的には九六%から九八%までが男性に占められることを考えると、男性だけに限れば、野宿経験の可能性比率は、約八%か九%となるであろう。もちろん、同じ人が何度も野宿生活を繰り返す構造(そうならざるをえない階層構造)もあり、延べ人数の受け止め方は難しい面をもつ。とはいえ、こうした試算から明らかなように、野宿者の現状における水準は決して、一部の人のごくまれな経験ですまされるものではない。

(2)殺人事件の多発

日本の野宿問題の現状を物語る事実として、九〇年代後半から二一世紀に入るにつれて、ホームレス殺人事件が頻繁に発生していることが挙げられる(4)。ホームレスが被害者となるケースもあれば、また加害者となるケースもある。わが子がホームレス殺人の加害者となる可能性もある。こうした事件が身近に起こり、それへの解決の糸口が見当たらないことで、社会全体の不安は、ますます広がっていく。これらはみなホームレス問題の広がりとみられる。社会のアノミー状態と関係するにいたって、いまやすべての人にとって、他人事ではない。二〇〇二年に起きたいくつかの事件は、代議士刺殺事件(加害事件)にせよ、相次ぐ中学生による野宿生活者殺人(被害事件、犯罪名は傷害致死)事件にせよ、こうした情勢に中で起きた事件として、象徴的である。それは、ホームレスという生活の現実が身近であるということと、それにもかかわらず人びとには受け容れがたいものである、ということである。

この種の事件をさかのぼると、一九八三年には横浜で野宿者殺人事件(横浜山下公園野宿者襲撃事件)が起きており、八〇年代以後の代表的な事件となっている。しかしながら、マスメディアで報道された事件をみるかぎり、八〇年代にこうした事件が起こるのはまれであった。ところが九〇年代に入る

表２　ホームレス殺人・傷害致死事件、最近の主な事件

場所	年月	被害者	加害者	事件内容
神奈川県横浜市	1983	53歳・60・43歳男性	中学生・高校生ら10人	連続殺傷事件
川崎市中原区	1994.4	47歳男性	野宿者仲間	
栃木県宇都宮市	1994.2	52歳男性	44歳男性野宿者	懲役7年、地裁。
福岡県久留米市	1995.1	30歳代女性	36歳同居男性野宿者	
東京都新宿区	1994.5	57歳男性48歳男性	39歳・32歳男性野宿者	無期、懲役16年、地裁。
福岡県久留米市	1995.1	40代歳女性	野宿者	不明
栃木県宇都宮市	1995.4	47歳	18歳3少年	殺人、懲役10〜9年・地裁
大阪市中央区	1995.6	40歳代女性	不明	
東京都北区	1995.10	69歳男性	若者3人	
大阪府大阪市	1995.10	63歳男性	24歳男性	道頓堀橋から投げ落とす
葉県市川市	1995.12	54歳男性	64歳男性野宿者	
東京都大田区	1996.4	55歳男性	46歳男性野宿者	
東京都渋谷区	1996.5	46歳男性（その後被害者は別人と判明）	高校生ら若者4人	ケラチョ狩り
東京都北区	1996.7	野宿者意識不明	高校生ら5人の少年	
福岡県福岡市	1997.11	65歳男性	野宿仲間	
兵庫県西宮市	1997.12	48歳男性	60歳男性野宿者	
東京都中野区	1998.5	67歳男性	61歳男性野宿者	
千葉県千葉市	1998.5	68歳男性	39歳男性野宿者	
神奈川県横浜市	1998.8	49歳男性	59歳男性野宿者	
兵庫県加古川市	1998.11	男性	中学生ら若者3人	エアガン
東京都台東区	1999.4	野宿者	男性	
東京都北区	1999.5	野宿者	野宿者	
大阪府大阪市	1999.5	野宿者	野宿者	
大阪府大阪市	1999.6	64歳男性	野宿者	
福岡県北九州市	1999.7	約60歳男性	39歳49歳男性住所不定者	
東京都江戸川区	1999.9	69歳、57歳、62歳男性	52歳男性	殺人で逮捕、死刑判決、地裁。
広島県広島市	1999.10	56歳男性		ゲートボール場
東京都中央区	1999.10	男性	23歳住職	
宮城県石巻市	1999.12	男性	少年4人	
東京都渋谷区	2000.1	46歳男性	43歳男性野宿者	
東京都文京区	2000.4	男性	不明	
山梨県都留市	2000.5ごろ	日雇労働者3人	朝日建設従業員	殺人死体遺棄
東京都墨田区	2000.6	63歳男性	若者3人	
東京都中央区	2000.7	約60歳男性	野宿者	
大阪府大阪市	2000.7	67歳男性	20歳男性と若者3人	連続事件
神奈川県川崎市	2000.8	39歳男性	40歳代30歳代野宿者3人	
山梨県甲府市	2000.8	61歳男性	54歳男性野宿者	懲役8年、地裁。
東京都練馬区	2000.11	男性	少年仕業か？	
福岡県福岡市	2001.1	52歳男性	33歳男性野宿者	
東京都新宿区	2001.1	53歳男性	爆発物で重症	新宿中央公園
東京都墨田区	2001.4	44歳男性	67歳男性・37歳女性野宿仲間	殺人、男無期、女10年、地裁。
鳥取県福部村	2001.5	生まれたばかりの男児（野宿者の子）	野宿仲間3人のうちの一人の子	
東京都新宿区	2001.5	約60歳男性	野宿者	
東京都中央区	2001.7	49歳32歳の男性2人	ベトナム人	懲役20年、地裁。
大阪府大阪市	2001.9	男性年齢不詳	中学3年生	
東京都台東区	2001.9	54歳男性	兄	
静岡県函南町	2001.10	男性	28歳男性	
茨城県水戸市	2001.12	約50歳		

場所	年月	被害者	加害者	事件内容
神奈川県相模原市	2002.1	52歳男性	会社員25歳男性	殺人、懲役12年・地裁。
東京都墨田区	2002.1	44歳男性	野宿仲間2人	
東京都東村山市	2002.1	50代男性	中学生・高校生ら6人	
大分県安心院町	2002.1	62歳男性	28歳・45歳男性	ホームレス替え玉殺人
埼玉県越谷市	2002.2	52歳男性	野宿仲間	
山梨県甲府市	2002.4	43歳男性	小屋の同居人	
愛知県名古屋市	2002.4	33歳・34歳男性兄弟	野宿仲間43歳男性	懲役20年・地裁。
愛知県名古屋市	2002.5	54歳男性	55歳男性野宿者	殺人未遂
東京都板橋区	2002.5	51歳男性	45歳男性野宿者	荒川河川敷
千葉県千葉市	2002.8	54歳・60歳男性	不明。若者？	未解決
愛知県名古屋市	2002.8	69歳男性	若い男4人	
神奈川県加賀町	2002.8	約60歳男性	40歳男性野宿者	重体
山形県山形市	2002.8	男性	5人組	ホームレスの臓器販売目的殺人
栃木県足利市	2002.9	46歳男性	47歳男性	殺人
愛知県名古屋市	2002.9	36歳男性	66歳男性住所不定者	
東京都世田谷区	2002.11	35歳男性	47歳男性	
埼玉県熊谷市	2002.11	45歳男性	中学生3人	
愛知県名古屋市	2002.11	57歳男性	3人若者	
東京都目黒区	2002.12	46歳男性		未解決
福岡県福岡市	2003.1	40歳男性	54歳男性野宿者	殺人逮捕
千葉県千葉市中央区	2003.1	51歳男性	48歳清掃作業員	
東京都目黒区	2003.1	46歳男性		
茨城県水戸市	2003.2	34歳男性	ホームレス3人と家出女子高校生	
東京都港区	2003.2	38歳男性	30歳男性野宿者	駅ホームで殺人
埼玉県さいたま市	2003.2	72歳男性	30歳男性	
東京都世田谷区	2003.2	52歳男性	15歳少年	初等少年院
広島県福山市	2003.3	約60歳女性		強盗殺人
東京都港区	2003.4	47歳男性	駅の本収集同業者	品川駅で縄張り争い
愛知県名古屋市	2003.4	65歳男性	若者	未解決
東京都江東区	2003.6	64歳男性	16歳若者2人	逮捕
福岡県北九州市	2003.7	61歳・57歳男性	47歳男性野宿者	放火殺人で逮捕
愛知県刈谷市	2003.7	67歳男性	若者	
大阪市北区	2003.7	60歳男性・約40歳男性	37歳男性野宿者	殺人
栃木県宇都宮市	2003.10	男性	男性2人	
石川県金沢市	2003.12	男性	野宿者仲間	
埼玉県蓮田市	2003.12	57歳男性	56歳男性野宿者	殺人
東京都港区	2003.12	男性	不明	

と、とりわけ九〇年代半ば以後、事態は急激に変化したといえる。九五年の大阪、道頓堀殺人事件が世の注目を浴びたが、二〇〇二年には、東京都と埼玉県内で中学生が関わる殺人事件が相次いで起きており、事件発生のエリアが拡散している。また、野宿者被害事件(非野宿者→野宿者)、野宿者加害事件(野宿者→非野宿者)、野宿者相互の事件(野宿者→野宿者)など、被害と加害の関係・方向性も多様化している。野宿者被害事件の場合、しばしば加害者としての少年たちがクローズアップされる。しかし、加害者は少年に止まらず多様である。また、少年たちが抱く野宿者への敵意や差別感は、大人社会や文化により植え付けられてきたものである。

子供たちが悪いんじゃないんだよね。まわりの大人だよ。まわりの大人がそういうふうにいわなけりゃ、子どもが悪さするようになんかならないよ(東京都墨田区高速下で、少年たちからの被害をたびたび経験してきた野宿者(五〇歳代男性)の弁。二〇〇二年一二月)。

■コラム：熊谷事件と東村山事件――ホームレス傷害致死事件と向き合うために　井上さんの人生と向き合うために

埼玉県熊谷市で野宿生活をしていた井上さんが、傷害致死という被害を受け、四五歳という若さで命を落とした。ホームレスが襲撃の被害を受け、命を落とすという事件があとをたたないことを思うと、この社会は、一人一人の死からいったい何を学んできたのか、と思わざるをえない。人間の命の重さを教えたいと、教育関係者はいうが、それはいったいどういうことなのだろうか。加害少年は人権週間の標語コンクールでも立派な作品をつくったという。しかしそれとこの事件とはどのような関係にあるのだろうか。人権という理念や理想を教えることと、現実の他者と接しコミュニケーションを交わし相手を理解することとが、もしかしたらかなりかけはなれているのかもしれない。

今の日本はホームレスという存在が、大きな町のあちこちに目に映る。町にあふれているとさえいいうる。しかしながら、そうしたホームレスという存在とどのように接しどのように理解し対応するのか、ということについて、少年たちは誰かから教えてもらったのだろうか。多くの大人たちは親や学校の教師も含めて、「相手にするな」「無視しろ」「ああいうふうになったらだめ」と、少年たちに説いている。果たして、それが教育なのか、人間や社会を教えたことになるのだろうか。

総じて言えることは、ホームレスが迷惑な存在であり、無視されるべき存在であるということである。少年たちはしばしば、生活の行動半径において、野宿の人びとと重なり合う部分が少なくない。ある意味では、都市の最も緊迫した場面で、少年たちは野宿者たちと対面していたのである。そして事件は起きた。命の尊さを教えるのならば、具体的な命と向きあうことからはじめることである。被害者の井上さんの人生とはどのようなものだったのだろうか。いま司法や矯正の場では、修復型の処遇が注目を集めている。加害者が被害者と向き合うことで、罪をつぐない、社会復帰する自分のあり方をみつめていく、いうなれば教育の機会である。

しかしここで、井上さんの人生をいったいだれが知っているのか、確かに遺族があるだろうが、二〇歳代半ばまでの井上さんしかわからないかもしれない。その後の井上さん、熊谷で、いろいろな形で接した多くの人がいるはずである。挨拶をした人も迷惑を受けたという人も、そしていやがらせをしたという経験の人もいるだろう。そうした全部を集めて、井上さんの人生を考え直してみる必要がある。そうでなければ、直接加害者の少年も、間接的加害者もしくは傍観者としての多くの人々も、一つの命から学び取る機会を失うであろう。またそうでなければ、この事件を心の中で整理することもできないはずである。いま、教育として社会としてなすべきことは、一刻も早く井上さんのことを忘れ去ることではなく、井上さんという命を集大成し、それと向き合うことである。

野宿生活をしている者の不安度は非常に高い。可動層（ごろ寝層）の不安は、固定層（小屋層）に比べてさらに高い。また、野宿者は相当に高い被害経験をもつ。

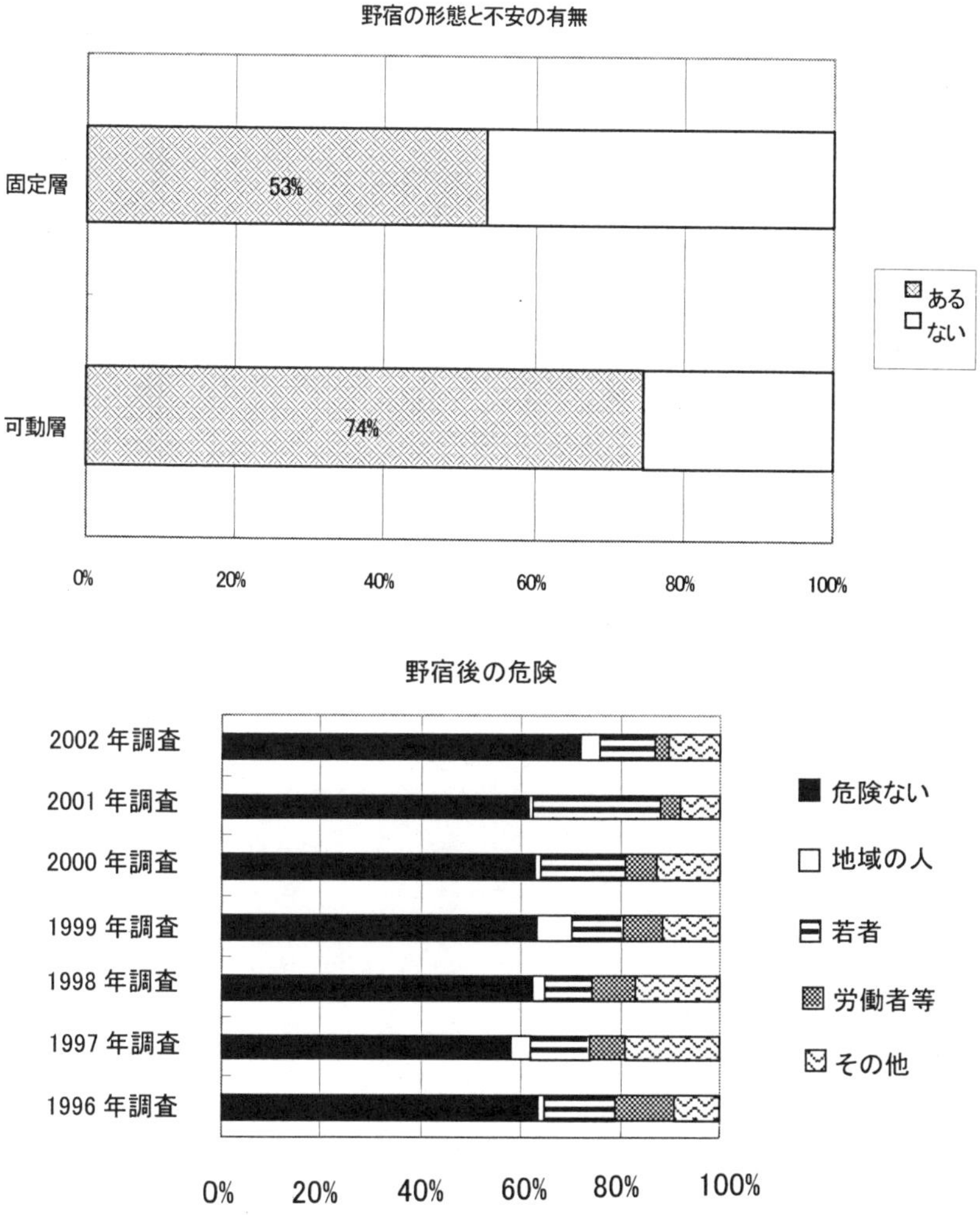

図１　野宿者の不安と危険

出典：ボランティアサークルふるさとの会「越年調査」（東京山谷地域における越年期ヒアリング調査）。

3　都市の緊張、新しい都市の問題

(1) 都市の緊張

都市問題の系譜の中で、社会問題としての都市の社会的緊張の高まりに注目したい。野宿者が増大した背景には全体社会の要因が大きく作用している。社会の矛盾のしわ寄せは一部の人たちの生活を直撃したといえる。しかし、野宿問題がますます深刻となった結果、新たな社会問題の側面が浮上してきた。その典型が「都市の社会的緊張」という問題である。これは野宿者と非野宿者との相互の関係から派生し拡張してきた問題である。

この問題は、日常的に接するようになってきた野宿者をみる人びとの見方と関係している。目にしたくないものを見ているという奇異な感情や目障りという敵意があるところに、そうした事態に対して何もできないという距離感や罪悪感も含まれる。これは、野宿者が増大し、野宿のエリアがむしろボーダーレス化し、都市の全域に広がりをみせ、野宿という貧困の形態が、野宿していない一般の多くの人びとにとって、顕在化してきたことと関係している。他方で、野宿に至った人たちにおいても、不本意ながら迎えているという自己矛盾の感情、人びとから投げかけられる否定的な視線が与える打撃を経験することになる。野宿者と非野宿者の双方が抱えるストレス状態(構造的ストレイン状態)が都市

表3　都市の貧困対策史の諸段階と対策内容

都市の貧困問題と対策の諸段階	問題と対策内容	日本における時代段階
第一段階：保健・衛生対策段階	都市への人口流入に対応して都市環境の劣悪化が進行。最低限の対策として保健・衛生問題への対策と限定的な福祉対策	着手段階としては主として明治期から【一八六八〜】 現在、結核問題など新たな保健・衛生問題が発生
第二段階：労働・福祉対策段階	福祉国家段階に至り、政府が国民一人ひとりに対して一定程度の生計を保障する段階。福祉や雇用の保障を含む。	着手段階としては第二次大戦後から【一九四七〜】 現在、従来型の労働―福祉政策の不備が顕在化
第三段階：差別対策段階	特定の社会階層や特定の属性をもった社会集団へのマジョリティ側の予断・偏見を解消する対策。	着手段階としては高度成長期、主として七〇年代から【一九七三〜】 差別問題そのものへの取り組みが不完全なために、十分な政策効果をあげていない。
第四段階：社会的緊張対策段階	マイノリティとマジョリティとの相互理解の不足から生じた、とりわけ大都市における社会の緊張状態を緩和・解消するための対策。	着手段階としてはバブル経済崩壊期から【一九九〇〜】 大都市部を中心とした、新たな社会的緊張の問題。ストレス社会・アノミー社会と連動している。

全体の緊張をますます高めているのである。

(2) これまでの問題との違い、貧困にまつわる社会政策との違い

貧困対策は、その様相において、都市の歴史の諸段階に従って、注目点が移行してきたといえる。保健・衛生の問題があり、福祉の問題があり、労働の問題があった。この流れの中で、社会学の研究はこれに、差別の問題を加えてきた。しかしながら、都市問題の新たな局面として、都市の社会的緊張の問題が付け加わった。一九九〇年半ば以降は、差別の問題が未解決のまま社会全体の問題に行き渡って高まった緊迫した状態である。

日本の都市貧困問題対策において、第一段階は、明治期から戦前期、戦後処理期にわたり、貧困の存在を前提とする時期で、対策内容が主として、貧困や衛生に限定された時代である。第二段階は、戦後福祉体制整備期、高度成長前期にあたり、職業安定化や基本的な福祉の権利を保障する理念が掲げられ推進された社会保障の時代である。一定の基本施策が出揃う高度成長後期には、新たな側面が特に注目される。第三段階の、差別など、人びとの意識がもつ問題性に着目しようとする時代である。しかし、差別問題は解決されることはなく、バブル経済崩壊後、新保守主義による福祉・保障の形骸化によって、あらたな問題が噴出した。新しい都市の緊張の問題という第四の段階を迎えているのである。都市の緊張という、これまでの問題とは異なる、諸問題の複合した状態である。

第一段階は、都市の成長過程で、都市への人口流入に見合う形で、都市基盤の対応が追いつかず、貧困層が厳然と存在した時代の初期的な対策段階である。貧困地域が形成された時期の断片的な対策として、貧困地域対策や保健・衛生対策が取られた。これが都市化段階の初期の代表的な対策である。対策の対象がひろがりをもっていて、これを必ずしも網羅できていないにしても、対象が明確なので、対策の内容も明白であった。明白な貧困に対する自明の対策の段階である。

貧困への第二段階は、戦後の福祉対策、社会保障、権利の保障対策である。人びとが貧困に陥って困窮することがないように、最低限の生活を権利として保障するとともに、生活の計画化を促進するために各種の保険制度を導入することであった。第三は差別問題の段階であり、貧困の当事者に対して差別をすることが、差別をする側の問題として指摘された。

この間、これまで貧困や衛生の問題はともかく、福祉や社会制度、差別の問題を十分に解決してこなかったか、あるいはむしろ形骸化させてきたうえに、都市の社会的緊張という事態が生まれた。人びとが、社会の最底辺層に対して抱く差別意識の問題は解決されてこなかった。

最底辺層(極貧層)が非常に限られてきた時代は、差別をする側とされる側との関係が相対的に理解しやすく差別問題として提起しやすかったという面がある。しかしながら、都市緊張状態の中では、その対応関係がつかみにくい、そこで社会的不安・緊張の状態が蔓延するのである。差別だけの問題の時には、重大な問題を数多く引き起こすことがなかった。まだ、すみわけが明白だったからである。しかしその時点で、人びとは具体的な現実との接触を通して学ぶこともなかったので、都市の緊張という新たな事態を迎えて、この緊張から解放されることなく、数々の事件に巻き込まれていくのである。

(3) 野宿エリアの拡散化

野宿者の増加と連動して現れた現象は、野宿エリアの拡散化である。東京山谷地区の場合、山谷地区中心部から隅田川河川敷および上野公園へと拡大した。東京新宿エリアの場合、高田馬場の寄せ場・どや街から新宿駅西口を中心とする新宿駅周辺、戸山公園、新宿中央公園へ拡大した。まず第一の流れは、寄せ場から繁華街や大規模公園・河川敷という流れである。こうした傾向は大阪市でも、名古屋でも、横浜市や川崎市でも同様である。野宿エリアの拡散化はさらに続き、野宿の中心エリアからさらに外縁へと拡大する。東京の二大エリアを例にとると、台東区・荒川区にまたがる山谷エリア（東京都心東部エリア）は、墨田区・江東区・千代田区へと拡大する。新宿エリア（東京都心西部エリア）は、渋谷区、豊島区、港区へと拡大する。大阪市もこうした傾向はみられ、大阪府下の野宿者が増加していく。

拡散化した理由は寄せ場機能の低下である。都市の代表的な不安定就労層である日雇労働者は、寄せ場に集まる。寄せ場とは、日雇就労の労働マーケットであり、日雇労働の求人―求職活動をとりなす公共職業安定所特別出張所、通称「日雇職安」があり、またその職安に隣接して発生している手配師による非公式の労働マーケットがある。また寄せ場は、日雇労働者を主な客として成立している簡易宿泊所街、通称ドヤ街を含んでいることが多い。日雇労働者の生活へのしわ寄せが顕著になったことが、ホームレスを顕在化させた第一の社会的要因であるために、野宿者はこの寄せ場―どや街およびその周辺に顕著に現れた。しかしながら、野宿エリアは徐々に拡散化していく。この地域の就労機能、つまり寄せ場機能が低下することで、この場所で仕事をえてドヤに居住するというサイクルが崩れてくる。それが日常化すれば、寄せ場に集まること自体の意義が低下する。求職活動など就労形態の変容もある。建設日雇よりも本やアルミ缶（かつてはダンボール集め＝しかしその交換価値の暴落により変化）の

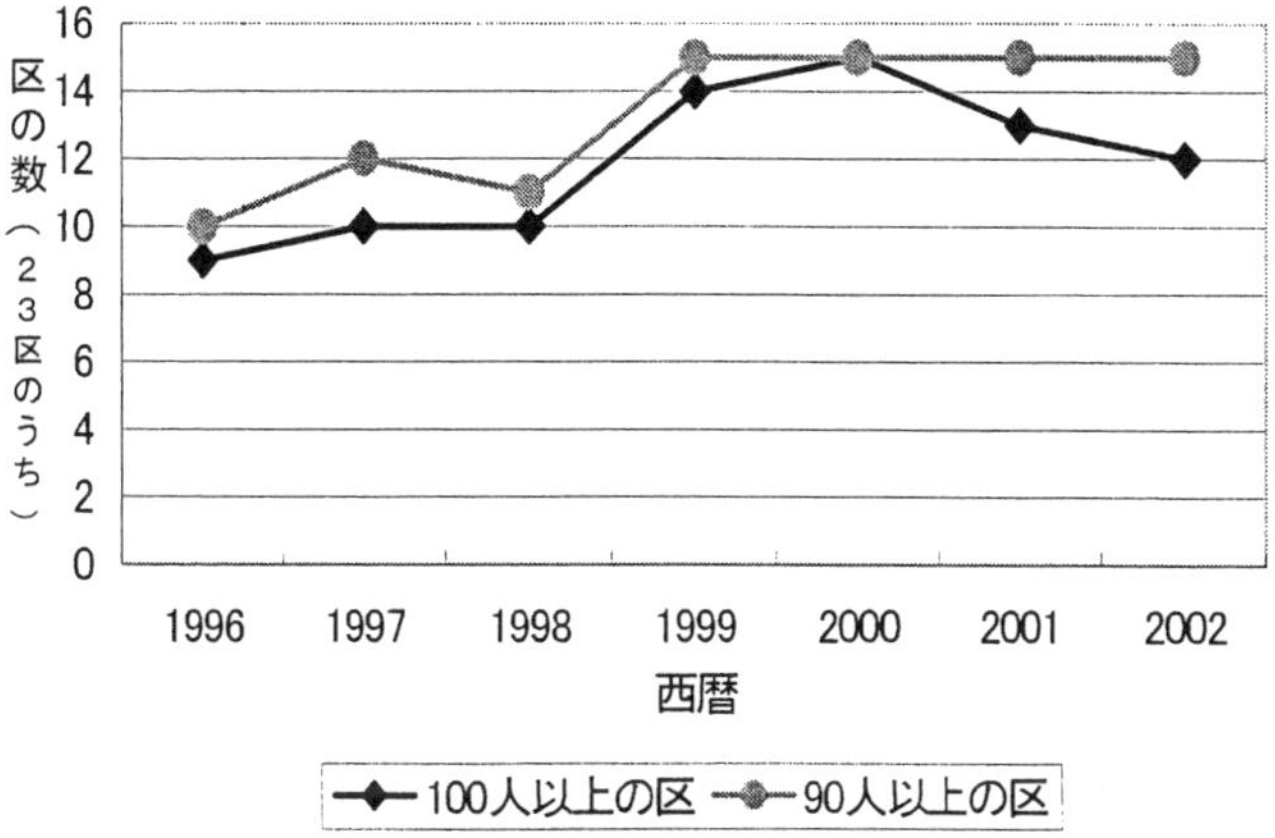

	1996		2000	
	２３区計	3519	２３区計	5677
1	台東区	836	台東区	1314
2	新宿区	613	新宿区	828
3	墨田区	392	墨田区	825
4	千代田区	189	渋谷区	394
5	渋谷区	183	千代田区	233
6	大田区	167	豊島区	229
7	中央区	160	中央区	220
8	豊島区	132	荒川区	165
9	港区	101	江戸川区	164
10			港区	148
11			大田区	143
12			葛飾区	137
13			江東区	129
14			北区	124
15			足立区	120

図２　東京23区における野宿エリアの拡散状況

リサイクルを含む都市雑業とよばれる仕事に移行していく層がみられる。こうした仕事では安定した軒のある生活を確保することは難しいので、少しでも安定的な野宿場所を確保する方策が必要になる。野宿に堪えるためには、眠れる場所のほか、食料や水の調達、トイレの確保など生存のための課題を解決しなければならない。かくして野宿エリアの拡散は進む。野宿生活者はまた、一般住民との緊張関係を避けるために、あるいは野宿生活者同士のトラブルの元となる過密状態を回避するために、外縁化、拡散化をたどった。

こうしたパターンの典型を東京都新宿区高田馬場労働出張所周辺にみることができる。寄せ場機能の低下と平行して、中曽根首相当時の民活第一号として元国家公務員宿舎を都心型高級マンションに変貌させるという開発事業が実施された。こうして、高級イメージをもって住み始めた新住民によるジェントリフィケーション化が進んだ。その結果、寄せ場・どや街は変貌を余儀なくされたのである。野宿生活者は高田馬場を離れ、大規模公園や新宿駅周辺、そして新宿繁華街へと向かった。その中で新宿西口は、バブル期の西新宿都庁移転により夜間無人化が進み、都心にある公共の無人の「軒空間」が広がっていたのである。近くには歌舞伎町などの繁華街もある。

他方で、従来の日雇層とは異なる、寄せ場を経由しない、いわゆる非寄せ場経由型の野宿者が増えた。こうした層は、日雇労働を経由しない常雇いを最長職とする野宿者であるため、野宿への移行パターンも異なっている。日雇労働者から野宿への移行パターンが、ドヤ・飯場という不安定居住から野宿へというパターンではなく、安定居住からストレートにホームレスというパターンを含んでいる。こうした人びとは寄せ場を野宿の出発点としていないので、最初から拡散化したエリアで野宿するようになった。かくして、駅、河川・高速道路下、大規模公園、公共施設周辺、未利用地などで野宿者が増えるという傾向は加速した。野宿は寄せ場や貧困地区を中心に起こるまれな現象ではなく、寄せ場や貧困地区以外でも頻繁に起こりうるごくありふれた現象になった。

(4)野宿問題における葛藤(コンフリクト)と無策状態(アノミー状態)

未だ野宿に至っていない人びとは、こうした貧困の現実と向き合うことがとても難しい。日本は豊かな社会であるということを、ここ三〇年来教え込まれてきた者にとって、そうした社会イメージと相矛盾する自分自身の姿を、容易には受け容れがたいであろうし、こうした現実が引き続くことそのものがたえられないであろう。こうした状況にどのように対処したらよいのかも、当人には分からないであろう。そして、このような精神状態が長く続くとなればなるほど、焦燥や葛藤は深刻になる。

事態の打開について対策を講じるべき立場の行政も有効な対策を出せないでいる。社会が階層的に分裂し緊張に満ちた状況の調整を図ろうとする仲立ち的な活動家や中間集団が、地域によっては存在していないこと、あるいは存在したとしてもその力が脆弱なことも危機を高めている。相関的な視点を投入できる専門家の不在、社会運動団体の脆弱性、基本的な人権を守るという側に立てない行政のあいまい性などが、こうした緊張・対立状態を緩和・仲裁・解放への方向を導き得ないでいる。公共空間を占拠している人たちについて、立ち退きを要求したいがその方法はどうなのか、通常の生活に戻るように指導したいがその方法はどうなのか、行政も有効な対策が講じられない。こうした状況の中で、野宿の長期化は進んでいく。あらたな階層を包摂する社会の調整的なメカニズムが働かないために、社会が分裂状態を進行させ、社会の統合(ソーシャル・インテグレーション)がますます困難となる。社会規範によって社会を統合したり、再統合したりすることができなくなったこのような事態は、いうなればアノミー状態である。こうして現在、多くの人を巻き込むかたちで、アノミー状態としての都市の社会的緊張が高まっている。

野宿問題の深刻化とともに、大阪市西成区でも東京都台東区でも結核罹患率はそれまでにも増して増加し、新宿の公園でも結核騒動が起きた。結核はいつしか蔓延化し、全国の結核感染者数は一九九七年には三八年ぶりに増加し、以後増勢を続けている。都市の対策として最も古典的な衛生問題が、現代に再現される形となった。貧困の現代的な形態を放置しておくことが、衛生の問題として、社会全体に再び降りかかってきているのである。通常であれば、学校や職場において、たとえ臨時の雇用形態であっても受けられるはずの、定期的な健康診断という網の目からこぼれる階層が広がりをみせているということである。結核罹患率の局所的な急上昇ならびに全国的な上昇が、このことを示している。

(5) 誰でも野宿者になる危機

二〇〇二年一〇月に起きた世田谷代議士刺殺事件を例に見るまでもなく、転落の恐怖を人びとは抱いている。こうした恐怖の背景には、野宿者という存在を、異化し、疎み、蔑む、まなざしがある。こうしたまなざしは、ホームレスに対する嫌悪感へと発展し、究極的にはその存在を否定することにつながる。野宿の経緯について無知・無理解の人びとは、野宿者の人格を、怠け者観、惰民観で切り捨ててしまう。そうした差別者自身が、差別される側に移行せざるを得ない場合、つまり自分自身が野宿者となった場合、自己疎隔や焦燥とで、かつての自分自身のような人びとから受ける否定的な評価と向き合わなければならなくなる。ある場合は自己否定へと、またその受け容れがたい現実から、極度の緊張感を高めていくに違いないのである。

自分が自分でないような自己疎隔感にさいなまれつつも、自己の位置づけが片付かないままに、他者からは蔑みと否定的なまなざしでみつめられまたそのように扱われる。誰しも一週間、何かの事情で風呂に入ることができなければ、身体に垢が溜まる。自分の身体から発する、言い知れぬ匂いに、自ら自分自身を嫌悪するかもしれない。こうした自己評価が他者によって強化されれば、自己否定観は深まるであろう(5)。

一九八〇年八月、西新宿バス放火事件(六人死亡)は起きた。放火犯人の犯行への移行過程は、野宿者の受けた扱いと野宿者の心理を映し出している。野宿生活を常態としているという自覚のなかった犯行者は、自分が排除され見下されているという経験を積みかさねて、最終的に犯行に及んだ。まなざしと排除の地獄の中で怨念が蓄積されたのである。この事件については、映画『生きてみたいもういちど　新宿バス放火事件』(東映クラシック、一九八五年)、今川勲『現代棄民考』(田畑書店、一九八七年)がある。一九九八年六月には、兵庫県市西宮市で、日ごろから少年たちによるいやがらせを受けていた野宿者が、少年たちを殺傷するという事件が起きている(「西宮事件を記録する会」資料参照)。筆者がこれまで受けた新宿における相談ケースでも、同様に危機的な状況におかれた人に出会った。

4　野宿者調査からみる野宿にいたる要因

(1) 野宿者の急増

野宿者の数について政府・厚生労働省は、九九年から全国の自治体に照会を求めて、その集計結果を概数調査として発表している。東京都は九六年から、年に一回から二回の概数調査を実施している。この調査は目視調査という表面観察によるもので、昼間に実施されるということで、信頼性に欠けるという批判もなされている。大阪市は九八年に詳細調査を実施し、市内に約一万人の野宿者が生活していることを明らかにした。厚生労働省の発表によると、二〇〇一年の集計では二万四千人であった

表4　日本における野宿者数の推移〈行政による把握の次元での統計〉

	1999年集計	2001年集計	2001年集計の調査時期	2003年全国調査時点での数※2
全国	20451	24090		25296
東京23区	5800	5600	2001.8	5927
大阪市	8660	8660	1998.8	6603
名古屋市	1019	1318	2001.5	1788
横浜市	794	602	2001.8	470
川崎市	901	901	2001.7	829
京都市	300	492	2000.6	624
神戸市	335	341	2001.8	323
福岡市	269	341	2001.8	607
北九州市	166	197	2001.8	421
広島市	115	207	2001.2	156
札幌市	43	68	200.12	83
仙台市	111	131	2001.8	203
千葉市	113	123	2001.8	126
中核市及び県庁所在地の市	706	1684（30市）		1476（30市）
その他の市町村※1	1119	3425（347市町村）		5221（581市町村）

※1　報告する自治体数の増加は、野宿者の広がりを意味すると同時に、野宿者の存在を事実認識することを自治体が自覚するようになったことを意味している。
※2　2003年の発表では、名古屋市、京都市、福岡市、北九州市の伸びが注目された。自立支援対策の動向と関係していると思われる。また、大阪府堺市280人、埼玉県さいたま市220人の多さが注目された。

出典：厚生労働省ホームページ「全国のホームレスの状況について」（概数調査結果）2001年12月5日。全国調査については、厚生労働省2003年3月発表。

ものが、二〇〇三年の発表では二万五千人と増加している。しかも、実数はこの数値の一・五倍から二倍に及ぶであるという推測も指摘されている。野宿者数の全国的な広がりの中で、政令指定都市、地方中核都市での深刻化が指摘されるようになった(6)。

大都市における野宿者数の推移をみると、東京や大阪などでは一九九九年がピークであり、その後は、幾分減少ぎみでもあり現状維持でもある。大都市自治体が一定の支援策を実施した効果が、ある程度表れているとみられる。というのは、野宿者人口は、常に新しい流入者を迎えており、これに対して社会が何の対策も講じなければ、増える一方である。ある程度の対策を講じているからこそ野宿者の数は均衡し、対策の積極性や有効性が増せば、減少傾向に向かうのである。

(2) 野宿者の多層化と多層化状況に見合った対策の不備

①不安定就労と不安定居住

九〇年代は日雇労働者からの野宿化が、主流であった。日雇労働という不安的な就労形態が、景気後退のあおりをうけて、失業の長期化にたえられず、野宿に移行したのである。これにバブル経済が拍車をかけている。バブル期の景気の好調により、それまでの職種の労働者が建築日雇に移行してきたからである。また、この再開発ラッシュの時には、ドヤ(簡易宿所)の建て替えも進み、ドヤ代(宿泊料)が高騰していった。こうしたバブル経済の崩壊の落差がその後の野宿者化問題に多大な影響を与えているのである。

不安定就労とならんで不安定居住の場合も、野宿に至る可能性を多分に有している。不安定就労と不安定居住とが連動している場合も多い。ドヤや飯場が典型である。安定就労でありながら不安定居住という組み合わせで野宿へと至るケースもある。住み込み、社員寮などの場合は、失職とともに住の基盤を失うことになるからである。

②高齢化、疾病・障害化、体力低下

九〇年代半ばから二〇〇〇年までの調査で、野宿者の年齢階層の中心は五〇歳代から六〇歳代前半であった。なぜこの年齢階層が多いのかは、いくつかの要因がある。まず、この年代層が同一年齢集団として経験した時代的影響を考慮する必要がある。戦後の高度成長期の始まりの時期に、日本経済の復興と連動して、大都市都市部への急激な人口流入がみられた。東京の場合、ちょうど東京オリンピック前の建築ラッシュの時に、大都市部への人口流入の時期であった。その当時、一五歳から二〇歳代の青年は、三〇数年を経て、五〇歳代・六〇歳代という年齢的に高齢期に差し掛かったのである。

野宿者が五〇代、六〇代に多い、もうひとつの有力な理由は、社会福祉行政の方向性と関係している。これは、日本において、女性路上生活者が非常に少ないこととも関連している。生活保護は必要即応の原則で運用されることがうたわれているが、法の運用において、六五歳未満の男性の場合は、

稼働能力の活用が求められ、その結果、容易に生活保護適用とならない。行政の実務において、六五歳未満の男性は、障害や疾病がないかぎり、生活保護を受けられないのである。

③多層化1、野宿機会の多様化：野宿者の多層化

日雇労働者以外の野宿者も増えている。二〇〇二年の平均失業率は、戦後最悪となった。この戦後最悪の状態は、ここ数年間大きく変わっていない。それゆえに、一般の常用雇用の労働者が職に困窮し、収入に困窮し、住宅の維持に困窮し、究極的に野宿へと至る可能性も高くなっている。

失業や住居の喪失は以前よりもありふれてきているが、そのどちらかあるいは両方を失った時に、十分な貯えや支援の関係(血縁による私助、仲間による互助)を有しているかどうかがその後の居住生活を左右する。収入が途絶えた後の生存の基盤は、人によって異なる。いざという時の基盤が弱い層を不安定基盤の階層と表現できよう。近年、総じてこのような不安定基盤の者が増大しているようである。就労や住居の面では安定している階層に属する人でも、支援基盤が脆弱なために、困窮の事態が集中した時に、意外にもストレートに、野宿へと移行するのである。

かくして、安定就労からワンステップやツーステップを経て野宿に至る人もみられるが、近年では、ストレートに移行する人も少なくない。

表５　野宿者の職業歴〈これまで一番長くやっていた仕事は何ですか。(主な仕事)〉

	人数	%	有
専門・技術的従事者	30	1.4	1.4
管理的職業従事者	28	1.3	1.3
事務従事者	52	2.4	2.4
販売従事者	124	5.7	5.8
サービス従事者	252	11.7	11.7
保安職従事者	30	1.4	1.4
農林漁業作業者	30	1.4	1.4
運輸、通信従事者	108	5.0	5.0
採掘作業者	3	0.1	0.1
生産工程・製造作業者	368	17.0	17.2
印刷・製本作業者	27	1.2	1.3
建設技能従事者（大工、配管工など）	441	20.4	20.6
建設作業従事者（土木工、現場片づけなど）	473	21.9	22.1
労務・運搬作業従事者	58	2.7	2.7
清掃作業・廃品回収	31	1.4	1.4
その他	90	4.2	4.2
有効回答数	2,145	99.2	100.0
職業なし	9	0.4	
無回答	9	0.4	
合計	2,163	100.0	

出典：「厚生労働省全国調査（2003）」厚生労働省2003年３月発表。

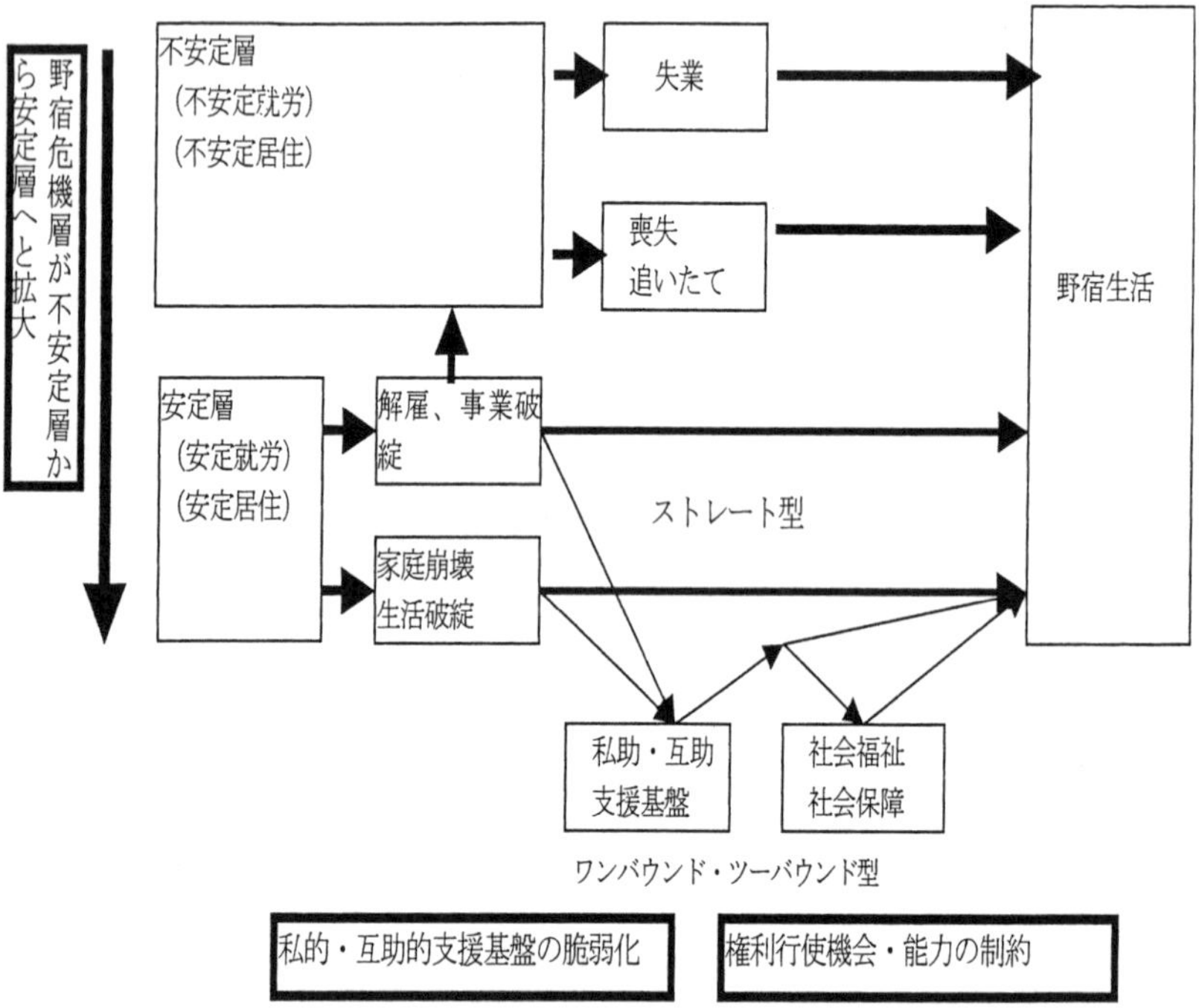
野宿危機層が不安定層から安定層へと拡大
不安定層
（不安定就労）
（不安定居住）
失業
喪失
追いたて
野宿生活
安定層
（安定就労）
（安定居住）
解雇、事業破綻
家庭崩壊
生活破綻
ストレート型
私助・互助
支援基盤
社会福祉
社会保障
ワンバウンド・ツーバウンド型
私的・互助的支援基盤の脆弱化
権利行使機会・能力の制約

図３　生活基盤と野宿者化

④野宿化への多層化二：家族生活の破綻

家族生活の破綻は、近年、野宿化の要因として注目されてきている。失業ということを必ずしも主因とすることではない野宿化のパターンである。家族との同居が住の安定をもたらすという側面がある一方で、非常に不安定な基盤であることもある。

家族内での関係の破綻は、野宿へとつながる有力な要素であり、欧米でも注目されている。家族同居の無理強いは、数々の困難な問題を引き起こす可能性をもつ。それゆえ、家族との分離が必用な場合が少なくない。しかし、経済的理由から分離が困難であったり、精神的なケアが不可欠であるために受け入れ先がなかったりという場合も多い。他の家族と分離することは、虐待や自殺や殺人というある意味で究極の事故を回避する道でもあるが、その結果野宿という事態を迎えてしまう場合もあるのである。

⑤野宿への多層化三：女性野宿者の多層化傾向

男性と比べて女性ホームレスが少ないことは、世界共通の特徴である。先にも述べたように、日本の場合、男性と比べて女性のほうが福祉的支援を受けやすいという行政対応の結果でもある。しかしながら、少数の女性野宿者に注目してみるとそこには深刻な問題がうかがえる。女性は路上生活に至っ

表6　野宿の直接的原因、住居を出た理由（複数回答）

（複数回答）	件数	回答％	ケース％
倒産・失業	708	19.2	32.9
仕事が減った	768	20.8	35.6
病気・けが・高齢で仕事ができなくなった	406	11.0	18.8
収入が減った	354	9.6	16.4
ローンが払えなくなった	49	1.3	2.3
家賃が払えなくなった	327	8.9	15.2
ホテル代、ドヤ代が払えなくなった	177	4.8	8.2
建て替え等による住宅の追い立てにあった	22	0.6	1.0
借金取立により家を出た	92	2.5	4.3
差し押さえによって立ち退きさせられた	12	0.3	0.6
病院や施設などから出た後行き先がなくなった	41	1.1	1.9
家庭内のいざこざ	160	4.3	7.4
飲酒、ギャンブル	126	3.4	5.8
その他	416	11.3	19.3
理由無し	32	0.9	1.5
有効回答数	3,690	100.0	171.2
有効回答者数	2,155	99.6	
無回答	8	0.4	
合計	2,163	100.0	

※回答％は有効回答数に占める割合、ケース％は有効回答者数に占める割合。

出典：「厚生労働省全国調査（2003」厚生労働省2003年３月発表。

た際に、虐待や性暴力などの数々の被害に遭うことが予想されるので、迅速な支援がより一層強く求められている。路上に至った女性を、路上の男性がエスコートするではすまされない。女性自立支援が求められているのである。

社会の底辺で単身生活をしてきた女性の困窮の行き着く先というのが、これまでの女性野宿者の典型的な姿であった。恵まれない生活環境で貧困にさいなまれてきた人や、性風俗の仕事に従事してきた人や、極道の世界で身を崩してきた人などである。しかし現在は、新たな傾向が生まれつつある。夫婦での事業に失敗し離散した人や、家族からの逃避のために家出した人などである。想像に難くないように、DV（ドメスティック・バイオレンス）被害のケースや、さまざまな苦難の結果精神の問題を抱えているケースも少なくない。また、自立した女性として仕事に従事したものの、解雇や失業で生活の維持が困難に至った人などもでてきた。男性と同様の安定就労から野宿というルートである。こうしたケースでは、就労自立支援が有効である。しかしながら、現在、行政が取り組んでいる就労自立支援センターにおいてしばしば、女性への就労支援プログラムが欠落している。こうした点も、日本のジェンダー・バイアス状況を物語っている。

⑥野宿の多層化四：ギャンブル、借金、サラ金による消費生活破綻

経済生活を破綻させる要因は他にも多数みられる。通常の消費生活のバランスをくずさせるような

消費的な刺激をこの社会は多数もっている。ギャンブルへの刺激、消費者金融に依存した浪費など、様々な刺激により人びとは消費生活の破綻状態に近づく。こうした傾向自体は、八〇年代以後のサラ金地獄時代から引き続くものであるが、生活の立て直しが困難な現状がこうした野宿化ルートを増幅させているといえる。

ギャンブル依存、アルコール依存、さらには薬物依存が野宿者にも少なからずみられる。こうした依存症は日雇労働経験者にも多いが、日雇労働者に限られたことではない。また、薬物依存から野宿生活へと移行する例も見逃せない。

(3)予防対策、街頭相談対策、地域に根ざした自立支援システム

予防対策の充実が図られる必要がある。絶えずニューカマーが野宿生活に参入している現状からすると、野宿化を食い止める対策が重要な意味をもつ。住宅を失う前の対策や、失業から路上へといたる前段階の生活支援が必要であり、家を失いつつある人や家出同然で飛び出してきた人を野宿化まえに緊急に受け入れる施設の充実が図られる必要がある。

次に、実際に野宿生活をしている人に、街頭相談における対策を充実させる必要がある。孤立した人をサポートし、野宿が長期化しないうちに相談に入るなどの対策を講じることや、野宿が長期化した人への十分なケアが重要な意味をもっている。野宿にいたるまでの精神的苦痛や、野宿の長期化に

よる精神の疲弊、不安、長期化の影響で深刻化、施設からの離脱、生活保護からの離脱者への精神的支援が必要である。精神面でのサポートの対応の重要性、福祉事務所の担当者によるケースワークだけではなくボランティア・NPOセクターの担当者によるケースワークの有効性にも着目する必要がある。

野宿者へのヒアリングを実施してみると、日本の野宿者の就労意欲はきわめて高いという傾向がみられた。これには、働かなければならないという社会的文化的な期待や道徳観の反映とみられる面も含まれるだろう。しかしながら、条件が整えば野宿の状態から脱したいという人びとが多く含まれていることを意味している。かくして政策課題は、就労可能層への就労機会の提供や、半就労層への半就労機会の提供、さらには就労不可能層への地域福祉的手当という対象者のニーズに見合った支援策を講じることである。

こうしたケアを充実させるためには、地域社会的、福祉ネットワーク的支援の欠如を解消する必要がある。つまり、金や空間ではない人間関係の形成、さらに街頭相談の後に、それぞれの野宿者が目指す自立の展望を切り開くための支援である。ボランティア、NPO、地域のさまざまな協力主体と、行政との協力関係、パートナーシップが不可欠である。また、地域を基点として就労の機会を創出することに熱心な企業市民との連携も不可欠である。地域福祉ネットワークをベースとした、人びとの生活のリスクをマネジメント支援していくような社会の再構築が必要なのである。

注

(1)貧困の潜在化については、中川清(『日本の都市下層』勁草書房、一九八五年)が論じている。
(2)野宿者が隠される構造については、西澤晃彦(『隠蔽された外部』彩流社、一九九五年)が論じている。
(3)都市下層の階層構造については、『現代日本の都市下層』(青木秀男、二〇〇〇年、明石書店)が論じている。
(4)北村年子は道頓堀殺人事件裁判について考察している(『ホームレス」襲撃事件 大阪道頓堀川 〝弱者いじめ〟の連鎖を断つ道頓堀殺人事件』、一九九七年)。ほかに、狩谷あゆみ(「法廷における犯行動機の構成と被害者のカテゴリー化——『道頓堀野宿者殺人事件』を事例として」『社会学評論』第四九巻一号(一九三)日本社会学会、一九九八年、九七—一〇九頁)。
(5)まなざし地獄については、見田宗介『現代社会の社会意識』(一九七九年、弘文堂)。野宿生活経験者の談としては、ツネコ『ホームレスの詩』(一九九四年、遊タイム出版)がある。
(6)多くの大都市自治体で、野宿者の実態に関する調査が実施されている。東京都調査については、『東京のホームレス』(東京都福祉局、二〇〇一年)、『平成一一年度 路上生活者実態調査』(都市生活研究会、二〇〇〇年)、大阪市調査については、『野宿生活者(ホームレス)に関する総合的調査研究報告書』(大阪市立大学都市環境問題研究会、二〇〇一年)、神奈川県調査については、『神奈川県下野宿者調査中間報告書』(神奈川都市生活研究会、二〇〇一年)、名古屋市調査については、『二〇〇一年名古屋市「ホームレス」聞取り調査最終報告諸』(基礎生活保障問題研究会、二〇〇二年)、大阪府調査については、『大阪府野宿生活者実態調査報告書』（大阪府立大学社会福祉学部年福祉研究会、二〇〇二年）、さらに川崎市では『川崎市の野宿生活者』（川崎市健康福祉局、二〇〇三年）がある。

文献

ふるさとの会編、一九九七年、『高齢路上生活者』東峰書房。

岩田正美、二〇〇〇年、『ホームレス／現代社会／福祉国家――「生きていく場所」をめぐって』明石書店。

麦倉哲、二〇〇〇年、「ホームレスがＮＰＯの支援により地域の中で自立すること」『日本都市学会年報』三三、日本都市学会。

――、一九九九年、「ボランティア・ＮＰＯの運営によるホームレス自立支援組織の意義について」『東京女学館短期大学紀要第二一輯』東京女学館短期大学。

――、一九九七年、「ホームレスの生活と福祉ニーズ」『都市問題』一九九七年一〇月号、東京市政調査会。

――、一九九七年、「ホームレス対策はなぜ行き詰まっているか」『日本都市学会年報』三〇、日本都市学会。

――、一九九七年、「ホームレスボランティアの意義と可能性」『ボランティアセンター研究年報』九六、東京ボランティアセンター。

――、一九九六年、「高齢ホームレスの実態と福祉ニーズ」『Human Science』Vol. 301, 早稲田大学人間総合研究センター。

島和博、一九九九年、『現代日本の野宿生活者』学文社。

第8章 災害と都市
──二一世紀・「地学的平穏の時代の終焉」を迎えた都市生活の危機──

大矢根 淳

はじめに

幾度もの江戸の大火、関東大震災、東京大空襲……と、日本の首都東京(江戸)はいつの時代も、「火」を主因とする災害に見舞われ続けてきた。九月一日の「防災の日」は関東大震災の発災日にちなんだもので、この震災がかつて「大正大震火災」と呼ばれたことに現れているように、この震災を教訓に設けられた「防災の日」には、大規模な延焼火災から生命・財産(「いのち」や「いえ」や「まち」)を守ることに主眼が置かれて、初期消火訓練や近隣の一時避難場所から広域避難場所への避難誘導訓練等が行われてきた。また、阪神・淡路大震災は老朽化した木造家屋が多数倒壊してそこに居住していた多くの方が亡くなったのであるが、あわせて同時多発で発生した大規模延焼火災の映像が、私たちの脳裏に焼き付けられた。首都東京における都市の危機管理は一義的には火災対応が想定されてきた。

そして二一世紀を迎えるにあたり私たち都市の生活者は、世紀末イメージを抱きながら阪神・淡路大震災を経てサリン事件を迎えてえもいわれぬ恐怖を覚え、二〇〇〇年問題に直面して自らの生活の基盤・高度に発達した社会システムの崩壊に怯え、その究極の姿かもしれないJCO臨界事故(原子力災害)を見聞し、そして九・一一テロ以降、世界戦争の時代に突入するのではないかとの危機感を抱いている。こうした流れの中で「都市の危機管理」ということばが喧伝されており、長引く平成不況で企業のリストラが進み雇用不安や金融不安までもがいわれることをも含めて、あらゆることが「危機管理」の対象であるとされてきている(1)。

本章では、現代都市におけるそこはかとない危機感の中で、しかしながら現実的には、一義的に火災対応に収斂させられてきた防災イメージを反省的にとらえて昇華させ、そこに生活を賭ける私たち都市居住者にとって防災とは何か、生活をその根底から覆される事象に主体的に向き合うとはどういうことか、再考してみたいと思う。

1　「地学的平穏の時代の終焉」を迎えて

(1) 震災モード

関東大震災を引き起こしたような大地震の再来が六九年周期説として発表されてから(昭和四五＝一九七〇年)、プレート型の大地震発生のメカニズムの解明がいっきに進められ、東海地震説が新たに発表されると国会は大規模地震対策措置法を制定(昭和五二＝一九七七年)して、東海地震対応のナショナルプロジェクト(観測網の整備、判定会の招集、警戒宣言の発令)を展開してきた(吉井、一九九六：一七四―一八〇)。ところが体制整備開始から四半世紀を経て東海地方で大震災は起こっておらず、「予知」という科学的営みに関して不信感すらいだく人々も出始め、当該地域住民の防災への関心は下げ止まる気配はない。そんな中、平成七(一九九五)年、阪神・淡路大震災が発生した。

われわれ日本の都市の居住者は、特に首都東京の歴史的被災経験(火災・震災・空襲)の重みと、大規模地震対策のナショナルプロジェクトという法・制度的背景と、そして阪神・淡路大震災の記憶が重層して、震災(揺れによる倒壊→延焼火災)を一義的に都市の危機ととらえる傾向があるようだ。阪神・淡路大震災は、都市直下型地震の危険を想起させる活断層が全国至る所に数千本もあるということを周知させて、この傾向に拍車をかけることとなった。

一方、昭和の時代が終わる頃、地球物理学者や防災工学者達が一つの示唆に富んだことばを発している。「地学的平穏の時代の終焉」ということば。わが国は一九五九(昭和三四)年の伊勢湾台風から一九八〇年代末までおおよそ三〇年間、千のオーダーで死者を出すような自然の猛威を経験していない(**図1**)という事実を各種観測データを以て例証し、日本は実は、その時期に世界から驚愕の対象となっている高度経済成長を成し遂げたのであり、「日本の諸都市は近代的な災害に未経験の都市であり」「仮の繁栄の姿に過ぎないのではないか」と警鐘を鳴らしていたのである。直下型地震や海溝型地震、火山噴火や大型台風の発生など、それぞれの活動の周期(数十年から数百・数千年のオーダー)がちょうどバイオリズムの周期のような波をえがいていて、その全ての波の谷の部分が偶然にも重なっていた時期にわが国の高度経済成長が重なっていた(2)、というのである。そしてその地学的平穏の時代は終焉した。元号が昭和から平成にかわる頃、すなわち一九九〇年代に入る頃から、かつてなら数千のオーダーで死者数がカウントされてしまったかも知れない自然の猛威が、三〇年ぶりに再び牙を剥き始めた。雲仙普賢岳噴火(一九九〇年)、釧路沖地震(一九九三年・M・七・八)、北海道南西沖地震(一九九三年・M・七・八)、北海道東方沖地震(一九九四年・M・八・一)、兵庫県南部地震(阪神・淡路大震災一九九五年・M・七・三)、有珠山噴火・三宅島噴火(二〇〇〇年)、東海豪雨(二〇〇〇年)、鳥取県西部地震(二〇〇〇年・M・七・三)、十勝沖地震(二〇〇三年・M・八・〇)、東海道沖地震(二〇〇四年・M・七・四)、新潟県中越地震(二〇〇四年・M・六・八)など。自然の猛威が数年に一度ずつ国土を襲うという通常の被災サイクルに戻りはじめたとい

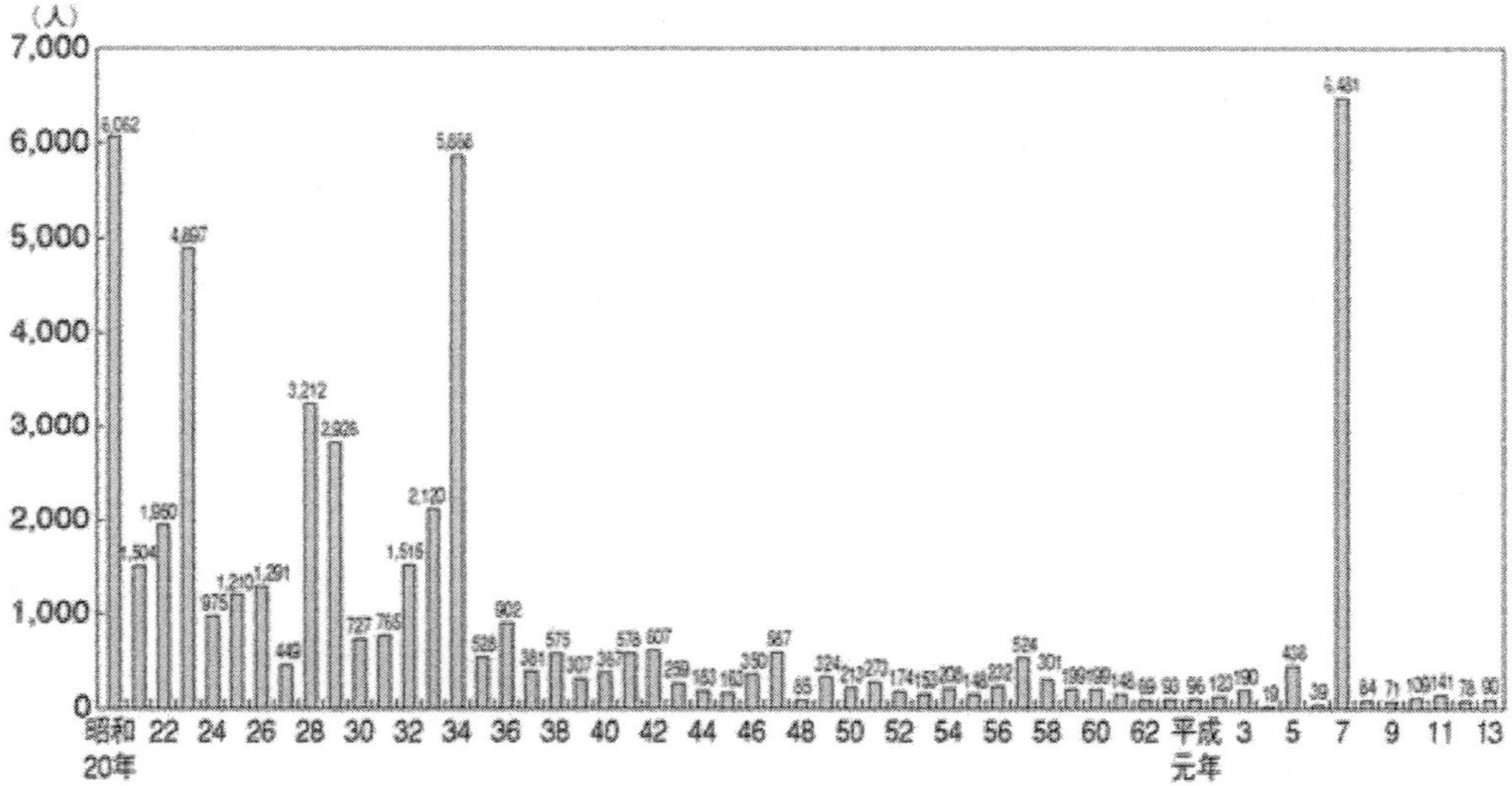

資料：昭和20年は主な災害による死者・行方不明者数（理科年表による）。昭和21～27年は日本気象災害年報。
昭和28～37年は警察庁資料。昭和38年以降は消防庁資料による。
注：平成７年の死者のうち、阪神・淡路大震災の死者については、いわゆる関連死912名を含む。

図１　自然災害による死者・行方不明者

出所：『防災白書』（平成14年度版）、４頁。

われている(3)。

(2) ヒートアイランド現象

地学的平穏の時代が終焉し、歴史的にみて通常の被災サイクルに戻りはじめたといわれて二〇世紀最後の一〇年間が過ぎ、二一世紀を迎えて首都東京では昨今、「ヒートアイランド現象」という言葉を良く耳にする。この現象は通常の自然の猛威のサイクルの復活を示しているのともまた違って、現代の新たな環境の激変(災害事象)の一つである。

高度経済成長期には、工場からの排煙や自動車排気ガスなどが大量に大気に放出されて光化学スモッグが発生した。その後、公害対策が進み工場の煤煙は減少していったので光化学スモッグの発生件数は減少していくが、自動車の数は増え続け、これにオフィスビルの大量建設によってエアコン等からの人工排熱が増加し、一方で街はコンクリートで覆われて自然空間が減少することで、都心ではいわゆる熱大気汚染が深刻化してきた。高度経済成長期の公害、急激な都市化の問題から、地球環境問題の一つに数えられるヒートアイランド現象へと問題がシフトしてきた。これによって二酸化炭素排出量の増加などの環境問題、熱中症患者の増加などの健康問題とあわせて、昨今取りざたされているのが集中豪雨の激増といった自然のメカニズムのバランスの崩壊、すなわち水害の頻発である。

極度に熱のこもった都市、すなわちヒートアイランドに巨大な上昇気流が発生して、そこだけが台風並に気圧の低下した状態となる。そこに周辺から雨雲が集結し集中豪雨が発生する。東京の環状八号線の上空でできる雲は「環八雲：カンパチグモ」（別名「ヒートアイランド雲」）などとも呼ばれていて、その沿道の世田谷や練馬などでは時間一〇〇ミリメートルをこえる集中豪雨が頻発するようになってきた。都市では雨水を様々なルートで川に流す工夫を凝らしているが、こうした集中豪雨はそのキャパシティをはるかにこえていて、全国各都市の中心部（都心）では川の氾濫によってではなく、排水溝付近で洪水があふれて、地下街が水没し溺死者が出るなどの被害も起きている。

熱を出さない工夫（マイカー利用規制やオフィス室内温度の調整）、熱を吸収する工夫（ビル屋上の緑化や水路・運河の復活による熱の吸収）に加えて、熱を流す工夫（風の通り道に立っているビルの取り壊しなど）までもが、都市が生き続けるためにその構造を整理しようという政策的提言としてなされはじめた。

(3) そして再び震災へのまなざし

ここで再び、一義的な都市災害イメージの源である巨大地震に目を向け直してみよう。最近の専門研究の知見をもとに東海地震対応（一九七七年大規模地震対策特別措置法）が再検討されて、より西方に震源が複数追加して想定し直され、名古屋から近畿・四国までもを射程に入れる、「東南海・南海地震防災対策特別措置法」が制定されるに至っている（二〇〇二年七月）。たしかに東海地震は今のところ発生していない。ところがこの付近の過去の巨大地震発生の経緯を各種データよりつぶさに再検討してみた結果、昨今の地盤データからは「歪みの蓄積は既に臨界点に達している」とか、当該地域の「巨大地震(東海地震)の前震活動はすでに始まっていると理解すべき」(4)と政府では認識されている。こうした知見に基づいた諮問を受けて、国では上述の法律まで制定してきているのである。ところがこの審議が行われていた二一世紀初頭の一〜二年の世論は、都市の危機管理といえばその対象は国際的なテロ対策に傾注し、足もとの自然界でそのような変動が起こりつつあるということに目を向けて都市の危機が論じることは少なかった。したがって有事法制の議論は目についても東南海・南海地震防災対策特別措置法の存在を知っている人は少ないのではないだろうか。

もう一〇数年前に「地学的平穏の時代は終焉」している。その平穏の時代の繁栄のツケがヒートアイランド現象となって現れ、不穏の時代に拍車をかけている。ところがそうした危機に対処する社会システムが、将来にわたってなんとも心許ない。

2　人口減少社会における都市の危機管理

先述のように、我が国の高度経済成長は近代的災害に未経験の都市を産み出してきた。そして日本の諸都市は非常に短期間に社会資本の蓄積を成し遂げてきた。都市社会学ではその過程を、都市化(都市の形成から成長へ)、郊外化(スプロール化)、逆都市化(インナーエリアの諸問題)を経て、再都市化(都市再

世紀のデモグラフィックな諸条件のもとで、すなわち人口減少下における防災という視点で考えてみる。集積)として扱ってきているが(奥田編、一九九九：六五―六七)、ここでは、再都市化という位相を二一世紀のデモグラフィックな諸条件のもとで、すなわち人口減少下における防災という視点で考えてみる。

(1)人口減少下の社会資本整備のある処方箋～その半面としての「都心回帰プログラム」

日本の今後の人口動向は二〇〇二(平成一四)年一月時点の将来人口推計によれば、二〇五〇年に一億五九万人(中位推計)、二一〇〇年には六四一四万人(中位推計)と減少し、これから一〇〇年で半減するというデータがあらわされている(国立社会保障・人口問題研究所、二〇〇三)。少子・高齢化という表現が使われることも多々あるが、この言葉は人口ピラミッドが「変形」していくことを示しているのであって、本章で問題としているのはそのピラミッド自体が「縮小」していくこと、すなわち、人口減少社会で発生する問題を議論の対象としていく。こうした人口推計をもとに土木学会では『人口減少下の社会資本整備のあり方』を著していて、「日本の社会資本整備の蓄積は極めて短期間に形成された(地学的平穏の時代＝高度成長期に：筆者注)ものであ」り、「道路・橋梁や下水道施設など、社会資本を形成するこれらの構造物は、必然として経年的に劣化」していき、その「短期間に形成された社会資本が一斉にその更新期を迎える」ことを指摘し、「定常的に人口が減少する時代を迎える前に、まだ余力のあるこの一〇数年の内に、更新期の問題を解消する必要がある」と提言している。

一億二〇〇〇万余の人口を支えるために蓄積されてきた社会資本を、半分の人口、経済力でメンテナンスするのはなるほど難しそうだ。そこで人口減少社会で社会資本をメンテナンスする方策として提言されているのが、計画的な「都市再集積」である。ところがここで提言されている都市再集積は、現在、都心で見られる超高層ビル建設ラッシュのことではないらしい。工場跡地・遊休地などに高層ビルを建設する開発を「都心回帰プログラム」と呼称することがある。これは短期的な目的のためのスポット的な都市再生であり、工場跡地等に周辺の土地利用とは全く異質な空間を創り出す手法である。したがって長期的には、都市再生どころか従来の失敗を繰り返す可能性をもっている(土木学会、二〇〇二:三四)と手厳しく批判されている。この平成不況の最中、しかしながら都心に乱立しだした超高層ビル群は、実は都市構造の空間設計に関わる各種規制緩和の成果であり、弱くなり始めた円への外貨の攻勢であり、外資参入を認めた規制緩和の成果であるといわれている。

(2) 新保守主義的都市化戦略と事前復興

ところでこれまも、特に二〇世紀の終盤に、この「都心回帰プログラム」が新保守主義的都市開発構想として批判されてきた経緯がある。都市の行財政についての国際比較研究の中から、欧米における一九七〇年代の福祉国家的都市政策、八〇年代の新自由主義的・新保守主義的都市政策への展開を俯瞰して、そこにおいては、手続き面において都市計画決定、事業決定、建築許可の迅速化・簡素化が、内容面において市場(民間事業者)主導の開発に好意的で都市計画が経済政策に従属している様が指摘されていた。翻って一九九〇年代後半の日本を眺めて、そこに新保守市議的都市開発構想の展開が読みとられて来た。

バブル経済の精算・経済再生戦略とカップリングされた日本の都市構想とはいかなるものであったのか。それは、「職住近接」＋「ゆとり」＋「防災」イデオロギーによって正当化されるアッパーミドル層重視（企業本社・金融保険・対事業所サービス業等の特定産業）の都市改造で、業務機能更新、高層マンション建設・道路整備に傾斜して既存の密集市街地・「地方」に対する軽視がみられるという。それは経団連「新東京圏の創造」（一九九八年）、建設省・東京都「都市構造再編プログラム」（一九九八年）、小渕内閣・経済戦略会議「経済再生への戦略」（一九九八年）に貫かれている論点である。このことは具体的に東京という場について、さらに防災（都市の危機管理）という領域から眺めてみると、より明瞭となってくる。

東京都では「生活都市東京構想」（一九九七年）を著しているが、これが阪神・淡路大震災の後に出されていることに留意したい。同構想はその三カ年実施計画である「重点計画」（一九九七年）、その改訂版である「改訂重点計画」（一九九八年）と展開されているが、その計画事業費配分の機軸は「生活環境施設」（九・六％）、「地域福祉」（七・八％）、「住宅事業」（四・六％）ではなく（このようにある程度の配分はなされているものの）「道路・交通・通信・港湾」（四〇・五％）と「市街地再開発」（二〇・〇％）（これに「防災用市街地整備」（一四・〇％）が加わる）である。後二者で事業費の七四・五％が占められている。これがアッパーミドル層を重視した「職住近接」＋「ゆとり」＋「防災」イデオロギーの具現化してきている様と指摘（進藤、一九九九）されているポイントである。

ところで、こうした状況下、都市計画畑の研究者が「そこのけ、そこのけ防災が通る！とばかりに仕事がしやすくなった」と語っていたのが印象的である[5]。震災後、上述した「重点計画」と密接に関連して、あるいはその一部を構成して、防災部門から「防災都市づくり推進計画」（一九九七年）等が著されてきたことを、ここでは指摘しておきたい。そしてそこに「事前復興」という概念が取り込まれていることを。震災直後に防災工学研究者らが、被災地を復興することの難しさを痛感して「仮説的『事前復興都市計画』」を言っていた（中林、一九九九）。「災害が起こる前に考え準備しておくことは、事後の都市復興における迅速性・即効性を確保するとともに、諸施策・計画の総合性とその過程での住民参加をより実効性のあるもにするはずである」、という仮説を彼らは提示していた。そしてその仮説の実効性を高めるポイントとして、①まちづくり目標の共有化と住民―行政協働の主体の事前形成、②復興まちづくりに連動する被災者生活支援対策の体系化、③都市復興計画策定シナリオとマニュアルの事前準備、④都市インフラ整備の優先順位を事前に公開・共有化すること、をあげていた。要するに、災害が起こる前に復興について検討を始めておこうというものであった。彼らは阪神・淡路大震災を調査して、そして現地の復興に直接的に携わりながらこれを広く発言していき、東京都庁でも講演を行った。そしてこれを受講した都市官僚が、この「事前復興」という概念を彼ら独自の論理において曲解してみせて従来の東京都の都市政策に接続したのであった。すなわち、防災工学上の仮説としての「事前復興」概念を、東京都独自に展開・蓄積を見ていた「防災まちづくり」の延長上に位置づけ、主に木造老朽家屋のクリアランスの大義名分としてしまったのである。これまで東京都では、「地域危険度の公表」(一九七五年)、「防災生活圏構想」+「都市防災施設基本計画」(一九八一年)、「地震に関する地域危険度(第三回)」(一九九三年)と、本章の冒頭でも触れたように地震→震災(=延焼火災)といった一義的な防災イメージを醸成してきており、阪神・淡路大震災の家屋倒壊・延焼が木造老朽家屋で起こったとのデータをもとに、独自に解釈した「事前復興」という概念をそこに接ぎ木して、「木造住宅密集地域」を「重点整備地域」(二五地域)として指定する「防災生活圏」構想を盛り込んだ『防災都市づくり推進計画』(一九九七年)を著した。そこでは築二五年以上の木造住宅が「木造老朽家屋」と定義され、それらを更新して「不燃領域率」を高めるべきとして、都庁内の部局の壁をこえて、さらに各区・多摩八市・東京消防庁を加えて「防災都市づくり・木造住宅密集地域整備促進協議会」が結成されている。

防災を名目として再開発事業が制度化され、多くの木造家屋が更新されることが決まった。そこに住み働く人々はどう処遇されるのであろうか。上述の新保守主義都市化戦略批判として出てきたように、国では、手続き面での迅速化・簡素化、内容面においての市場(民間事業者)援助をするから、居住者は説得(立ち退きの同意取り付け)の対象と措定されて、結果的にそこから駆逐されていくこととなる。古い木造住宅が瀟洒なビルに更新され居住階層も入れ替わってジェントリフィケーションが進めば、なるほど結果的に災害に強い街ができあがるのかもしれない。従前居住者は都心外延(郊外)に駆逐されることとなるが……。

都心回帰プログラムであれ、防災生活圏構想（事前復興）であれ、新保守主義的都市化戦略の一貫としての都市構造改編であることがわかった。それでは二一世紀を迎えて、都市の構造改編、そして都市防災は具体的にはいかなる位相を迎えているのか、次に検討してみたい。

(3)「日本橋再生プロジェクト」——都心の新たな防災構想

将来にわたって人口が減少するということは、都心・郊外ともに「床」（人が利用する建物）が余り出すことを意味する。人の使わなくなった社会資本をメンテナンスしようというインセンティブを確保することは難しい・できない。人口減＝社会資本メンテナンス能力の低下にあわせて、計画的に既成市街地・既設都市部から撤退することで多くの余剰な土地が供給されることとなる。二一世紀を迎えて喧伝される「都市再集積」とは、このように都市の構造改編を「広範」に中長期的に企画しようとするものだ。再開発を都心「狭域」のみで「短期的」に計画（これが批判の対象となるいわゆる「都心回帰プログラム」）してもだめで、中・長期的な視点に立った郊外までもを含む広範な都市圏の再構築が提言されはじめている。

そこでまず、都心に目を向けてみよう。都市基盤整備を担う土木関連の学会からは、上述のような、人口減少社会を視野に入れた長期的な再都市化案が提出されてきている。これと時期を同じくして、政府も「都市再生基本方針」を打ち出している。これは土木学会ほど社会資本整備の緊急性を打ち出したものではなく、むしろ、既存の都市ビジョンの軌道修正としての「都市再生」論とみられるであろう（新保守主義的都市化戦略そのもの）。「二一世紀の我が国の活力の源泉である都市について、……少子高齢化等の社会経済情勢の変化に応じて、その魅力と国際競争力を高めることが、都市再生の基本的な意義である」として、「都市再生特別措置法」（二〇〇二＝平成一四年）を制定して、「都市再生緊急整備地域」を指定している。これで指定された地域では、①既存の都市計画は白紙にして自由度の高い計画を定める「特別地区」が設けられ、②民間業者に都市計画を提案させる制度が設けられ、③都市計画決定のプロセスが簡素化され、④金融支援が行われる、など都市計画事業の活性化が見込まれている。全国で計一七地域、約三、五一五ヘクタールが第一次として指定された（うち東京は七地域、二、三七〇ヘクタール）。たとえば東京都中央区はその面積の実にほぼ七割が都市再生緊急整備地域に選定されている。

その一つに「日本橋再生プロジェクト」がある。この再開発のイメージは**図2**のとおりである。この絵には何が描かれているのか、何が盛り込まれているのか。水が流れ、橋があり、高速道路がビルの中を駆け抜けている。この街区では、東京都心における老朽建築物の機能更新、土地の集約化等によって、歴史と文化を活かした街並みを形成して業務・商業機能を調和させた複合機能集積地となるよう再開発が始まっている。この再開発は、①重要文化財指定を受けた三井本館の保存を前提に、②老舗・

図２　日本橋付近の将来イメージ（一体整備型高架案）

出典：第12回東京駅前地区再生推進懇談会配付資料。

名店を含む地元企業・商店街・町会を共同事業者と位置づけ、③超高層複合ビルの国際競争力を担保するためにその目玉として世界的な高級ホテルをキーテナントと位置づけている。「開発か保存か」という従来のテーゼからの卒業がもくろまれているようだ。歴史的建造物を「残す工夫」に加えて、伝統的な都市の空間を「蘇らせる工夫」も盛り込まれている。それが川と橋で、日本橋を現実に復活させようという絵である。現在では昔の川筋に多くのビルが立ち並んでいる。それらを整理して川を取り戻す。そして川から後退したビル群は、既存の、動脈である首都高速道路をその懐に抱え込むように再開発される。動脈(ライフライン)を止めぬよう骨、肉、皮に手が加えられる。橋を復活させるためには、その下に川が流れていなくてはならない。そこで想起されるのが、先にみてきたヒートアイランド現象である。その対策として、街の熱を川に流して送り出す、ラジエーター効果を川に託しているのである。今、川と運河の復活が強く主張されてきているのはこのためである。明治時代まで東京は運河の街であったとよく言われる。二一世紀の運河は、明治時代までのそれのような物流機能ではなく（それは既に道路や鉄道に取って代わられている）、ヒートアイランド対策のラジエーターとして機能することとなる。そして、その川筋を再び絵で見ていただきたい。緩やかに流れる川の上を海からの風が流れていく、熱を流す風の通り道（「海風：うみかぜ」に加えて、川の流域に流れる「川風：かわっかぜ」も）。この絵からはみえないが、街区を上空から眺めると、全てのビルの屋上は緑化されて、街路（と橋）だけがコンクリートで舗装されて浮き出てみえ、それと縦横に交錯しながら川が流れる、というイメージであろうか。旧河道（軟弱な地盤）に建てられたビル群は、神戸市三宮において、阪神・淡路大震災でことごとく倒壊・傾斜してしまった。河道を自然に帰すのは防災上、当然視されている。

このようにこの街区の再開発事業は、国の地域指定のもと各種支援を取り付けながら、歴史的街並みの保存（建物と川と橋）という価値を前提に、地球環境規模の都市問題にも応え得るよう、大胆な都市の構造改編に乗り出している事例として表現されている。「江戸幕府四〇〇年」（「日本橋架橋四〇〇年」）「日本橋地域ルネッサンス一〇〇年計画」など、巧妙にそのスローガンが公表されて事業のイメージアップも図られてきている。歴史・文化、環境に関わる論点を包摂するということで、そして地元町会も参加しているということで、再開発事業の新たなお手本のようにもみえる。生活者の意向が十分に正当に反映(住民の総意が担保されている)されているであろうことを期待し念じつつ、事業展開の今後を見守りたい。

ところで、国・都の制度的、税・財政的バックアップのもと行われる再開発事業は、これまでみてきた通り、基本的には新保守主義的都市化戦略の一貫であることにかわりはない。こうした一大企業の再開発事業が一街区・単発のもので終わることなく、例えば「かわっかぜ」の通り道を完成させるまで長期的に大規模に連単していくことが、本来の「都市再集積」の絵であることをここで再確認しておきたい。

3　恒常的な「郊外の逆線引き」

それでは次に、郊外に目を向けてみよう。先に、人口減少社会では都市再集積が企画され、既成市街地・既設都市部からの計画的な撤退が起こりうることを記した。平成の大合併が進めば、それはさらに加速されることとなる。たとえば三つの基礎自治体が合併すれば、その内一つは既存の中心市街地が維持されるが、他の二つでは既存の中心市街地およびその周辺は活力を失っていく、すなわち既成市街地・既設都市部からの計画的な撤退が起こる。適当に体力のある階層は勝ち組になるよう新たな都心に移動を試みる。

そもそも郊外に庭付き一戸建て住宅を求めたサラリーマン層は、土や緑への郷愁、子どもの養育環境等を勘案して、片道二時間という通勤地獄を数十年にわたって堪え忍んできた。終の棲家となるはずのマイホームを抱えながら、一方で、定年になったら鍵一つでセキュリティの担保されている都心のマンションに引っ越し、都心のアメニティ（観劇などの娯楽・文化施設のみならず、高度医療提供など高齢化社会の最優先機能も）を享受したいとの声も大きい。都心で人生の大半を過ごした（郊外のマイホームは一日に八時間寝に帰るだけ＝「ベッドタウン」）層が再び都心に呼び戻され始めている。昨今都心で発表される新築超高層マンションはどれも即日完売である。どのような層がこうした夢のアーバンライフにたどり着けるのか。自明なことだがそれは、都心に比べ集積の効果の低くなることが決まった郊外では、次第に社会資本のメンテナンス低下の影響が出始めることに気づき始めた層である。関連知識や情報をふんだんに入手できる階層である。

(1)「暫定」ではない「郊外の逆線引き」

最近、郊外において「逆線引き」がしばしば実現してきている。高度経済成長期には無秩序な市街化が拡大した。都市のスプロール化と呼ばれる現象である。そこで昭和四三（一九六八）年に都市計画法が改正されて、無秩序な市街化を防止し、計画的なまちづくりを行うために、都市計画区域の中に市街化区域と市街化調整区域の二つの区域が定められた。既に市街地を形成している区域と今後優先的かつ計画的に市街化を図る区域を市街化区域とし、そうした市街化は抑制されるべきという場合、その区域は市街化調整区域とされた。高度経済成長期に郊外が次第に拡大していくということはすなわち、市街化区域が増加していくことを意味していた。ところが現実には、ミニ開発などが行われると、そこでは社会資本の整備がそれに連動しては行われずに不良市街地が形成されてしまったり、そうした地域に農地等がスポット的に相当量残存したままの状態ができてしまったりする。そこで当分の間、計画的な市街地整備が行われる見込みのない地区が一旦、市街化調整区域に編入される＝「戻される」という都市計画的判断が下されることとが起こる。これを「逆線引き」と呼ぶ。郊外では、しかしながら長期的に考えた場合、将来再び市街化区域に編入されうる(可能性もあるという)地区も想定されていて、そうしたところではこの逆線引きを特別に「暫定逆線引き」と呼んでいるが、本章で問題としているのは、「暫定」ではなく、将来にわたって恒常的に開発を放棄する、あるいは「計画的に既成市街地・既設都市部から撤退する」ことを意味する「逆線引き」である。

(2) 逆線引きの現場から

東京圏・山手線から三〇㎞圏での逆線引きの事例をみておきたい。秋葉原と筑波学園都市を結ぶ常磐新線(現在では「つくばエクスプレス」と名称変更)が、現在、第三セクター方式で建設されている。この鉄道を通すために政府は「大都市地域における宅地開発及び鉄道整備の一体的推進に関する特別措置法：通称『宅鉄法』あるいは『一体化法』」（一九八九年）を制定して、沿線自治体の新鉄道会社への出資のインセンティブを高めるため、この新線計画ではあわせて沿線が区画整理されて宅地が張り付けられ、その居住者等からの税収が増加することを謳ってきた。バブルの最中計画された同事業における宅地価格は平成不況の現在、とうていサラリーマン世帯に支払える額ではないこと、住宅購入予定者はそれより安い東京都区内の物件をすでに購入してしまったこともあって、開通前にすでに沿線の不動産需要はかげりが見え始めている。さらに区画整理が行われることに対して沿線では非常に激しい反対運動が展開されている。まだ用地の確保のめどの立っていない地区すらある。新線は開業前にすでに破綻している、と揶揄されることもある（そしてより一般的には「第三セクター方式はすでに破綻している」ともいわれる）。

沿線の一つ、千葉県流山市駒木地区では、鉄道建設用地の買収には応じるが区画整理はしないで欲しいと自治会単位の陳情活動を展開し、結果として駒木地区にかかっていた市施行の区画整理は実施されないこととなった。この展開を地元自治会では住民運動の成果として誇り、それに知識やデータを提供していたある政党では保守系政党の土建屋行政の目論見を阻止したと選挙演説のネタにしている。一方、市当局ではこれら反対運動に屈したとは決して認めず、すなわち自治会から出されていた「区画整理除外の申請」を認めたとは言わずに、「当該地区を市街化区域から外す」（すなわち「逆線引き」）

とのみ新聞発表した。駒木地区のあるお宅では、目の前を最高速度一三〇㎞の高速鉄道が早朝五時から夜中一時まで走って騒音・振動に悩まされることが今の時点で予め決まった。そのことに気づいて売却して他出しようと思ったが、不動産市場では二束三文で買いたたかれてしまって売るに売れない（「あなたが住めないという土地を誰が買うというのですか？」）。苦渋の選択の後、区画整理されることとなった隣接自治会では、みなが換地（もちろん数十％の減歩のもと）によって線路から後退したところに宅地を割り当てられているので、騒音や振動の心配はさほどないようである。また、区画化された街区には新たに公共施設や商業施設が進出してくることが決まったので、道路一本へだてて瀟洒な都市空間とスプロール化された郊外の違いが歴然となることが自明となってきた。自治会内部からは「今からでも区画整理を！」との声もあがり始めたが、市では「それなら地区内部で組合施行でどうぞ」とそっけない。新線の建設自体には市およびその外部から多額の資金が供給されるが、市施行の区画整理は市の事業であり、宅地需要低下を示す各種データを突きつけられては市でも開発のインセンティブは高まらない。区画整理をしないで欲しいという声が高まった地域があれば、当該地区の住民の総意が担保されていれば、市ではそれを受け止めるわけである。強硬な反対を押し切ってまで事業を強行するメリットがあるとはとらえられていない。物わかりのいい施行者を演じて、一旦退いてみせているるのであり、ほどなく地権者が白旗を掲げて出てくることはハナから読み切っているのである。

こうして郊外では、とくに経済的基盤の不確かな、すなわち集積のメリットのなさそうなところでは大胆迅速に逆線引きが実施されていく。駒木では現在、さらに急激な地価低下を迎え、ミニ開発（割安な戸建て住宅建設）があちこちで始まった。三軒、五軒と個別浄化槽付き（すなわち公共下水設備はない）木造一戸建て住宅が農地の合間に建てられ始めている。「新線で都心まで三〇分、緑豊かなコミュニティ」との新聞に折り込まれてくる不動産広告に決して嘘はない。しかし広告には「（暫定ではない将来にわたって恒常的な）逆線引きエリア」とも決して記されることはない。生活道も上下水道も未整備のまま、こうした新築住宅は農地・荒地の合間に（実に周囲は緑豊かである！）これから数十年間たたずんで老朽化していくこととなる。

(3) 生活基盤喪失の危機――政府レベルの逆線引き構想の展開・浸透

基礎自治体単位での逆線引きの事例の次に、国レベルでの逆線引き構想をみておきたい。国では最近、これまで「浸水の危険性があるような区域まで市街化区域の指定が行われているケースもあり、逆線引きすることも考えなければならないのではないか」[6]と指摘している。大きな河川は河口から相当上流まで堤防で固められた。それに沿って市街地が形成されてきた。保水力の減少したそうした市街地からは多量の水が川に一気に流し込まれることとなった。その量は毎年増えることはあっても減ることはない。日本では川に対してかなり身勝手な要望を投げかけている。日常的にはゆったりと流れ、増水時には速やかに多量の水を流し去れと。かつては上流・下流問題が争点となり、下流の治水・利水のために上流にダムを建設して、流量を調整しようとしてきた。ところが最近では、下流で堤防が整備され河道の浚渫が行われ洪水が減少したことで、公共事業批判も荷担して、ダム撤廃・新規建設抑制が盛んに論じられている。下流では土地利用の急激な変化によって保水力を失った市街地から一気に水が支流や排水溝に流し込まれ、流れ込めない相当の量はまちなかでマンホールのふたを押し上げて噴水のように吹きあがり周囲の世帯を水浸しにし、流し込まれて本流に合流した巨大な水量は本流の堤防をその水流で引きちぎって大洪水を引き起こす(二〇〇〇年東海豪雨)。上流の大量降雨だけが下流の大洪水の原因ではないことが分かってきた。洪水の問題はもはや狭義の河川管理におけるダムや堤防のメンテナンスでは解決できないことが明らかとなってきたところで、国では総合治水事業(7)としてこれに取り組もうとしてきており、流域の都市計画のあり方にまで踏み込んで来ているのである。その意見の一つが上述の逆線引きの要請である。

ひとたび堤防が切れれば大水害が発生する。さりとて人口減少社会では、それを決して切れないように将来にわたってメンテナンスし続けることはできないことが自明となってきた。そこで「水を正しく畏れる」ために川と共生する必要性が説かれ、スーパー堤防が作られ始めた。これまでのカミソリ堤防は水を一滴たりとも河道から外に漏らさないよう設計・維持されてきたが、こうした考えを改め、親水空間を復活させて、洪水を薄く広く遊ばせるプランである。カミソリ堤防の直近の家屋は取り壊されて整理(地上げ)され、そこはグランドや水辺空間に生まれ変わる。また、本流に注ぎ込む前の支流の流域でも、生活排水等の流量を大幅に超える(台風等の大きな雨量を市街化区域では保水できないので)ような出水を一時的に蓄えるために防災調節池が新設される。これもコンクリートで固められている開発地域の内部・周囲に親水空間として担保されることとなる。ところでそうした空間は、その権利を手放した人々がいて始めて確保される。河川のメンテナンスは、下流においてもその水系の流域で、河川局と都市計画局が相互にそのテリトリーを越えて議論を展開したと同じように、その縮図が展開されることとなる。「調節池(あるいはスーパー堤防)を作るので立ち退いて下さい」と、生活者には今度は、都市計画部局からではなく河川部局から声がかかることとなる。

4　むすびにかえて——二一世紀における都市の被災を見つめる視点

(1)被災地調査における比較例証法

都市に生活することに起因する危機は、何もそれは、自然現象にその端を発する自然災害のみを想起しておけばいいのではない。社会の大きな変動のただ中に位置して、その生活基盤が根底から覆されてしまうような危機を考えてみると、例えば「家を失う」という労苦を考えてみれば明らかなことであるが、その労苦は自然の猛威やそれに起因する災害現象による場合もあるが、それ以外にもこれまでみてきたように、公共事業による立ち退きや、場合によっては都市インフラ整備の放棄(遅れ)による生活環境悪化に耐えきれずに家を（半ば自発的に）手放さざるをえない事態すら含まれるだろう(8)し、歴史をさかのぼれば戦災なども当然、含まれてくる。

生活をその根底から覆されてしまうことが生活外部からのインパクトによってなされていると認知されると、生活者は「災いを被った」と感じ傷つく。欧米の災害研究では「立ち退きのトラウマ」などが長年研究されてきてもいる(9)。総じて、「生活（が壊され、それ）を取り戻す（生活再建）過程の諸現象・諸課題」と括られるだろう。都市における危機としてとらえられる諸現象を、その影響を被むる生活者への、問題の投影としてとらえ直してみよう。そしてその局面を過去の内外の出来事と比較検討してみよう。さまざまな領域の出来事を分節化して把握するということは、すなわち、過去の内外の事例を、研究者がその調査研究の過程で戦略的に収集し研究者独自の視点で再構成するという作業を伴う。その結果、過去の内外の事例が分析的に再構成されることとなる。たとえば、「生活環境の激変を被った人達の住宅再建パターンの類型化と諸課題」と題すれば、そこに資される事例には、関東大震災も東京大空襲も阪神・淡路大震災ももちろん取り上げられるし、中国三峡ダム建設予定地の一一三万人の集団移転問題や北京胡同再開発の強制移住一〇〇〜二〇〇万人の問題も（大矢根、二〇〇三）、そして世界各地で悪の枢軸とくくられて空爆で家を失うあまたの生活をも予め断片的に取り上げられ得ることとなる。もちろん、都市の構造改編（防災対策や環境対策を名目としての）により住み慣れた住環境を失うこととなる、将来の都市計画事業の対象者も予め包含され得ることとなろう。

　このように、時間・空間をこえた問題構造を、分節化された事象としてアナロジーとして把握するには、M・ウェーバーが採用した比較例証法(Systematic Comparative Illustration)という手法が採られよう(高根、一九七九：一四二)。例えば、防災工学の領域では、ある街区における火災の延焼速度・範囲などを想定する際には、過去の被災事例から当該街区と類似する地域特性を有する他地区のデータを援用するという手続きを採る。いくつかの要因を複合的に勘案して、ある地域特性として括られる地区の被害は、こうしてあらかじめ紙の上に(あるいはコンピュータ・シミュレーションとして)表現されることとなる(神奈川県、一九九三)。そこでさらに過去の被災地についての社会学的知見、例えば、ある街区の復旧・復興過程に関する事例が詳細に記録に留められていれば、そこでは同様の復旧・復興諸条件を抱える街区の、被災の態様・復旧復興の諸課題は事前に把握されることとなる。社会学的に把握される諸条件とは例えば、地域権力構造とか事業に関わる関連主体類型とか、被災以前の関連事業の前史とか……。社会学的論文では、当該地域の歴史的・社会的背景として漠然と括られ表現されて読み飛ばされるかも知れない項目であるが、これらが抽象的な文言ではなく個別具体的な名詞や数値として記録されていれば、類似の問題構造を抱える地域では、それを読み込むことによって過去に彼の被災地が経験した徒労を繰り返さないですむであろうし、自らが選択するかも知れないいくつかの対応策がその展開過程における成功例・失敗例として記され尽くしていることとなる。固有名詞を明記することにプライバシーの問題等が生じると判断される場合は、それが普通名詞やアルファベット等に置き換えられることとなるが、現場の被災者や研究者にとっては何も、個人名が必要なのではない。当該問題に対処した事例が自らの事態とのアナロジーで把握され得るだけの情報があれば十分なのである。

都市に生活していてある時、その生活を根底から覆されてしまう多種多様な事態の渦中にあって、生活者はそのうねりの大きさや方向性を瞬時に判断することは難しく、災いが身に降りかかる瞬間まで気づかないことが多い。そしてその瞬間、人は被災者役割を演じる舞台に放り出される。非日常の舞台に立たされる前に、類似の事態を学習して、日常の中で考えはじめることが必要なのではないか。「災害は（非日常の出来事ではなく）日常性の延長の出来事である」ことを踏まえるべきである。

(2)「結果防災」――日常生活へのたゆまぬ視線

災害を日常性の延長でとらえるという考え方に関して、「結果防災」ということばがある。阪神・淡路大震災で神戸市の「真野地区」は社会学において再び[10]脚光を浴びた。戦後この地区では、地元工場による公害（苅藻喘息）を契機に工場移転を迫り（公害反対運動、一九六〇年代）、その跡地を市に買い上げさせて公園化・緑化推進運動を展開し、産業構造転換で地区産業が衰退しインナーシティ問題・高齢化問題が俎上にのぼるとボランティアグループを組織して福祉サービス（寝たきり老人入浴サービス・ひとり暮らし老人給食サービス等々、一九七〇年代）に取り組み、さらに学区規模でまちづくり推進会を結成し、市と「まちづくり協定」を結んで内発的な地区のまちづくりに取り組み、地区計画で老朽家屋の建て替えや人口呼び戻しのための市営住宅建設、修復型まちづくり（再開発）を進めてきた（今野、二〇〇二）。

こうした地道なまちづくり活動の蓄積が結果的に震災時には被害を軽減することにつながった。震災に際しては、木造老朽家屋（長屋）が共同化住宅等（マンションタイプ）に更新されていた街区では建物倒壊による圧死者はでなかった。火災に対しては地元企業の協力も取り付けて初期消火に成功した。避難所での物資配給では弱肉強食の修羅場は現れず、高齢者対応の歴史が奏功して配給はスムーズに行われた。さらに復興まちづくりの段に及んでは、他地区において行政による復興都市計画事業導入の是非が論じられているのを横目に、これまでまちづくり活動を支援してきた各種専門家が集結して「被災者は被災地で生活再建を」との方針を貫いたので、他地区で見られるようなジェントリフィケーションの惨禍は緩和されることとなった。

三〇年余にわたり地元にかかわり続けているコンサルタントは、しかしながらこうしたこれまでの活動は決して防災対策として実施してきたものではなく、結果的に防災的機能が発揮されただけであると強調する（「結果防災」）。真野ではこれまで三〇有余年、その時期毎、自らの地区における最も脆弱な部分を自覚的に把握し手を打ってきた。そして今震災に遭遇しても、いま最も脆弱な部分はどこか、真野では自ら点検し、時間の経過にともない次々とそれらを発見し手を打っていった。

日常的な地域問題把握の姿勢こそが防災力を高めるキーとなる。災害とは非日常の出来事のように映るかも知れないが、それに備えそれに対処するということは、まさに日常生活へのたゆまぬ視線により担保される。二一世紀・地学的平穏の時代の終焉を迎えたわが国の都市では、ヒートアイランド現象という大都市規模の環境問題、事前復興という日常的には目に見えない政策的(防災再開発)圧力、都市再集積・郊外放棄という都市構造改編の弊害等々…、その生活が根底から覆されるかも知れない危険なうねりが逆巻いている。都市生活の危機の諸相を的確に把握するために、古今内外の諸事象を分節化して把握した上で再構成してみるという、学際的なコーディネートの機能が社会学には求められているのかも知れない。そうした学際的研究に参画し、調査研究の究極の対象を「そこに生活を賭けさるをえない人々の生活」に設定している社会学への期待は今後ますます大きくなっていくことであろう。

注

(1)阪神・淡路大震災を挟んで、佐々(一九九一)、佐々(一九九七)などが版を重ね広く読まれている。
(2)伊藤和明が「昭和自然災害と防災」(学研ビデオ、一九九六年)などで解説を加えている。
(3)しかしながら最近では、夥しい数の死傷者が出るということはない。堤防の建設や建物の不燃化・耐震化などのハードの対策が進んだことに加えて、そうした対策の推進を規定した「災害対策基本法」が制定され奏功していることがあげられよう。災害対策基本法は伊勢湾台風(一九五九＝昭和三四年)を直接の契機として議論が深まり制定された(大矢根、一九九四：二九八―二九九／吉井、一九九六：一一八―一二八)。
(4)「中央防災会議」(平成一三年六月二八日)での報告など。「中央防災会議」とは、内閣総理大臣を会長とし、防災担当大臣を含む全閣僚、指定公共機関の長、学識経験者からなる会議で、この六月の会議は官邸大客間で開催され、「歪みの蓄積」などのについての見解が披露された。

(5)内橋・鎌田はこれを「復興ファシズム」と称し(内橋・鎌田、一九九五：一一—五二)、同書の中で岩見は「防災を錦の御旗に多くのプロジェクトが促進されていくであろう」(内橋・鎌田、一九九五：一四四)と指摘している。

(6)例えば、国土交通省河川局社会資本整備審議会「河川分科会 第五回議事概要」など。

(7)一九七〇年代、全国各地の都市水害の頻発を受け、「従来のような河道に対する河川改修のみではとうてい都市水害を押さえ込むことはできず、治水は流域を含む広範な区域を対象とし、総合的であるべきことを、河川行政当局も強く認識し」、「河道中心の治水から全流域を含めた洪水対策が提唱」(高橋、一九八八：二八—三四)されるようになり、「総合治水対策」ということばが広く使われるようになった。

(8)これに類似することとして例えば舩橋らは、一九七〇年代のいわゆる「新幹線公害」の現場における事例、すなわち「線路により近い家屋の移転によって、遮蔽物を失った家屋の騒音はそれだけ増すことになる」(舩橋他、一九八五：一九〇)事例や、その移転跡地が「地域の活気を失わせ、近隣の人々の心を痛め、地域社会を徐々に荒廃させていく」(同書：一七六)事例を紹介している。

(9)ラファエル(一九八八)は精神医学の立場から災害現象を精査したもので、「立ち退き・仮り住まい・再定着」(一九七一—二三五)などの章を含んでいる。

(10)神戸市の丸山と並んで真野は、奥田(一九八三)などで都市コミュニティ論を学ぶ者には、あまりにも馴染みな地域である。

文献

船橋晴俊・長谷川公一・畠中宗一・勝田晴美、一九八五年、『新幹線公害』有斐閣選書。

本間義人、一九九二年、『国土計画の思想』日本経済評論社。

小林重敬編著、一九九九年、『分権社会と都市計画』ぎょうせい。

今野裕昭、二〇〇一年、『インナーシティのコミュニティ形成――神戸市真野住民のまちづくり』東信堂。

室崎益輝、「防災の都市づくりについて」(講演:「活力ある人間・文化都市神戸復興をめざす研究会」)一九九五年五月二七日。

――、一九九九年、「被災地の復興と安全安心都市づくり」日本都市計画学会・防災復興問題研究特別委員会編『安全と再生の都市づくり――阪神・淡路大震災を超えて』学芸出版社。

中林一樹、一九九九年、「復興への事前準備と防災都市づくり」日本都市計画学会・防災復興問題研究特別委員会編『安全と再生の都市づくり――阪神・淡路大震災を超えて』学芸出版社。

大矢根淳、一九九四年、「第二次世界大戦下『隠された』震災をめぐる調査活動の展開」川合隆男編『近代日本社会調査史Ⅲ』慶應通信。

――、一九九九年、「災害とコミュニティ」小坂勝昭他編『テキスト社会学』ミネルヴァ書房。

――、二〇〇三年、「'03 旧正月・北京『胡同・四合院』踏査報告」『専修社会学』一五。

奥田道大、一九八三年、『都市コミュニティの理論』東京大学出版会。

奥田道大編、一九九九年、『講座社会学四 都市』東京大学出版会。

尾島俊雄、二〇〇二年、『ヒートアイランド』東洋経済新報社。

Raphael, B., 1986, *When Disaster Strikes-How Individuals and Communities Cope With Catastrophe*, Basic Books. ＝一九八八年、石丸正訳『災害の襲うとき』みすず書房。

佐々淳行、一九九一年、『完本 危機管理のノウハウ』文藝春秋。

――――、一九九七年、『危機管理』(公務員研修双書)ぎょうせい。

進藤兵、一九九九年、「第三次東京改造か？――新しい千年紀に向けての新保守主義的都市化戦略の分析」『東京研究』三号(東京自治問題研究所) 東信堂
高橋裕、一九八八年、『都市と水』岩波新書。

高根正昭、一九七九年、『創造の方法学』講談社現代新書。

内橋克人・鎌田慧、一九九五年、『大震災復興への警鐘』岩波書店。

吉井博明、一九九六年、『都市防災』講談社現代新書。

資料等

『新しい時代の治水政策の答申について(報告)――社会資本整備審議会河川分科会答申』国土交通省河川局、二〇〇三年。

『開発と地域社会・生活の変容過程――駒木地区における常磐新線計画に関する資料』(改訂・実習ゼミ授業成果報告書、大矢根研究室)、二〇〇三年。

『神奈川県西部地震被害想定調査――手法編報告書』神奈川県、一九九三年。

『経済再生への戦略』経済戦略会議(小渕内閣)、一九九八年。

『事前復興計画のフレーム検討調査』三菱総研／まちづくり計画研究所、一九九六年。

『人口減少下の社会資本整備のあり方』土木学会、二〇〇二年。
『新東京圏の創造』経団連、一九九八年。
『東海地震等からの事前復興計画策定調査』三菱総研、一九九七年。
『東京都都市復興マニュアル』東京都都市計画局、一九九七年。
『東京都生活復興マニュアル』東京都政策報道室、一九九八年。
「東南海・南海地震等に関する専門調査会」(記者発表資料)。
『都市構造再編プログラム』建設省・東京都、一九九八年。
『日本の将来推計人口』国立社会保障・人口問題研究所、二〇〇三年。
『防災都市づくり推進計画〈整備計画〉』東京都都市計画局、一九九七年。
『防災白書』(平成一四年度)。

終章　都市社会のリスクとその変容
――直近の生活危機から恒常的な不安の沈潜化へ――

浦野 正樹

1　都市を襲った災禍

都市は有史以来、さまざまな災禍と隣り合わせで存在してきた。序章では、人間の大規模な密集がもたらした三つの危険、すなわち疫病の蔓延、火災・水害・地震などの災害、飢餓などに典型的に現われる飲食の確保、について言及している。また、都市を襲った災禍の歴史としては、火山噴火に襲われた古代都市ポンペイの滅亡、中世都市を襲ったコレラ、ペスト等の伝染病やまちを焼き尽くす大火、そして有史以来続く戦争等があげられる。P・A・ソローキンは、ロシア革命に遭遇した自分の体験を投影させたその著書『災害における人と社会』(Sorokin, 1942 ＝一九九八)で、人類に降りかかる種々多様な災禍のうち、戦争、革命、飢餓、ペスト（疫病）の四つが、発生頻度、破壊力の点で最も恐ろしいと言及している。日本の近世以降を取り上げても、浅間噴火や島原大変などの火山噴火災害、関東大震災をはじめ、第二次世界大戦前後の一連の大地震、最近の阪神・淡路大震災などの地震災害、伊勢湾台風や枕崎台風、関東地方を襲ったカスリーン台風などの風水害といったいわゆる自然災害、その他、人為的なものとして近世江戸を襲った都市大火、東京大空襲等の幾多の戦災があげられる。

それらのうち、とくに都市貧困層の集住とそれに伴う居住環境維持やその他の社会問題への対応は、都市居住と深く関わって歴史上進行してきたという意味で古典的な都市問題として知られており、それに対する日常的な対応がまず都市政策における課題として浮上したといえよう。

ヨーロッパの産業革命史は、一方で農村からの人口の締め出し、他方で低廉で豊富な労働力を必要とする都市の原初的な資本が呼応しあって、産業化の進展により都市への継続的な人口移動が生起することによって進行していったといわれている。こうした人口移動を伴いながら都市貧困層が継続的に創出されるプロセスは、同時に都市の一角に（規模や分布の広がりは時代によって異なるものの）貧困層を受入れる地域を生み出していくことになる。歴史的にみれば、大英帝国の首都ロンドンにおける貧困と豊かさの二極分化とその貧困層の生活の厳しさを描いた分析（Mayhew, 1861-62 ＝一九九二; Engels, 1845: ＝一九九〇）、また、日本では明治のスラム探訪記、東京市社会局などの調査が有名である（松原、一八九九／横山、一八九九／近現代資料刊行会編、一九九五・一九九六・二〇〇三）。

アメリカの都市においても、ヨーロッパからの大量の移民たちが流入し集積しつづけることで、貧困・非行・犯罪・人種間の対立抗争などさまざまな社会問題が発生していく。シカゴ学派都市社会学は、二〇世紀初頭、アメリカ西部開拓の過程のなかで発展した中西部の拠点シカゴを対象にして、こうしたヨーロッパからの大量の移民たちやアメリカ東部・南部からの移住者たちが集積することで社会問題が連鎖して生起する都市の貧困集住地区における人々の生態や生活課題の表れ、課題克服へのさまざまな試みを描きだそうとした。アメリカの都市社会学は、いわばそうした古典的な社会問題を解決するための実践的な学問として誕生したのである(中野・宝月編、二〇〇三)。

また、戦後のアジア、アフリカなどの発展途上国においても農村から都市への継続的な人口移動を伴った都市貧困層創出プロセスを考えてみると、そのプロセスは都市のなかに貧困層を受入れる広大なスラム地域を生み出していくことになった。

こうした貧困地域は、劣悪な生活環境や居住環境を抱え、それがゆえに地域の衛生状態も悪くさまざまな伝染病などの疾病にも脆弱で、居住者たちの健康状態にも悪影響を及ぼす。また、水害や地震、火災による延焼などの災害に巻き込まれ大きな被害をこうむる危険性も非常に高いのである。序章に描かれているように近代都市の歴史は、こうした古典的な都市問題との闘いの歴史(それが同時に隔離・排除の歴史にもなる)に彩られてきた。都市の日常的に存在する社会問題とそこに潜むさまざまな危険、とくに都市下層が直面していた状況は予期しがたいほど厳しいもので生命の危機と隣接していた。第

2章「都市生活の展開・変容とリスク——下層社会から中流社会への動きのなかで」（中川清）論文は、マクロ統計としての都市の人口動態データを活用しながら、都市下層とそれに隣接する諸階層の生活の推移を探ったうえで、日本の都市における死亡率が出生率にくらべても高く、長く人口の自然増加が見込めなかったことを明らかにしている。一九世紀末の都市は、急性伝染病の流行に襲われ劣悪な生活環境地域を抱える危険な場所であり、出生数と死亡数が拮抗する死と隣り合わせのまさにリスクに満ちた空間であった。しかし、それらの都市において伝統的に存在してきた古典的なリスクは、少しずつではあるが、またそれぞれの時代の経済社会システムのあり方を反映してさまざまな陰影を伴ってではあるが、徐々に変質していく。

2　古典的なリスクへの対応とリスクの変質（一）

——都市貧困層と都市住民の生活水準の上昇

古典的なリスクを解消しようとするプロセスは、いくつかの側面からみていくことができるが、そのうちのひとつは第2章で描かれているような都市下層社会から徐々に労働者層等が分離し、なにがしかの生活条件の向上を果たしていく諸社会階層の形成プロセスとしてみていくことであろう。資本の原蓄積期には、たいへん分厚かった都市の貧困層（従って彼らが集住する貧困地域も都市の広範域を覆っていた）が、都市の経済発展に並行してその利益の一部を獲得することによって経済的な貧困を徐々に克服しゆっくりとではあるが階層上昇を体験していく過程である。まず、熟練の工業労働者など比較的安定した雇用形態をもつ労働者階級が形成されていくにつれて、安定的恒常的な雇用形態を持たない都市下層との間に一定の分離状況が生まれていく。同時に新中間層も、労働者層と下層部分は重なり合いながら徐々に一つの社会階層を形作っていく。都市への富の吸引が都市の発展を促し、それにより都市下層社会の分離・解体と都市の構成人口のダイナミックな変化が生じてくるのである。人並みの豊かさを求める自覚的な営為が、各階層で「非有業人員の圧縮と生活単位の限定（家族員の縮小）」を促し、人口総中流化へと向かう壮大な消費社会への行進が始まっていった。

第2章では、都市の人口動態データや家計調査データなどを活用しながら、都市下層とそれに隣接する諸階層の生活の推移を探ったうえで、一九世紀末から二〇世紀末までの一世紀の間に都市生活のリスクの様相が極度な変化を遂げたことを論じている。都市下層社会は徐々に縮小し、工業労働者は都市全体の生活環境改善に伴い再生産が可能な独自の労働者階層として上昇・離脱し、やがて消費社会が浸透するなかで個々の生活単位を縮小（非有業人員を圧縮）させ、よりよい生活をめざし中流化へと自己変容を遂げてきたのである。二〇世紀後半における豊かさを求めての都市生活の変容は、近代における都市生活の発展の結果として都市の自然人口動態の停滞（そして少子高齢化という現象形態）を生み出してきたが、そのなかに現代の都市の抱える新たなリスクが生まれつつあると中川清は論じている。

人並みの豊かさを求める自覚的な営為が、人口構造面では、各階層でそれらの貧困の度合いにあわせた非有業人員の圧縮と生活単位の限定（家族員の縮小）へと向い人口総中流化への舞台装置をつくりあげていくと同時に、物質的な豊かさを得ようとする壮大な消費社会への行進が始まっていく。橋本和孝が第3章「豊かな生活と消費生活」で描く消費社会への過程は、まさにそうした社会変動の姿を描き出したものに他ならない。

第3章は、ベトナム・ハノイの現在進行形の急速な変化を枕にしながら、戦後日本が経験した怒涛のような消費生活の変化を主題にしたものである。そこで経験されたものは、耐久消費財の保有と利用を中心とした「豊かな生活」の体験であり「個人主義的消費生活様式」の導入であった。しかし、この豊かさの構築のプロセスは、同時に農村から都市への地域移動、社会移動のプロセスでもあり、それは団欒など家族や友人のコミュニケーション機会の喪失といったものから、公害問題の発生、食生活の安全性への不安、ゴミ問題や資源問題の噴出に至るまで、社会的に多面的な負の影響やリスクの増大をもたらすものであった。現代社会は、貧しさに起因するリスクへの対応に加え、そこから脱しようとする消費社会化という過程のなかに潜み生み出されてくるリスク要因にいかに直面するかが問われる時代に突入したのである。世紀転換期の生活様式の課題は、消費社会の豊かさに内包されるさまざまなリスクにいかに対応するかである。橋本和孝は、それに答えて、二一世紀の生活は、第一に伝統と新しさの調和、第二に計画的で公共交通優先の都市づくり、第三に社会的生活基盤の一体的整備、第四に環境適合的で資源節約・資源循環型消費、第五として福祉社会システムの整備のうえに築かれるべきと要約している。

3　古典的なリスクへの対応とリスクの変質(二)
——都市への資本の蓄積過程と経営体の発展

古典的なリスクを解消しようとするプロセスを見る際の二つめの側面は、第1章「経営文明と都市社会——大量生産型企業の論理」(鈴木秀二)に描かれているような都市への資本の蓄積過程と経営体の発展にみることができる。第1章では、経営体の発展を輸入代替から工業化、大量生産システムの成立、グローバル化へといたる、それぞれの段階での経営ロジックとその推移として把握し、現代社会では、とくに地域社会に大きな影響力をもちながら、遠い未知の存在でかつ地域社会のサステイナビリティを揺るがす多国籍企業に焦点をあて、その経営原理と経営戦略の推移を抉り出す必要のあることが力説されている。

都市への資本の蓄積過程と経営体の発展をみる一つの段階は、輸入財の修理に必要な部品製造を介して都市の経済発展と繁栄が生み出される「輸入代替都市の成長」のメカニズムにみることができる。輸入代替都市の成長のメカニズムは、経済システム内部のみか、他の社会システムを巻き込んだ転換になるという。「受動経済」を乗り越えるメカニズムは、経済システムの内部に根ざしながら、文化・教育・政治・社会システムを組織しなおし、かつての閉鎖的なローカル経済圏を乗り越えるダイナミズムをもつ。市場の拡大によりローカルな経済圏を越えて成立する国民経済は、政府を主とする制度的補完によって意図的に方向づけられながら、資源を集約し急速な産業革命と工業化過程を進行させていく。そのなかでは、大量生産体制による規模の経済と専門分化(分業)の発達が促進され、いわば都市域には市場の等質空間が出現してくることになる。

次の段階である大量生産体制の根本にあるロジックは、人間の熟練の機械による代替であり熟練の解体である。これらは同時に、テクノロジーと組織運営の方法、労働市場の操作形態という経済システム、ケインズ主義的福祉国家と国際金融・貿易のシステムなど大量生産体制を支える多面的・多層的な要因の発達と深く結びついている。いわば、生産と消費の回路においてフォーディズム的調整がなされるプロセスであるとも言い換えることができる。前節で描き出された高度経済成長の過程は、まさに工業化段階から大量生産システム成立期にかけての日本の姿(そして社会の変化の姿)を投影した現象である。

このような段階を経て、現在、グローバル化の進展と多国籍企業の台頭は、都市の経済集積とその変動を考えるうえで不可欠な要因となっており、その国家を超えた企業行動と経営戦略が都市の経済生活面でのリスクを増大させているといえよう。一般的には、グローバル化の進展と多国籍企業の台頭は、時差を利用した世界規模のR&D、世界最適調達、賃金と技能のレベルのバランスを計算した世界最適生産など、従来の経営論理とは次元の異なる経営戦略に彩られており、地域社会にとっては遠い未知の存在であり、見えざる競争力に基づいてグローバルな世界戦略を仕掛ける経済主体としての多国籍企業のCEOたちに委ねられているとみなされてきた。大量生産最盛期のグローバル化のモデルを、ヴァーノンはプロダクト・サイクル理論を用い三段階のサイクルとして説明する。第一の新製品開発・販売期、第二の成熟製品化と規模の経済のサイクル（ヨーロッパへの普及とヨーロッパ現地生産化）の進行期、第三の製品の標準化・陳腐化と標準化製品の発展途上国での海外生産と北米輸入の進行期という三段階のプロダクト・サイクルを経て、よりグローバルな生産と消費の循環へと転換していくプロセスが、そこでは説明されている。

しかし、こうしたグローバル企業の行動は、ポスト大量生産時代のグローバル化のなかでは大きく変質しつつあるという。ポーターのクラスター論では、多国籍企業の国際的な優位性の形成を、その多国籍企業の成長をうながし育んだ特定の国や本拠地のローカルな制度・社会・文化との関係で論じ、現在ではグローバル企業そのものが、その国際的な競争力を揺籃した特定の国や地域の諸制度、投資を呼び込み熟練を磨く専門的・科学的基盤、関連産業・支援産業の集積、需要の質的な条件といった〈地域的優位性〉を生かしつつ、多文化的な環境のなかで、社会的正当化の基準や過程の複雑化に直面しながら、多様性の管理を重要な経営戦略にしていかなければならなくなっているという。いわば、新たなリスクの源泉として、多文化的な接触と多様性への対応が浮上してきたのだといえよう。

4　古典的なリスクへの対応とリスクの変質(三)
――都市における専門機関の整備と依存システムの発達

古典的なリスクを解消しようとするプロセスを見る際の三つめの側面は、都市におけるインフラストラクチャーなど諸機関の整備のプロセスである。これは別の表現を使うと、市場や行政など専門機関に依存したシステムが発達していくプロセスでもあり、同時に、都市問題の解決を専門機関に依存することで、システム設計の中に思考を解消し、解決策を模索する権限と責任を専門家へ全面的に委譲していくプロセスでもある。この結果として、都市問題解決のプロセスがブラックボックス化していくことにより、都市住民の目には問題自体がさも存在しなくなったかのようにみえてしまい、ますます問題の不可視性が高まっていくのである。このことは、水問題やゴミ排出―環境問題のように、〈受益圏での問題の解消〉と〈受苦圏側での問題解決困難性の増大〉につながっていく。第6章「豊かさの代償――環境問題」(横田尚俊)論文では、このブラックボックス化を外部化・不可視化へのメカニズムとして論じている。

第6章では、まず環境との接点を歴史的に通観し、都市生活が糞尿や廃棄物による生活環境汚染やそれによる衛生状態の悪化と隣り合わせの状態にあったこと、その最前線で都市下層社会の貧困生活が繰り広げられていたことが論じられている。そしてその問題の解決は、電力エネルギー消費の供給源としてであれ、大量生産・大量消費が必然的に生み出す廃棄物の大規模処分場としてであれ、リスクや負担を「外部——地方農山村や離島、第三世界諸国など——へと」押し付けることで達成し、都市は表面的な「豊かさ」を維持し続けるのである。このようにして廃棄物処理などさまざまな機能が専門的問題処理システムに委ねられることにより、次第に外部化され不可視化されていく。迷惑施設を受け入れることで経済活性化の糸口をともかく得ようとするところまで追い込まれた過疎農山村・離島の姿は、廃棄物処理などをめぐって受益圏と受苦圏との関係が固定化されていくメカニズムを象徴的に映し出しているといえよう。これらの関係性を問い直すものとして、循環型社会への模索と、その一環としての資源リサイクルをめぐる住民の取り組みが論じられている。

都市貧困層の集住とそれに伴う居住環境維持やその他の社会問題への対応に典型的に見出される都市の古典的なリスク回避のプロセスは、以上みてきたように、一つには都市貧困層の分離・解体と下層労働者の生活水準向上へのプロセスとして、ふたつには都市への資本の蓄積過程と経営体の発展のプロセスとして、三つには都市における専門機関の整備とそれへの依存度が高まっていくプロセスとしてみていくことができる。それら三つのプロセスは歴史的には相互に関連しあい重層し合いながら展開していく。

5　経済的繁栄への道の裏側で

しかしすでに言及してきたように、都市の古典的なリスク回避のプロセスは、同時に次元の異なる新たなリスクを生み出すことになる。第一のプロセスとして述べた都市下層に隣接する諸階層の生活水準の上昇と中流化は、第二のプロセスである都市への資本の蓄積過程や経営体の発展と歴史的には並行して進行してきたが、こうした経済的繁栄への道と表裏一体のかたちで歴史上現出した負の遺産、マイナスの連鎖がある。

第一には、経済的繁栄を追及する企業活動そのものが直接負の遺産をのこした事例として、かつての日本の主要産業が、その揺籃期・成長期において起こした大気汚染、水質・環境汚染、有毒物質の廃棄問題などのさまざまな公害問題を挙げておく必要があろう。これらは戦後の日本にとってとくに重い体験となった出来事である。ここではそれらの公害のうち、水俣病とそれを取り巻く水俣市などの地域社会、八幡製鉄所と八幡の地域社会をめぐる問題について、若干の検討をしておく。

日本の公害研究を生涯にわたって推進した宇井純は、水俣病を解説した論文のなかで日本窒素水俣工場の性格について次のように論じている。

水俣市と水俣工場の性格も、昭和三〇年代の日本の産業の保護政策と高度成長を、すでに明治末年から先取りしたものであった。特に日窒水俣工場で開発された製造技術のほとんどは、戦前・戦後を通じて日本の化学工業の指導的立場を占め、市場独占の基盤となったものであり、その開発過程もまた日本型技術の開発の歴史として、日本の化学工業の性格を体現したものである。明治末年人口一万の小商港・漁村であった水俣町が、新産業都市型の工業誘致により人口五万の工業都市となり、日窒水俣工場関係者が市政の中枢を占めて行政を左右した(宇井、一九七〇：三八)。

つまり、日本の化学産業の勃興とその主要な技術の揺籃期において、日本窒素水俣は最先端にありかつ日本の化学工業の経営体の原型として位置づけられること、そしてその経営体の発展と利益構造を支えたものとして地域と産業の特殊な関係(自然環境の独占的な収奪、それを可能にした企業支配的な地域構造)があったことが明らかにされている。

水俣病は、工場排水の中に含まれるメチル水銀化合物が海中の生物に蓄積され生物連鎖により凝縮され、その魚を食べた人間に発症する病気であるが、その関係を解明するまでには医者・科学者、行政、企業、地域社会を巻き込むさまざまなやりとりと紆余曲折があり一〇年以上もの長い時間がかかったのである。その解明の最大の障害は、企業秘密として化学工場の製造過程を一切明かさず不利な情報を握りつぶした企業、そして企業利益を保護し優先した行政対応にあり、それに地域社会における階層的な社会関係、企業城下町的な運命共同体的意識が付け加わって、何層にもわたる患者差別・隔離が進行し問題を複雑化させたのである。この出来事はその後工場の縮小・撤退のみならず、住民の対立感情と焦燥感のなかで水俣の社会関係を疲弊させていく（水俣病被害者・弁護団全国連絡会議編、一九九七）。地域の社会関係の再構築をねらった「もやいなおし」の試みがはじまるのは、病気の発見から約四〇年後の一九九〇年代半ばになって水俣が過去の負の経験を乗り越え環境創造都市への道を模索しだしてからのことである（環境創造みなまた委員会編、一九九五）。

一方、八幡製鉄所はいうまでもなく日本の製鉄業の嚆矢であり日本近代産業の代表的存在である。「各種工業の国際競争力を向上させるためにも鋼材国産化を推進するという役割」（新日本製鐵株式会社編、二〇〇一：三）を担って一九〇一年官製工場として操業を開始した。地元の八幡村では積極的な誘致運動が展開されたという。一八九七年製鐵所の開所前に人口一二二九人であった八幡村は、三年後には六五〇〇人を超える町になり、その後北九州工業地帯の中核として成長していく。「八幡製鉄所は、導入技術の吸収と独自技術の開発による絶え間ないイノベーションによって日本近代化の一翼を担った。八幡が中心となった鉄鋼業は基幹産業として富国強兵・殖産興業から戦後の経済復興、高度経済成長、大競争時代へと日本経済を今日まで支えてきた」（新日本製鐵株式会社、二〇〇一：二）。

北九州市は現在、資源循環型都市づくりを掲げ、市民とともに進める環境未来都市づくりを打ち出しているが、その背景に、製鉄所の排煙・排水による環境汚染に対し産業振興を軸とする都市としてどう対応するかの長い模索や苦闘があったのである。

操業当初から一九六〇年代半ばまでは、工場から吐き出されるばい煙は町の繁栄の象徴であり、煙が多いことは市民の豊かさに繋がるものという意識が地域住民に浸透していたという。また地域生活は職員・工員、商店などの自営業層も含めて圧倒的に製鉄所への経済的依存度が高く、高度経済成長の過程の中でばい煙の発生量が拡大してもその意識は容易には変わらなかった。公害反対運動のきっかけは、戸畑の一地区の婦人学級の学習会活動がきっかけになって地域のさまざまな圧力を排してばい煙の実態調査が行われ、喘息に悩む子供をもつ母親たちの「青空がほしい」との呼びかけが広がったことである。運動の道のりは本当に長く厳しいものであった(今村、一九七〇：一三〇―一三五)。なお、公害規制と公害対策の道のりは、行政による公害規制への取組み、企業側の公害克服への技術革新の努力を含めて、さらに長く厳しいものになったといわれている。

これらは、ともに企業城下町の特徴をもった地域での出来事であるが、こうした地域では、地域内での権力構造の固定化と圧倒的な力の差が生み出すさまざまなひずみが地域社会を覆っており、公害問題が個別事象・個別生活問題として捨象され、企業―行政―市民のどのレベルにおいても積極的に解決すべき事項として浮上しなかった構造が、問題の隠蔽と長期化を生んだ背景にあったと思われる。歴史上出現する負の遺産・マイナスの連鎖は、権力構造のあり方により、解くことの難しい深い陰影をもったかたちであらわれてくることがある。したがってこのようにして生じるリスクも権力の作用を敏感に反映するのである。

第二のマイナスの連鎖としては、上記のような経済的繁栄への道程で、大量生産—大量消費—大量廃棄のシステムのひずみが露呈された出来事をあげておく必要があろう。大量廃棄のシステムの限界は、一九七〇年前後の東京ゴミ戦争の時期に顕在化し意識化されるようになったが、その後も若干の軌道修正と廃棄ルール・回収ルートの模索を進めつつも大量生産—大量消費—大量廃棄のシステムは継続し、近年ではとくに産業廃棄物の不法投棄や処分地をめぐる問題がクローズアップされている。産業廃棄物の問題はその害毒が近未来に出てくるというだけではなく、現在自然生態系に深刻な影響を及ぼしていると同時に、過去に埋設され処分済のはずの産業廃棄物が自然生態系の作用により時間を経て地表に露出して表面化したり有毒物質が大気や河川・地下水・湖沼・海などに溶け出したりというかたちで現れる現象でもある。埋設処理され忘却されたはずのものが、歴史を超えて表出する、そうしたリスクを再生産し増幅し続けているのである。

東京ゴミ戦争は一九七〇年代初頭を象徴する社会的な出来事であった。増え続けるゴミ量に対して最終埋立処分地である夢の島の受入れ容量が将来計画で限界に達することから、ゴミ焼却処分により埋立地に持ち込むごみ量を規制する方針が出され、東京都は特別区内の焼却施設を増設する計画を立てた。そのひとつが一九六七年の杉並清掃工場の建設計画の発表である。しかし、この計画に対し杉並区では住民の反対運動が激化し計画自体が混迷状況におちいったため、それまで埋立処分地への経路として大量のゴミ運搬車が出入りし、交通渋滞、大気汚染、悪臭に長く悩まされていた江東区が反発して杉並区方面からのごみ運搬車の入区を阻止する事態に発展したのである。江東区側からみると杉並区側の対応は迷惑施設の建設を拒否する地域エゴとみてそれに反発したのである。杉並区では、区内のゴミ収集ができなくなり、ゴミが路上や建物の敷地にあふれる事態となった。こうした混迷に当時の美濃部都知事は東京ゴミ戦争を宣言した。ゴミの自区内処理の原則が打ち出されたのもこの過程である。この出来事では、究極的には〈焼却施設の民主的な建設促進〉に論点が焦点化されていったが、その背景として「政府には廃棄物処理技術の開発を、そして生産者には処理方法のない生産物の生産制限と廃品回収義務を訴える」という美濃部都知事の訴えがあり、〈生産段階からの排出規制〉と〈ゴミの総量抑制〉の提起がなされていた。こうして大量生産―大量消費―大量廃棄のシステムが廃棄物の処分場という別の制約に直面し、それが都市生活の麻痺など多くの波紋を引き起こすことがはじめて意識されはじめたのである。しかし、その後の展開は、一方で清掃技術・清掃―廃棄システムの実質的な高度化、他方で市民活動と連接したかたちでの理念としてのリサイクル運動の模索が併行して進むことになる（寄本、一九九六）。

なお、この大量生産―大量消費―大量廃棄のシステムの問題は、ゴミなどの物質循環だけにとどまらず、さらに大気・水などの自然循環やエネルギーの循環にまで広がっており問題を投げかけているのである（嘉田編、二〇〇三）。こうした循環は、エルニーニョ現象や都市ヒートアイランド化現象など、既に一定の地域的範域を超え自然生態系への広がりをもつ問題として浮上している。先述した歴史を超えたリスクの再生産や増殖の究極的な姿を、エルニーニョ現象などの異常気象やオゾン層破壊などの地球環境問題のなかにみることができるのである。

ここでは、現在の自然循環やエネルギー循環システムに構造的に潜む陥穽をみるひとつの例として、首都圏の水資源開発に関わるダム建設の問題をとりあげておこう(浦野、一九七八・一九七九)。

戦前・戦後を通じて、洪水対策などの治水対策を主眼とする河川改修と治水ダムの建設計画は、旧内務省、戦後の建設省の技術官僚が地形などから純技術的に適切な立地候補を調査し建設計画の立案をしたうえで地元交渉を進めていった。その後、電源開発や水資源開発など産業振興を促す利水を目的とする多目的ダムについても同様の手法と手続きがとられていくことになり権限領域は拡大強化されていった。治水、利水とも計画の根拠付け、費用計算、技術的可能性の検討はすべて国を中心とする計画者側に委ねられ、そこで練られる計画に立脚して事業が進められていったのである。そして、国により立地適地とされた場合はほとんど必ずダム建設が実現された。そうした権力主導によるダム建設がかげりを見せ始めるのが、一九六〇年代の松原・下筌ダムをめぐっての「蜂の巣城の闘い」と呼称されるダム建設反対運動を契機にしてである。この時、地元の名望家室原知幸が、公共事業は「理に叶い法に叶い情に叶う」ものであるべきだと提唱し法廷闘争を含めた激しい反対運動を繰り広げたのである。この事件は長い時間を費やし法理上もいろいろな課題が浮き彫りにされたが、最終的には国が法廷闘争を押し切って勝ちとりダム建設用地の強制収用が行われたのである（関西大学下筌・松原ダム総合学術調査団編、一九八三）。

ダム建設計画は水没予定地住民の生活基盤や社会関係を根扱ぎにしかねないほどの深刻なインパクトをもたらす事業であり、また当時はとくに生活再建に向けての法的制度も整備されていなかったため地元の住民の負担感＝犠牲感は非常に強い。しかし、相手は国であり国家事業として洪水の危険性や水需要の将来予測などを含めた計画の根拠付け、水を利用する都県等の関連団体間の費用負担計算、ダム建設とそれに付帯する諸事業の技術可能性や補償レベルの想定などの情報を独占的に掌握し、かつ地権を楯に反対しても強制収用がつきまとう以上、地元住民は生活権を基本に掲げるしか対抗するすべがない。ただし、高度成長後期の価値観の変容（環境意識、生活者としての権利意識、公共性や事業手続きの評価など）、過密—過疎の深刻化などの激しい社会変動は、さまざまな社会的矛盾を突きつけ浮き彫りにさせたため、ダム建設事業は住民対応に長い時間がかかり膠着状態に陥って、着手まで二〇〜五〇年かかる状態が計画予定地ではどこでも出現した。ダム関連事業費は事業の長期化や地元対策の再検討などもあって、当然のことながら当初の予定に比べ大幅に加算されていく。この間、計画地区及び周辺部の地域振興に関わる事業は凍結され、地元は事業推進の政治的圧力に常にさらされる。

事業の公共性や正当性に疑念がもたれ、事業の停滞が頻発し長期化すること自体が大量消費システムのひずみの露呈であるが、それ以上に、これらのダム開発は、時代を下るにつれて利水を開発目的においるようになることからもわかるように、産業構造の転換と都市経済の成長により大量生産―大量消費―大量廃棄のシステムが社会に浸透し水などの自然循環に影響が出てきた結果として起こってきたものであり、それがさらに大規模な環境の変容を誘発し地域の自然環境を不可逆的に改変し自然生態系に甚大な影響を及ぼす。近年諫早湾干拓事業で争点にされた環境変容・破壊につながる問題がそこにはあるのである。

かつて論じたことがあるが(浦野、一九七九)、ここで留意すべきひとつの点は、計画の根拠付け、費用計算、技術可能性などの検討とその情報が計画者側に独占的に掌握され管理されている点である。それが端的にあらわれてくるのが「水需要の将来予測」「利水側の費用分担」の立案過程である。これらが国―都県の水資源計画関係セクターに委ねられてしまえば、都市住民にとって水不足現象の背景や水資源管理はブラックボックス化し不可視の領域になる。関係セクターでは、現行の水使用のあり方(浪費的な構造)を前提にし、都市・産業優先と「近代化=水使用量の増大」幻想を背景におきながら水不足現象が生じないよう慎重に「水需要の将来計画」をたて、それに基づく「利水側の費用負担」を設計して最も適切な時期に公表し行政間の交渉のレールに乗せるだけである。都市住民にとって、これではダム計画によって水没予定地とされた住民の半世紀に及ぶ苦闘と苦悩は、自分たちの生活とはまったく切り離された遠い出来事としてしか存在しない。計画セクターからすれば、都市住民の意識は、現状の水価格と水利用技術(節水技術を含めて)を前提にした水利用の実態(水使用量と利用の仕方)にシステム的に反映されていると見て、それを政策的に埋め込んで「水需要の将来計画」を策定するだけである。ダム計画予定地の住民にとって、事業推進に向けての政治的圧力は、地元の局地における直接的な計画側との交渉局面において感じられるだけではなく、局地でのやり取りを左右する施策の受容と対抗の背後に見え隠れする都市住民の漠然とした意識の束（計り知れず捉えきれぬ漠然としたものであるが）として長期にわたる出来事の推移のなかに感じ取ることになるのである（萩原、一九九六）。

私見では、水需要の将来計画の過大な見積もりは、産業別や機能別に積み上げた水使用量の「基準予測値」の操作による上方誘導から出てきているとみている（浦野、一九七九）が、同様の操作は電力需要予測と原子力発電による発電費用の原単価の設定にもあらわれており、使用済み核燃料の再処理費用などが過小に見積られたり除外されたりしているために相対的に原子力発電の経済的有利性が誇張された経緯があったと思われる（『朝日新聞』、二〇〇三・一一・二一）。

これらの事例は、既に述べた都市における専門機関への依存度が高まるプロセスをよく現わしており、都市を支える諸機関の専門分化、各機関の独立性の強化と権限の独占的な掌握が進むなかで、ブラックボックスとされた部分に潜む陥穽が生まれてくるありさまが浮き彫りにされている。

こうしたブラックボックスとされた部分に潜む陥穽の発生が、近代化や都市化の流れのなかでの歴史の必然であったのか、それとも戦後日本の特殊な社会情勢のなかで偶発的な事象が重なり合って発生したものであったかについての検討は、今後の社会的実践を考えていく上では重要であるが、ここではその指摘に留めておく。

さらに、上記の事例は、都市と農山村地域をつないだより広範域なシステムにおける権力構造とその影響が浮き彫りになってくる事例でもある。都市を中心とする市場経済の浸透期・成長期、すなわち資本を集中させ資源を集約的に利用することで広範域にわたる市場の等質空間を作り出す過程においては、国家は往々にして大都市＝受益圏、農山村と地方都市＝受苦圏とする多くの政策を作動させ人口移動現象を誘発させながらその関係を固定化させていく。ここでは、権力関係がより地理的に拡大したかたちで、都市―農山村関係のなかに潜み地域の自律性を越えて作用する権力磁場として出現してくるのである。

経済的繁栄への道と表裏一体のかたちで歴史上現出したマイナスの連鎖の第三は、こうした専門機関への依存度の高まり、都市を支える諸機関の専門分化、各機関の独立性の強化が、日常的には比較的露出しないものの、チェック機構が甘くなったり目先の効率主義に走ったりすると、あるとき突然その欠陥が露出する〈システムの脆弱性の構造化〉につながっていくことである。こうした欠陥が露出する典型的な場面が災害などの危機状況であり、そうした状況下で構造の奥に潜み日常的にはみえにくい脆弱性が突如姿をあらわすのである。そうした危機状況では、平常時においてはあまり意識されることがないリスクが顕在化し、狭い意味での「合理性」「効率性」による判断が人為的なミスを誘い出しながらシステム連鎖により災禍がさらに深刻化する。

もちろん文明論にまで議論を拡張させるなら、都市が幾多の災禍を乗り越えながら存在しつづけるためには、人々が一般的に出現可能性が高いと想定する危険に対しては物心両面でのさまざまな対処方法や備えを発達させてその危険に対応できるしくみを開発してこなければならなかった。都市の権力機構が、そうしたしくみを開発し統治の正当性を確保しつづけたがゆえに、結果として都市は社会全体のしくみのなかで主要な位置を占めつづけることができたのである。しかし、こうした想定を超える災禍は、構造の奥に潜む脆弱性をあぶりだす。

6　現代における危機的事象と現代の災禍の特徴
――都市災害の複合性・波及性・連鎖性と高齢型社会の波紋

そこで次に、マイナスの連鎖の第三の様相を明らかにするために、想定を超える災禍に直面して起こりうる構造上の脆弱性について、日本の現状に即しながらもう少し言及しておこう(浦野、一九九九)。日本においては、戦後とくに高度成長期以降、利便性の高い都市空間をつくりあげることに大きな力点がおかれてきた。また、各個別の組織・系列団体・セクターの連携からなる都市管理システムを想定してみると、それぞれの組織・系列団体・セクター内部の個別管理システムは、経済性、効率性を追求しながら一定の組織内論理に基づいた合理性を高度に発達させてきたのに対し、他の組織・系列団体・セクターとの連携や関係形成は、その時代の全体的な価値観と固有の特性をもつ制約下での競争原理に委ねられてきた。しかも、都市管理システム全体の危機管理や安全性の問題は、しばしば組織やセクター内部の経済性・効率性の追求の前に、直接関与し責任を担う人々以外にとっては、視界の外におかれる傾向が近年まで増加し続けてきた。

都市災害の特徴とされる〈災害の複合性・波及性・連鎖性〉の指摘は、こうした組織・系列団体・セクター内部での検討の積み上げによる防災対策では、さまざまな機能が相互に深く依存しあうことによって成立する現代の都市の防災対策としては有効ではなく、それぞれの組織・系列団体・セクターが相互に関わりあう接点において多くの盲点・矛盾点が災害時に噴出し全体的な機能不全に陥るという警鐘でもあった。

図1は、現代都市における災害危険度の増大を機能別に整理し、そのダイナミズムを示した都市防災概念図である。それぞれの都市機能を充足させる単位技術は、技術の進歩とともにますます高度化し、広域性と複合性を備えてきている。このことは、災害を大型化させ特殊化させ高度化させることにつながっている。それぞれの都市機能は、相互に複雑に連関しあい、高度な都市装置をつくりあげているのである。

市民社会全般のなかでの危険要因に対する問題関心の薄さという問題は、阪神・淡路大震災を経た現在でもいわゆる災害が被災関係者以外の人々の記憶から消され忘れ去られていく構図をみれば、最大の災害対策上の障害になっているといえよう。震災体験の風化と記憶の喪失が進む、こうした状況

図11－1　都市防災概念図

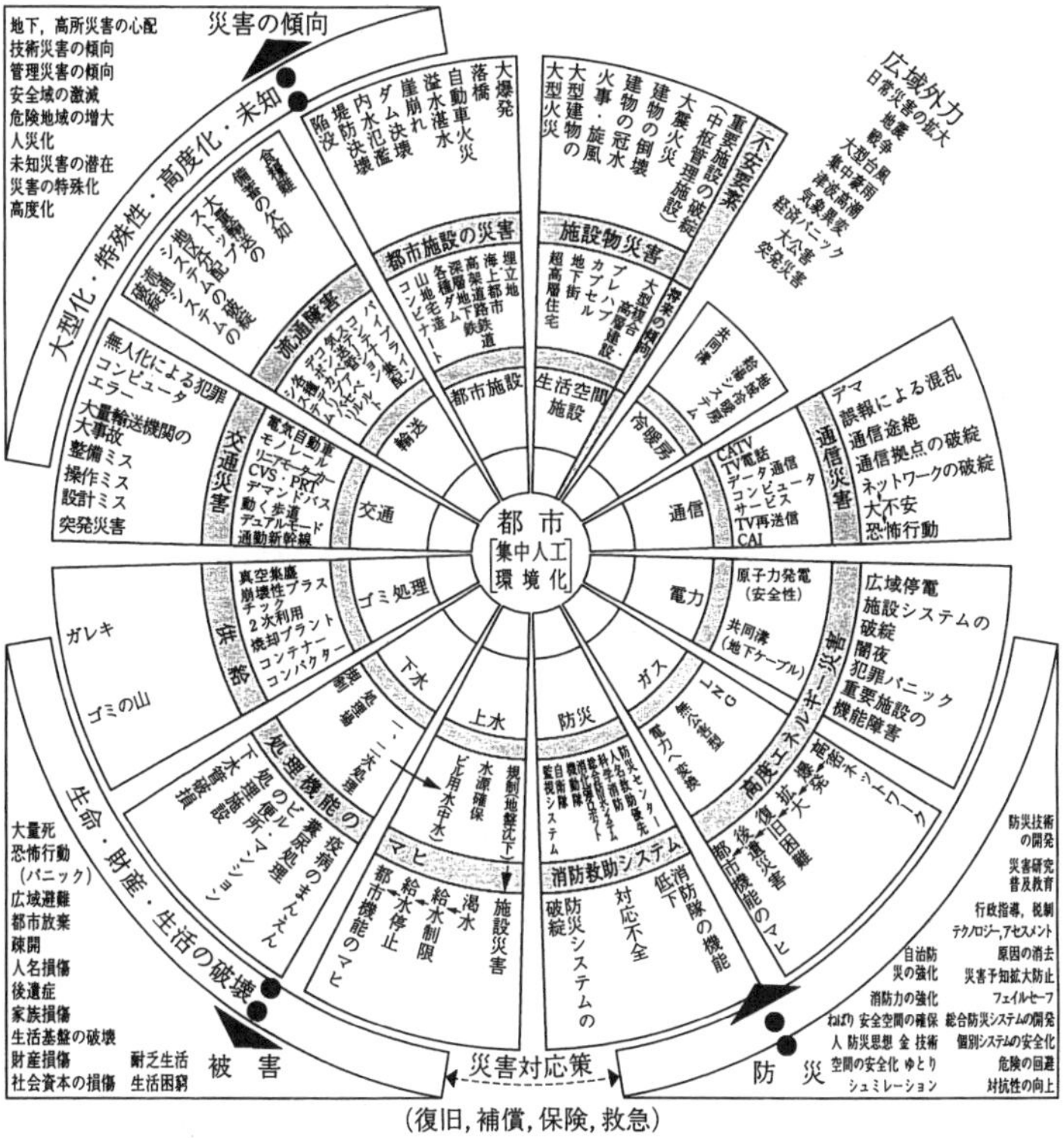

都市は、巨大な都市管理システムの複合体に依存している。災害の傾向は、大型化、特殊化、高度化が進み、広域外力（災害因）の作用による被害の様相は多面的なものになっている。

図1　都市防災概念図

出典：高野公男「都市の変容と安全」『セキュリティ』第1号、1977年から一部改編して収録。

そのものが、全体社会状況を覆う価値観やその価値観を前提にして設定される競争の制度的枠組みに影響を与え、異なる部門の組織・系列団体・セクター間の連携や関係形成のあり方を左右し、さまざまな施策や事業の実施可能性、受容可能性を決定していくことになるからである。

現代社会は、個別領域の専門機関に当該領域の解決策を模索する権限と責任を委ねる傾向が強く働く社会である。しかしながら、災害が被災関係者以外の人々の記憶から消され震災体験の風化が急速に進行するなかで、個別問題の専門機関によるシステム的な解決が、視野の狭い経済合理主義的価値観やその価値観を前提にした競争の制度的枠組みでなされれば、そこでの解決は限界に突き当り、結果として市場の失敗・政府の失敗が頻発する。新しい解決策の模索が始められなければ、都市を支える諸機関の専門分化、各機関の独立性の強化と権限の独占的な掌握の進行は、ブラックボックスとされる部分に潜む陥穽を肥大させ、複雑で制御の難しいブラックボックスを抱えるが故の「恒常的な不安」が増幅していくことになるのである。

大矢根淳は、第8章「災害と都市——二一世紀・『地学的平穏の時代の終焉』を迎えた都市生活の危機」論文で、都市が直面する災禍の一つの典型である自然災害との関係で都市のリスクと危機管理について論じ、現代の日本は三〇年に及ぶ地学的平穏の時代が終焉し大災害が数年に一度頻発し自然の猛威にさらされる地学的不穏の時代に突入していると主張した。戦後これまで都市システム構築の安全基準とされた〈想定〉を超える自然の猛威にさらされる時代に突入したとの認識は、雲仙普賢岳噴火災害、北海道南西沖地震、阪神・淡路大震災、有珠山噴火・三宅島噴火、東海豪雨などと続く一九九〇年以降の災害の経験に加えて、「歪みの蓄積が既に臨界点に達している」といわれる東海・東南海・南海地震などを念頭におけば、決して架空の空想ではない。大矢根淳はさらに、地学的には稀有な平穏の時代に実現した未曾有の経済的繁栄のツケが、都市の建造空間の変容やヒートアイランド現象などの形となって現れ、異常豪雨の発生など不穏の時代の危機に拍車をかけているという。一方、経済再生戦略とカップリングされた日本の都市構想――アッパーミドル層を重視した「職住近接」+「ゆとり」+「防災」イデオロギーの具現化した姿――は、その危機に対処する社会システムとしては脆弱で、さらに人口減少・高齢化は、災禍を受け取る社会体験という点では、異質な様相と克服の困難さを内包することになると指摘しているのである。

ここで指摘される高齢型社会における災害の特徴について簡単に補足しておこう。少子化傾向と高齢化の進行のなかで、現在、高齢者等の災害弱者を支えてきた家族やコミュニティの変容が急速に進んでいるといわれる。核家族化が進行して、高齢者のみの世帯が増加している一方、コミュニティ内の人間的なふれあいが弱化しつつある都市生活では、災害をはじめとする種々の危険に対してますます脆弱な体質をもつようになってきているのである。

阪神・淡路大震災の被災状況やその後の復旧・復興過程は、そうした高齢型社会の弱点を浮き彫りにしたといわれている。阪神・淡路大震災では被害自体が高齢者層に集中的にあらわれたのに加え、家族やコミュニティから分断された高齢者たちの震災体験は、避難所生活から仮設住宅、恒久住宅への移転のたびごとに、創り上げた人的ネットワークを壊して組み直していく体験でもあった。そのため、高齢者を取巻く社会の歪みが、災害を契機に、医療や福祉、住宅の確保等の面で一気に噴き出し、高齢者たちは自律的な決断のみでは解決しきれぬ厳しい生活課題に直面し、築き上げた生涯設計を手放すことを受け入れざるをえなくなったのである。高齢型社会における災害は、災害直後から災害の復旧期・再建期のすべてにわたり、若者を中心とした成長型社会における災害とは比べものにならないほど、多くの課題を突きつけるのである。

日本都市センターでは、平成九〜一〇年度に「都市の安全・防災等に関する調査研究」を実施し、そのなかで現代の「危機的事象」を次の二つの軸を設定して整理している。一つは、人間の営為がどの程度関わっているかに注目し、自然災害としての性格が強いものから人為的災害としての性格が強いものまでを位置づける軸である。もう一つは、突発的・短期的に損害を及ぼすという緊急的な性格が強いものから、日常的・長期的に被害が蓄積するという慢性的な性格が強いものまでを位置づける軸である。**図2**は、現代の「危機的事象」をそれら二つの軸で整理したものである(日本都市センター編、一九九九)。この図から、現在想定される危機的事象は、その種類、原因、危機の様相も一様ではなく、多くの違った姿をとってあらわれることが理解されよう。

現代社会では、ベック(U. Beck)やギデンス(A.Giddens)が指摘するように、社会に与えるダメージの大きさや危険内容の種類・領域拡大という点で、危険のグローバリゼーションを強く意識する必要が出てきている(Giddens, 1990 =一九九三; Beck, Giddens and Lash, 1994 =一九九七)。

人類のすべてを無差別的に襲う核爆発・核戦争や異常気象・オゾン層破壊といった地球環境問題など、多様でかつインパクトの大きい危険が生じうるのが現代社会である。これらの環境は、特定の個人や集団のコントロールの

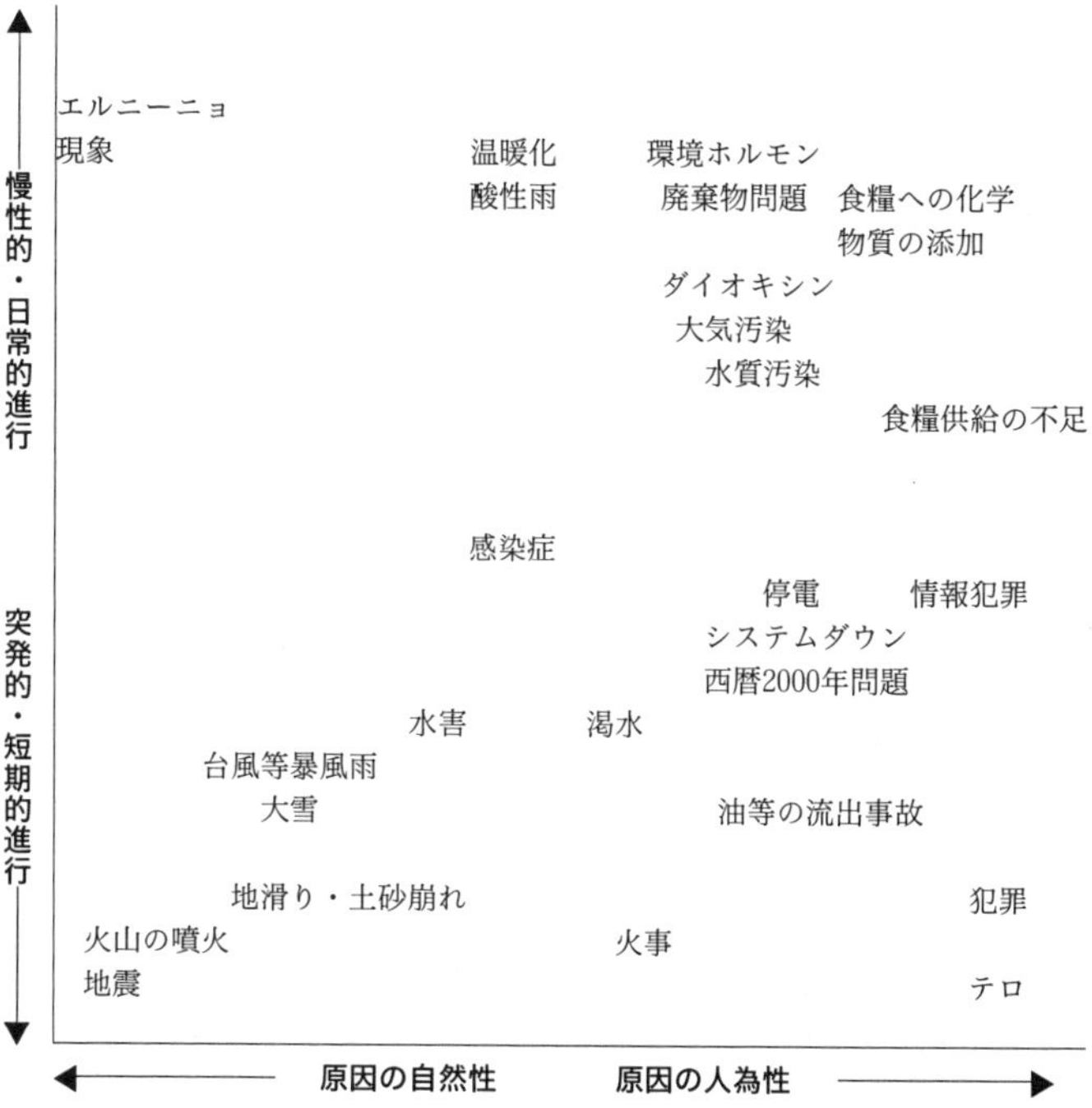

図2　危機的事象の整理

出典：日本都市センター編、1999年、8頁より引用。

効かない広がりをもつに至っており、既に全世界を巻き込んでいるといえよう。さらに、次々と出現する新たな危険は、いつのまにかローカルなコントロールの網の目をすりぬけ、グローバルな広がりをもつ危険として、我々の前に立ち現われる。遺伝子操作の技術開発とそれによる新たなウィルスの出現は、そうした可能性を象徴的にあらわしているように思われる。

また、現代社会では、自然災害と人為災害との境界づけがますます難しくなってきており、災害の人為性や社会的性格に着目する必要が大きくなってきている。自然災害自体が、人為によって形成された創造環境を媒介にして拡大するだけではなく、近年の気象異変にみられるように、歴史的に積み重ねられた人為の営みが原因となって引き起こされるケースも無視し得なくなっている。

こうした意味でいえば、現代社会はベックがいうように、常に不可知の多様な危険にさらされている「危険社会」であり、災害によって受ける影響も複雑な社会システムを媒介にして、多様なかたちで思わぬ連鎖を繰り返しながらあらわれてくるのである。そこでは、被害を拡大させるのも、それをコントロールするのも、グローバルな広がりをもつ不可視の巨大なシステムである。災害研究の場面で、近年ますます重要視されているライフラインや情報ネットワークの維持システムは、こうした巨大システムのほんのひとつの例ということになろう。情報化が進展すればするほど、人々の選択決定が情報に依存し、情報ネットワーク・システムがいかに作動するかに各種機関の災害対応が左右されるのみならず、情報そのものが被害を拡大させる病巣にもなりうる。情報化社会の進展は必然的にグローバル化を促進することになるのである。

7　危機的事象に対する〈想像力の拡張〉の試み

これまで経済的繁栄への道と表裏一体のかたちで歴史上現出した負の遺産、マイナスの連鎖について、第一に経済的繁栄を追及する企業活動そのものが直接負の遺産を生み出し危険を拡大させていった構造、第二に大量生産―大量消費―大量廃棄のシステムのひずみとそれが危険を増幅させていった構造、第三に都市システムの専門機関への依存度の高まりと専門分化の深化に伴って引き起こされた〈システムの脆弱性の構造化〉の三点を指摘し、そのうちとくに第三の点と関わらせて、日常的にはあまり意識されなかった〈システムの脆弱性〉が、災害などの機会に連鎖的にあらわれ災害の複合性が強まり危険を増幅させてきたことなどを論じてきた。これらに対するいわば自己再帰的な過程として、さまざまな危機的事象に対する安全面での対策・対応が行政レベル・市場レベル・市民活動レベルなど社会の各レベルにおいて検討され計画され、その一部は実施されてきた。しかしそれらの対策や実践を支えるものは何か、ここではもう一度その原点に立ち返って考えておきたい。

先回りをしていっておくと、ここで焦点となる〈想像力の拡張〉という概念は、専門分化という領域的な分断にグローバリゼーションが増幅してあらわれる現代社会状況に対する一種の自己再帰的な過程として位置づけることができるだろう。また、〈想像力の拡張〉という概念は、現代社会の「時空間の圧縮」がややもすれば〈いま、ここ〉の原理を普遍的に主張する傾向を強め、Me-ism が現代人のプライバタイゼーションの自己弁護としてあらわれていく社会的傾向へのアンチ・テーゼとしての意味をもっている。

ここでは最も身近な地域社会での活動を素材にして〈想像力の拡張〉について論じておく。

従来から、自主防災活動を展開していくうえでは「災害を知り、地域を知り、知識を生かす」ことが重要であるといわれ続けてきた。しかし、これら自主防災活動は、阪神・淡路大震災のような厳しい被災状況を身近に見聞したり、資機材整備の予算補助のような強力な推進策が打ち出されたりする限りでは、町内会・自治会を基盤に組織化が進められるものの、なかなか〈組織化〉を越えた〈活動の活性化〉にまでは結びついていかないというジレンマを抱えていた。阪神・淡路大震災から一〇年近くが経過し、災害の記憶の風化も進んできた。東海地震・東南海地震・南海地震・南関東直下型地震などの危険性が指摘されるわりには、(少なくとも表面的には)市民レベルの反応は鈍くなっているというのが実情である。いわば、防災意識の風化・希薄化が進み、災害対応のリアリティが欠如して、「災害を知り、地域を知り、知識を生かす」ことが形骸化しているのである。ここで、あらためて「災害を知り、地域を知り、知識を生かす」ことについて私見を交えレビューしておく。

「災害を知る」とは、過去の災害経験を学び教訓を蓄積させていくことで、災害が襲ってくるメカニズムと危険の現出する様相を〈よりリアル〉に把握することである。「地域を知る」とは、過去の災害履歴や土地利用の特徴を掘り起こしたり、現状での地域社会の特徴や現在進行中の地域の変化が及ぼす影響を多面的に検討したり、地域の未来像を充分話し合い意思疎通を図ったりすることを通じて、地域の〈災害〉脆弱性やポテンシャルをよく見極めるとともに、地域で活用しうる人材や資源を発掘し確認しあっていくことである。そして、「知識を生かす」とは、地域の文脈にそくして災害時の体験や知識を解読し、地域の探索・再発見を進めつつ、それを実践的なかたちで生かせるようなしくみをつくり、地域の内外の人材や資源をネットワーク化する試みということになる。

このようにしてみると、災害時の危険を理解し防災を考えることとは、日常性の中に埋没しその中でまわりの環境を空気のように感じて特別の疑問をもたずに生活しているわれわれにとっては、いかに想像力の〈拡張〉を迫られることか、理解できるであろう。災害を限りなく実体験に近い形でリアルに想像しうる力、……その想像の世界に身を投じることによって見えてくるさまざまな危険性や可能性の発見と可視化、……その危険性や可能性を予測し対抗・制御し社会の設計をしていく力の実効化、これが〈災害時の危険を理解し防災を考え備える〉という実践なのである。これは、次々と出てくる錯綜した課題群の糸を解きほぐし、補助線を引いて理解しやすいかたちにしたうえで、個人・集団・企業・行政の連携を構築しつつ問題解決の可能性を設計していく継続した作業ということにもなる。そのうち最も中核的な位置を占めるのが「想像力」（より深く災害を知りそれを活動に定着させていく力）である。

そのうえで、災害の記憶の風化と危機的事象に対する意識の希薄化に抗する社会的なしくみをいかに構築しうるかが問われているのである。

こうした想像力の〈拡張〉のためのツールは、当然のことながら多角的である。過去の災害の記録を「災害を知る」ことにつなげるという点では、災害が襲ってくるメカニズムと危険の現出する様相を〈よりリアル〉に把握できる装置・ツールの開発、災害発生から復旧・復興過程に至る個人・集団・社会のインパクトや対応、施策などに関する膨大な情報を記録・整理し、状況に照らして多面的に取り出すことが容易にできるデータベースの開発などに行き着くであろう。また、映像記録やオーラルヒストリィのアーカイブズ、災害のハザードマップや再現図、詳細な災害記録の発掘・作成なども重要な補強ツールになる。

いわば、消防防災館などでの３Ｄの映像画面が、臨場感ある擬似災害体験を可能にするように、いろいろな想像力の拡張ツールを開発することで、災害時に想定しうる事態に関わる、より豊かな生活情報の流布を事前に可能にし、日常生活感覚の延長として災害の社会的インパクトをつかむことができるようにするということである。別の言い方をすると、従来、死傷者データや被害概況、復旧・復興施策と対応というかたちで断片的に記録されてきたものを、災害に巻き込まれた人々が直面する出来事や課題、人々の体験やそこでの感じ方にまで引きおろし、日常生活感覚のなかに存在する不安や社会課題と連続した文脈で災害現象を生活者の立場から立体的に理解しうる可能性を切り拓くとでもいえばいいのだろうか？

防災マップ（防災地図、防災カルテ）などの作成や地理情報システム（GIS）は、地域を空間的な広がりとしてビジュアルに把握するツールとして、また災害対応シミュレーションやシナリオ型被害想定手法などは、主として異なる領域の事象が時間の流れのなかで相互に影響しあっていく姿を時間的な展開のなかで把握するツールとして、位置づけることが出来る。簡易図上演習とシナリオ型被害想定手法を組み合わせて実施する試みは、地域活動の脆弱性や課題を発見し、地域としての対応力を鍛え想像力を〈拡張〉するうえで非常に有力なツールになる。

以上、最も身近な地域社会での活動を素材にして、現代の危機的事象に対応するための原点である「想像力」の拡張について論じてきたが、それはさらに広がりをもつ市場レベル、行政レベル、市民活動レベルにおいて計画化とその対策の実践を進めていくさいには、さらに重要になることはいうまでもない。時空間を越えて危機的事象への想像力を拡張する試みは、現代における危機的事象が都市を支える専門諸機関の意思決定やオペレーションと深く関わるなかで発生し時空間を越えた影響の連鎖性を持つ以上、必須になる。災害などの危機的事象による影響が社会システムを媒介にして多様なかたちで連鎖・波及するメカニズムに、情報化社会の影響が色濃く現れるとすれば、それに対して計画化をはかり対策の実践を進めてコントロールするさいにも、時空間を超えるためのさまざまな情報化のツールが必要になっているのだといえよう。

8　新たな危機とその背景——文化の多元性と自己組織性のかなたに

現代社会のグローバルな性格は、同時にシステムの脆弱性への対処に際しても、これまでとは比較にならないほどの広がりで権力機構を作動させその影響を全世界に及ぼしていく。専門機関に依存した都市問題の解決は、解決策を模索する権限と責任を専門家へ全面的に委譲していく結果をまねき、そこに大きなシステムのブラックボックスを創り出すが、そうしたシステムを維持するために見えざる抑圧を強化させることがある。抑圧のしくみは、近代化の過程で広域化し、グローバル化の過程でさらに地球規模へと広域化が進行していく。巨大都市と農山村、先進国と発展途上国、豊かな階層のさらなる豊穣と恒常的な貧困の放置、こうした関係は徐々に固定化し抑圧的な性格が強まっていくのである。テロリズムに象徴的なように、それらは時として憎悪の循環を創り出し憎悪を再生産する。

現代社会における貧困の放置が憎悪の再生産を促すあやうさについて、麦倉哲はホームレスの生活危機を事例としてとりあげるなかで論じている。

麦倉哲は、第7章「ホームレスと豊かな社会」論文で、戦前から古典的な社会問題として存在し続け、高度経済成長の中で一時見えにくくなり隠されていた貧困問題が、長期構造不況下の現在、ホームレスの集積と顕在化というかたちで表面化し噴出してきたことにふれ、現代人にとってホームレスになる危機は、決して確率の低いものではなくなりつつあること、安定就労層でも貯えや支援の関係性が脆弱であれば失業や住居の喪失など困窮の事態が重なると一気にホームレスに陥る危険性をもつ時代になってきていることを指摘している。また、従来ならば日雇労働者からホームレスに陥るというのが典型的でかつ主要な経路であったが、その経路が今や多様化しつつあり、失業を主要因とせずに家庭生活の破綻によりホームレス化するケースや家族経営での事業に失敗し離散するケース、家庭からの逃避のために家出するケース、ギャンブル、借金、サラ金による消費生活破綻によるケースなど、野宿生活者の経歴の多層化がみられるようになり、それと同時に、野宿者の増加と野宿エリアの拡散(例えば、山谷中心地域から隅田川河川敷、上野公園へ)が現在顕著にみられると指摘している。

こうした中で、現代は誰でもが野宿者になる危機を抱えているがゆえに、人びとはこうした転落への恐怖を強く抱き、彼らの人格を怠け者観、惰民観で切り捨ててしまう。現代社会の特徴は、転落への恐怖と表裏一体にある野宿者という存在を異化し疎み蔑むまなざし、そこで増幅されるホームレスに対する嫌悪感にあらわれており、それがホームレスをめぐる殺人や傷害致死事件の頻発の底にある〈都市の社会的緊張〉の高まりを生み出しているとしているのである。

ここで指摘されているホームレスに対する嫌悪感とそれに誘発される現象は、対照的な位置関係ではあるがテロリズムの根底にある憎悪と通底する質の問題を、社会的緊張の高まりという点では投げかけているのではないか。人間関係が断片化され、それぞれが極度に自己防衛しそこに豊かな社会関係を築けなくなりつつある現代人、そしてそうした抑圧的な社会を創り出す社会構造、これらが憎悪の循環を生み出し続けている姿が、そこには浮き彫りにされているように思われる。

それでは、現代の新たなリスクは何を原因としどういう状況を背景としてどのようなメカニズムで生まれてくるのであろうか？　第1章及び第4章では、文化の多元性や価値の多様化との関係から、また第2章では、再帰性（リフレキシビティ）の結果がもたらすものとの関係から、現代の新たなリスクの背景に迫ろうとしている。

第1章は、経営体の発展の結果、それ自体が地域にとって不可視の存在となっているグローバル企業が、多文化的な環境のなかでは、社会的正当化の基準や過程の複雑化に直面し、多様性の管理を重要な経営戦略にしていかなければいけなくなっていることを示唆している。グローバル化が、常に異文化との接触をはらむがゆえに、価値基準のゆれや社会的正当性のゆれに直面し、極めて流動的な社会環境のなかで意思決定が行われていく。ここにひとつのリスクの源泉をみることは可能であろう。

一方、田中重好は、第4章において、文化の多元性や価値の多様化のなかで正当性をめぐる抗争が広がり「公共性」が創り出されるプロセスに密着している。正当性の判断を専門機関に委ねブラックボックスを拡大していくのとは異なる方向で、別様の可能性を人々の共同の営為に目を向け「公共性」の形成過程を追うことにより積極的に見据えようとする。

第4章「都市づくりと公共性」（田中重好）論文は、現在進行中の都市を取り巻く社会的条件の変化、都市構造の変化に対して、「都市の衰退」への危機に対処し都市再生の方策を探る試みとして各地で行われているまちづくり・都市づくりの取組みに焦点をあてたものである。ここでいう都市づくりとは、都市空間の創造であるとともに、都市のさまざまな活動(経済活動、社会活動、文化活動など)を活発にし、さらに、空間の創造や活動の活性化を進めていく社会的仕組みの創造を指している。この論文では、とくに従来の官主導の都市計画が、一方での地区計画制度の導入などの制度改正や地方分権化の流れ、他方での住民主体のまちづくりの展開などにより変化し、「共」の都市計画へと発展していく可能性を吟味することに強調点がおかれている。それらを新たな公共性を創出しようとする動きとして積極的に意義付けようとしているのである。こうした公共性をめぐる議論の変化の背景としては、現在、市民社会の内部に、利害のみならず価値をめぐる熾烈な抗争が存在し、公共性に関して一元的な合意が簡単には成立せず、市民社会の公共性がより多元的で異種混交的になり、さまざまな公共性が競合している状況がある。そのなかで、さまざまな活動を支える理念としても機能しうる(「言説としての公共性」を交わしあう)公共圏の意義と、そこから政策的公準として制度化された公共性が生み出される「公共性の創出過程」に注意深い関心を寄せる必要があるとしている。

また、堀川三郎も第5章「都市生活と生活環境変動」のなかで、都市的空間利用の矛盾が引き起こすコンフリクトとその調整の問題にふれ、こうした空間利用の矛盾が引き起こす問題を未然に防止したり解決したりする空間制御のしくみとして「伝統的町家システム」を捉え、そうしたしくみを守ろうとする人々の集合的な努力を町並み保存運動のなかにみようとするのである。現代の日本において、なし崩しに規制緩和されることにより都市部ではマンション建設が計画され、それが都市の住宅地域での紛争の多発や居住環境の激変を生み出している事態に着目すれば、住環境が激変する生活環境変動は堀川三郎のいうように現代都市の大きなリスク要因と考えることが出来よう。

異なる価値を媒介させあいながら「小さな公共性」を紡ぎだそうとする集合的営為の意図をくみとり相互理解の可能性を最大限広げようとする姿勢、そして憎悪と力による社会的対立ではなくルールの構築による〈開かれた討議に基づいた問題解決とその政策化〉の限りない努力によって、リスクの縮減をはかろうとする指針がこれらの章では示されているのだと思う。そしてそれを支えるものが想像力であると同時に、それが〈想像力の拡張〉を促す社会的しくみになると考えることもできよう。

現代の新しいリスクの背景を探るもうひとつの議論は再帰性に関わるものである。

第2章では、二〇世紀後半における豊かさを求めての都市生活の変容が、近代における都市生活の発展の結果として、よりよい生活をめざし中流化へと自己変容してきたために、都市の自然人口動態の停滞(そして少子高齢化という現象形態)を生み出してきており、そのなかに現代の都市の抱える新たなリスクが生まれつつあると論じている。よりよい生活をめざした集合的な営為が非有業家族員数(すなわち端的には子供の数)を抑制し、それが少子化を促す過程に現代の再帰性のひとつの姿を投影してみているのである。そのことが結果として、成長型社会とは異質な高齢型社会に特有な災害の様相をもたらし、新たなリスクの源泉になる。また、前段で論じた危機的事象のグローバル化へのいわば再帰的対応ともいえる〈想像力の拡張〉も、情報化時代のサイバー・テロや流言蜚語の瞬時の拡散、コンピュータ・サイトや通信を介したストーカー的暴力被害、といった情報被害に目を向ければ、個人情報などの情報漏えい問題とも呼応しながら新たなリスクに繋がる可能性をもっている。現代社会においては、こうして再帰性の反復運動が連鎖していくのである。

文献

安倍北夫・秋元律郎編、一九八二年、『都市災害の科学』有斐閣選書。

秋元律郎編、一九八二年、『都市と災害』(現代のエスプリ　一八一号)至文堂。

天野礼子、二〇〇一年、『ダムと日本』岩波新書。

『朝日新聞』、二〇〇三年二月二一日朝刊一五面、「揺らぐ原子力の優位性―見直し迫られるエネルギー政策」。

『朝日新聞』、二〇〇三年一二月一一日朝刊二面、「首都圏の水がめ――八ツ場ダム事業費倍増、全国最大四六〇〇億円に」。

Beck,U., Giddens, A, and Lash, S., 1994, *Reflexive Modernization*, Polity Press. ＝一九九七年、松尾精文ほか訳『再帰的近代化』而立書房

Beck,U., 1986, *Risikogesellschaft: Auf dem Weg in einen andere Moderne*, Frankfurt/M. ＝一九九八年、東廉・伊藤美登里訳『危険社会』法政大学出版局。

Beck,U., 1997, *Weltrisikogesellschaft: Weltöffentlichkeit und globale Subpolitik*, Picus Verlag, Wien. ＝二〇〇三年、

島村賢一訳『世界リスク社会論――テロ、戦争、自然破壊』平凡社。

Engels, F., 1845, *Die Lage der arbeitenden Klasse in England.* ＝一九九〇年、一條和生・杉山忠平訳『イギリスにおける労働者階級の状態』岩波書店。

舩橋晴俊・飯島伸子編、一九九八年、『講座社会学一二：環境』東京大学出版会。

Giddens, A., 1990, *The Consequences of Modernity*, Stanford University Press. ＝一九九三年、松尾精文ほか訳『近代とはいかなる時代か？――モダニティの帰結』而立書房。

萩原好夫、一九九六年、『八ッ場ダムの闘い』岩波書店。

林健太郎ほか、一九七六年、『東京大学公開講座二三：水』。

今村千代子、一九七〇年八月、「青空がほしい――北九州の公害反対運動」『ジュリスト臨時増刊／特集 公害――実態・対策・法的課題』四五八号、一三〇―一三五頁。

石川武男編、一九七八年、『水資源開発と流域保全』東京大学出版会。

岩崎信彦・浦野正樹他編、一九九九年、『阪神・淡路大震災と社会学』(三巻)昭和堂。

嘉田由紀子編、二〇〇三年、『水をめぐる人と自然――日本と世界の現場から』有斐閣選書。

環境創造みなまた委員会編、一九九五年、『みなまた――対立からもやい直しへ』株式会社マインド。

関西大学下筌・松原ダム総合学術調査団編、一九八三年、『公共事業と人間の尊重――下筌・松原ダム建設と蜂の巣城紛争を中心として』ぎょうせい。

河川湖沼と海を守る全国会議・技術と人間編集部編、一九八二年、『水問題の争点』(株)技術と人間。

近現代資料刊行会編集、一九九五年、『東京市社会局調査報告書(大正九年〜昭和一四年)』近現代資料刊行会発行。

——、一九九六年、『大阪市社会部調査報告書(昭和二年~昭和一七年)』近現代資料刊行会発行。

——、二〇〇三年、『神戸市社会調査報告書(大正七年~昭和一八年)』近現代資料刊行会発行。

神戸大学〈震災研究会〉編、一九九六~九七年、『阪神大震災研究一~三』神戸新聞総合出版センター。

松原岩五郎、一九八八年(初版一八九九年)、『最暗黒の東京』岩波書店。

Mayhew, H., 1861-62, *London Labour and the London Poor*, 4vols. ＝一九九二年、植松靖夫訳『ロンドン路地裏の生活誌(上・下)』原書房。

水俣病被害者・弁護団全国連絡会議編、一九九七年、『水俣病裁判——人間の尊厳をかけて』かもがわ出版(水俣病関連文書についてはこの巻末書籍リスト参照のこと)。

未来工学研究所編、一九八二年、『都市機能の複合化と防災性に関する研究』総合研究開発機構。

森住明弘、一九八七年、『ゴミと下水と住民と』北斗出版。

中川清、一九八五年、『日本の都市下層』勁草書房。

——、二〇〇〇年、『日本都市の生活変動』勁草書房。

中西準子、一九七九年、『都市の再生と下水道』日本評論社。

——、一九九四年、『水の環境戦略』岩波新書。

中野正大・宝月誠編、二〇〇三年、『シカゴ学派の社会学』世界思想社(シカゴ学派関連文献については、巻末の参考資料:シカゴ学に関する文献一覧参照のこと)。

日本都市センター編、一九九九年、『都市と危機管理に関する研究——都市の安全、市民の安全』(財)日本都市センター発行。

下筌・松原ダム問題研究会編、一九七二年、『公共事業と基本的人権』帝国地方行政学会。

新日本製鐵株式会社、二〇〇一年、「特集八幡製鉄所一〇〇年」『Nippon Steel Monthly』八〜九月号。

Sorokin, P.A., 1942, *Man and Society in Calamity*, Dutton. ＝一九九八年、大矢根淳訳『災害における人と社会』文化書房博文社。

高杉晋吾、一九八六年、『水が滅びる——「関越総合水資源開発計画」の真相』三一書房。

鳥越皓之・嘉田由紀子編、一九八四年、『水と人の環境史——琵琶湖報告書』御茶の水書房。

鳥越皓之編、二〇〇〇年、『シリーズ環境社会学一：環境ボランティア・ＮＰＯの社会学』新曜社。

宇井純、一九七〇年八月「水俣病」『ジュリスト臨時増刊／特集 公害——実態・対策・法的課題』四五八号、三八—四二頁。

——、一九七一年、『日本経済と水』日本評論社。

浦野正樹、一九七八年三月、「ダム建設計画と住民意識」『社会学年誌』(早稲田大学社会学会発行)第一九号。

——、一九七九年六月、「首都圏の水資源開発とダム建設反対運動」『日本都市学会年報』第一三号(日本都市学会発行)。

——、一九九五年、「ゴミ処理とリサイクル」藤田弘夫・吉原直樹編著『都市とモダニティ』ミネルヴァ書房、一二六—一三二頁。

——、一九九七年三月、「阪神・淡路大震災と災害研究——震災後の社会過程と社会問題の展開」『社会学年誌』三八号、早稲田社会学会、一—六頁。

——、一九九九年、「都市と危機管理——地域防災とボランティア・ネットワーク」藤田弘夫・吉原直樹編『都市社会学』有斐閣ブックス。

——、二〇〇〇年、「災害ボランティアの活動システムを構想する」東京ボランティア・市民活動センター編『市民主体の危機管理：災害時におけるコミュニティとボランティア』筒井書房。

———、二〇〇三年、「災害のリアリティと想像力の〈拡張〉——自主防災活動の活性化をめざして」『消防科学と情報』No.七二(二〇〇三年春号)二一—二四頁。

浦野正樹他著、一九九〇年二月、『都市災害と地域社会の防災力』早稲田大学社会科学研究所・研究シリーズ第二三号。

浦野正樹・伊藤清隆・大矢根淳共著、一九九四年三月、「雲仙普賢岳災害における高齢者と〈災害の長期化＝復興過程〉」『地域災害における高齢者問題とその対応』早稲田大学社会科学研究所・研究シリーズ第三二号、一八七—二三四頁。

浦野正樹・大矢根淳・土屋淳二他編、一九九六年、『阪神・淡路大震災と災害ボランティア活動』早稲田大学社会科学研究所・研究シリーズ、第三六号。

浦野正樹・横田尚俊・大矢根淳共著、一九九六年一月、「特集＝都市コミュニティの再認識」『すまいろん』(季刊一九九六年冬号)住宅総合研究財団。

浦野正樹・横田尚俊共著、一九九七年三月、「住民の生活再建と地域再生への模索」『社会学年誌』三八号、二三—四三頁。

浦野正樹編、二〇〇三年、『地域における安全志向型コミュニティ活動の可能性と地域文化の変容に関する研究』(二〇〇〇〜〇一年度科学研究費補助報告書)。

早稲田大学都市災害部会編、一九九〇年、『都市災害と地域社会の防災力』研究シリーズ、早稲田大学社会科学研究所。

山田國廣、一九八九年、『水循環思考——ハイテク病社会の水の汚染』北斗出版。

横山源之助、一九八五(初版一八九九)年、『日本の下層社会』岩波文庫改版。

有斐閣編、一九八一年七月、『ジュリスト増刊総合特集 第二三号：現代の水問題——課題と展望』有斐閣。

寄本勝美、一九九六年、『ゴミとリサイクル』岩波書店。

ヤ行

ラ行

D

ナ行

ハ行

マ行

サ行

タ行

事項索引

ア行

カ行

人名索引

堀川　三郎（ほりかわ　さぶろう）法政大学社会学部助教授、ハーバード大学ライシャワー研究所客員研究員（2004～2006年）
1962年生まれ。慶應義塾大学大学院社会学研究科博士課程修了。
【主要著作・論文】「歴史的環境保存と地域再生――町並み保存における『場所性の争点化』舩橋晴俊・飯島伸子編『環境』（講座社会学第12巻）（東京大学出版会、1998年）、「戦後日本の社会学的環境問題研究の軌跡――環境社会学の制度化と今後の課題」『環境社会学研究』第５号、1999年、「景観とナショナル・トラスト――景観は所有できるか」『自然環境と環境文化』（講座環境社会学第３巻）（有斐閣、2001年）。

横田　尚俊（よこた　なおとし）山口大学人文学部助教授
1959年生まれ。早稲田大学大学院文学研究科社会学専攻博士課程単位取得退学。
【主要著作・論文】「〈都市成長主義〉、地域間競争と地方都市」『地域社会学会年報』第11集（1999年）、「阪神・淡路大震災とコミュニテイの〈再認識〉」岩崎信彦他編『阪神・淡路大震災の社会学』（第３巻）（昭和堂、1999年）。

麦倉　哲（むぎくら　てつ）　東京女学館大学助教授
1955年生まれ。早稲田大学大学院文学研究科社会学専攻博士課程単位取得退学。
【主要著作・論文】「福祉のまちづくりと障害者の参加」寄本勝美編著『公共を支える民』（コモンズ、2001年）、「障害者からみた都市の環境」桜井厚・好井裕明編『差別と環境問題の社会学』（新曜社、2003年）、「女性ホームレスの自立支援におけるソーシャルワークについて」濱口晴彦監修・海野和之編『社会学が拓く人間科学の地平』（五絃舎、2005年）。

大矢根　淳（おおやね　じゅん）　専修大学文学部助教授、北京日本学研究中心派遣専家・ワイカト大学客員研究員（2005年度）
1962年生まれ。慶應義塾大学大学院社会学研究科博士課程修了。
【主要著作・論文】大矢根淳訳・解説、藤田弘夫解説『災害における人と社会』（P. A. Sorokin, *Man and Society in Calamity*, Dutton, 1942）文化書房博文社、1998年。「にしきた駅前商店街復興と再開発事業」岩崎信彦他編『阪神・淡路大震災と社会学』（第３巻）（昭和堂、1998年）、「災害復旧・復興課程＝生活再建に向けた組織活動の展開――雲仙普賢岳噴火災害・直接被災地＝上木場の取り組み」『社会科学研究』No. 112（1996年）。

執筆者紹介

※編者は奥付参照。

鈴木　秀一（すずき　しゅういち）　立教大学経済学部教授
1955年生まれ。慶應義塾大学大学院社会学研究科博士課程単位取得退学。博士（経済学）。
【主要著作・論文】『入門経営組織』（新世社、2002年）、『経営文明と組織理論（増訂版）』（学文社、1997年）、「組織の論理と個人の価値観をいかに整合させるか」『リーダーシップ・ストラテジー』（ダイヤモンド社、2002年秋号）。

中川　清（なかがわ　きよし）　同志社大学政策学部教授
1947年生まれ。慶應義塾大学大学院経済学研究科博士課程修了。経済学博士、博士（社会学）。
【主要著作・論文】『日本の都市下層』（勁草書房、1985年）、『明治東京下層生活誌』（編著）（岩波文庫、1994年）、『日本都市の生活変動』（勁草書房、2000年）。

橋本　和孝（はしもと　かづたか）　関東学院大学文学部教授
1951年生まれ。法政大学社会学部卒業。博士（社会学）。
【主要著作・論文】『ソーシャル・プランニング』（東信堂、1996年）、『都市社会計画と都市空間』（共編著）（御茶の水書房、2000年）、***Understanding Japan, Singapore and Vietnam***，2004，The Hokuseido Press.

田中　重好（たなか　しげよし）　名古屋大学大学院環境学研究科教授
1951年生まれ。慶應義塾大学大学院法学研究科博士課程単位取得退学。
【主要著作・論文】「地域社会における公共性——公共性と共同性の交点を求めて（1）」、「地域社会における公共性——公共性と共同性の交点を求めて（2）」『地域社会学会年報』第14集～第15集（2002～2003年）、「戦後日本の地域的共同性の変遷」『法学研究』77-1（2004年）、「環境研究に遅れてやってきた都市社会学」『都市社会学会年報』21（2004年）。

編者紹介

藤田　弘夫(ふじた　ひろお)

1947年生まれ。慶應義塾大学文学部教授
慶應義塾大学大学院社会学研究科博士課程修了
社会学博士社会学

【主要著作・論文】


『都市と権力――飢餓と飽食の歴史社会学』創文社、1991年。

『都市の論理』中公新書、1993年。

『奥井復太郎――都市社会学と生活論の創立者』東信堂、2000年。

『都市と文明の比較社会学』東京大学出版会、2003年。

浦野　正樹(うらの　まさき)

1950年生まれ。早稲田大学文学部教授
早稲田大学大学院文学研究科博士課程単位取得退学

【主要著作・論文】


『都市化と居住環境の変容合理』(共編著)早稲田大学出版部、1987年。

『阪神・淡路大震災におけるボランティア活動』(共編著)、早稲田大学社会科学研究所研究シリーズ、第36号、1996年。

『阪神・淡路大震災の社会学』(共編著)昭和堂、1999年。

Urban Society and the Risk

シリーズ 社会学のアクチュアリティ：批判と創造8
都市社会とリスク――豊かな生活をもとめて

2005年6月15日　初　版 第1刷発行　〔検印省略〕

＊定価はカバーに表示してあります

編者 © 藤田弘夫・浦野正樹　発行者 下田勝司　印刷・製本 中央精版印刷

東京都文京区向丘1-20-6 郵便振替 00110-6-37828
〒113-0023 TEL (03) 3818-5521(代) FAX (03) 3818-5514
E-Mail tk203444@fsinet.or.jp

発行所 株式会社 東信堂

Published by TOSHINDO PUBLISHING CO., LTD.
1-20-6, Mukougaoka, Bunkyo-ku, Tokyo, 113-0023, Japan

http://www.toshindo-pub.com/

ISBN4-88713-581-5 C3336 2005©H. FUJITA, M. URANO

刊行の辞

今日、社会学はかつての魅力を失いつつあるといわれる。19世紀の草創期以来、異端の学問であった社会学は徐々にその学問的地位を確立し、アカデミズムのなかに根を下ろし、多くの国で制度化された学となってきた。だがそうした制度的安定と研究の蓄積とは裏腹に、社会学は現代の内奥に、触れれば血のほとばしるようなアクチュアリティに迫れないでいるようにみえるのはなぜであろうか。

だが、ことは社会学にとどまるまい。9・11アメリカ同時多発テロで幕を開けた21世紀の世界は、人々の期待をよそに、南北問題をはじめ、民族・文化・宗教・資源・貿易等をめぐる対立と紛争が荒れ狂う場と化しつつある。グローバル化のなか政治も経済も、いや暴力もが国境を越え、従来の主権国家はすでに国民の安全を保障しえない。こうした世界の悲惨と、今日アカデミズムが醸《かも》し出しているそこはかとない「安定」の風景との間には、もはや見逃しがたい落差が広がりつつあるのは否めない。

われわれに現代社会が孕む対立と悲惨を解決する能力があると思い上がっているわけではない。しかしわれわれはこうした落差を強く意識することをバネに、現代最先端の課題に正面から立ち向かっていきたいと思っている。そのための武器は一にも二にも「批判《クリティーク》」、すなわち「自明とされているもの」を疑うことであろう。振り返れば、かつて後発の学であった社会学は、過去の既成の知を疑い批判することを身上として発展してきたのだ。過去に学びつつ過去と現在を批判的視点で見つめ直し、現代に即した「創造《クリエーション》」をめざすこと、それこそが本シリーズの目標である。その営みを通じて、われわれが現在いかなる岐路に立ち、そこで何をなすべきかを明らかにしたいと念願している。

2004年11月10日

シリーズ **社会学のアクチュアリティ：批判と創造**

企画フェロー一同

シリーズ 社会学のアクチュアリティ：批判と創造 全12巻＋2

企画フェロー：武川正吾　友枝敏雄　西原和久　藤田弘夫　山田昌弘　吉原直樹

既刊

西原和久・宇都宮京子編
第１巻 クリティークとしての社会学——現代を批判的に見る眼
[執筆者] 西原和久、奥村隆、浅野智彦、小谷敏、宮原浩二郎、渋谷望、早川洋行、張江洋直、山嵜哲哉、宇都宮京子

池岡義孝・西原和久編
第２巻 戦後日本社会学のリアリティ——せめぎあうパラダイム
[執筆者] 池岡義孝、吉野英岐、吉瀬雄一、丹邉宣彦、山下充、中西祐子、島薗進、佐藤健二、西原和久

友枝敏雄・厚東洋輔編
第３巻 社会学のアリーナへ——21世紀社会を読み解く
[執筆者] 友枝敏雄、梶田孝道、大澤真幸、今田高俊、關一敏、竹沢尚一郎、井上達夫、川本隆史、馬場靖雄、厚東洋輔

吉原直樹・斉藤日出治編
第４巻 モダニティと空間の物語——社会学のフロンティア
[執筆者] 吉原直樹、斎藤道子、和泉浩、安藤正雄、植木豊、大城直樹、酒井隆史、足立崇、斉藤日出治

近刊

佐藤俊樹・友枝敏雄編
第５巻 言説分析の可能性——社会学的方法の迷宮から
[執筆者] 佐藤俊樹、遠藤知巳、北田暁大、坂本佳鶴恵、中河伸俊、橋本摂子、橋爪大三郎、鈴木譲、友枝敏雄

草柳千早・山田昌弘編
第６巻 日常世界を読み解く——相互行為・感情・社会
[執筆者] 草柳千早、好井裕明、小林多寿子、阪本俊生、稲葉昭英、樫田美雄、苫米地伸三井さよ、山田昌弘

山田昌弘・宮坂靖子編
第７巻 絆の変容——家族・ジェンダー関係の現代的様相
[執筆者] 山田昌弘、田中重人、加藤彰彦、大和礼子、樫村愛子、千田有紀、須長史生、関泰子、宮坂靖子

本書

藤田弘夫・浦野正樹編
第８巻 都市社会とリスク——豊かな生活をもとめて
[執筆者] 藤田弘夫、鈴木秀一、中川清、橋本和孝、田中重好、堀川三郎、横田尚俊、麦倉哲、大矢根淳、浦野正樹

近刊

新津晃一・吉原直樹編
第９巻 グローバル化とアジア社会——ポストコロニアルの地平
[執筆者] 新津晃一、成家克徳、倉沢愛子、新田目夏実、今野裕昭、青木秀男、ラファエラ・D．ドゥイアント、池田寛二、吉原直樹

松本三和夫・藤田弘夫編
第10巻 生命と環境の知識社会学——科学・技術の問いかけるもの
[執筆者] 松本三和夫、額賀淑郎、綾野博之、定松淳、鬼頭秀一、鎌倉光宏、田村京子、澤井敦・小谷敏、藤田弘夫

近刊

武川正吾・三重野卓編
第11巻 政策科学の再興——ひとつの社会学的プラクシス
[執筆者] 武川正吾、神山英紀、三本松政之、岡田哲郎、秋元美世、田村誠、鎮目真人、菊地英明、下夷美幸、三重野卓

市野川容孝・武川正吾編
第12巻 社会構想の可能性——差異の承認を求めて
[執筆者] 市野川容孝、山脇直司、山田信行、金井淑子、金泰泳、石川准、風間孝、井口高志、広井良典、武川正吾

※未刊の副題は仮題を含む

東信堂

東信堂

グローバル化と知的様式―社会科学方法論についての七つのエッセー　J・ガルトゥング　矢澤修次郎・大重光太郎訳　二八〇〇円
階級・ジェンダー・再生産―現代資本主義社会の存続メカニズム　橋本健二　三二〇〇円
現代日本の階級構造―理論・方法・計量分析　橋本健二　四五〇〇円
再生産論を読む―バーンスティン、ブルデュー、ボールズ＝ギンティス、ウィリスの再生産論　小内透　三二〇〇円
教育と不平等の社会理論―再生産論をこえて　小内透　三二〇〇円
現代社会と権威主義―フランクフルト学派権威論の再構成　保坂稔　三六〇〇円
共生社会とマイノリティへの支援―日本人ムスリマの社会的対応から　寺田貴美代　三六〇〇円
現代社会学における歴史と批判〔上巻〕―グローバル化の社会学　武川正吾・山田信行編　二八〇〇円
現代社会学における歴史と批判〔下巻〕―近代資本制と主体性　片桐新自・丹辺宣彦編　二八〇〇円
ボランティア活動の論理―阪神・淡路大震災からサブシステンス社会へ　西山志保　三八〇〇円

現代環境問題論―理論と方法の再定置のために　井上孝夫　二三〇〇円
日本の環境保護運動　長谷敏夫　二五〇〇円
環境のための教育―批判的カリキュラム理論と環境教育　J・フェイン著　石川聡子他訳　二三〇〇円

イギリスにおける住居管理―オクタヴィア・ヒルからサッチャーへ　中島明子　七四五三円

情報・メディア・教育の社会学―カルチュラル・スタディーズしてみませんか?　井口博充　二三〇〇円
BBCイギリス放送協会〔第二版〕―パブリック・サービス放送の伝統　簑葉信弘　二五〇〇円
ケリー博士の死をめぐるBBCと英政府の確執―イラク文書疑惑の顛末　簑葉信弘　八〇〇円
サウンドバイト：思考と感性が止まるとき―メディアの病理に教育は何ができるか　小田玲子　二五〇〇円
記憶の不確定性―社会学的探求　松浦雄介　二五〇〇円

〒113-0023 東京都文京区向丘1-20-6　TEL 03-3818-5521 FAX 03-3818-5514 振替 00110-6-37828
Email tk203444@fsinet.or.jp　URL: http://www.toshindo-pub.com/

※定価：表示価格（本体）＋税

東信堂

〔現代社会学叢書〕

開発と地域変動—開発と内発的発展の相克	北島 滋	三二〇〇円
在日華僑のアイデンティティの変容—華僑の多元的共生	過 放	四四〇〇円
健康保険と医師会—社会保険創始期における医師と医療	北原龍二	三八〇〇円
事例分析への挑戦—個人現象への事例媒介的アプローチの試み	水野節夫	四六〇〇円
海外帰国子女のアイデンティティ—生活経験と通文化的人間形成	南 保輔	三八〇〇円
有賀喜左衛門研究—社会学の思想・理論・方法	北川隆吉編	三六〇〇円
現代大都市社会論—分極化する都市?	園部雅久	三八〇〇円
インナーシティのコミュニティ形成—神戸市真野住民のまちづくり	今野裕昭	五四〇〇円
ブラジル日系新宗教の展開—異文化布教の課題と実践	渡辺雅子	七八〇〇円
イスラエルの政治文化とシチズンシップ	奥山眞知	三八〇〇円
正統性の喪失—アメリカの街頭犯罪と社会制度の衰退	G・ラフリー 宝月 誠監訳	三六〇〇円
東アジアの家族・地域・エスニシティ—基層と動態	北原 淳編	四八〇〇円
日本の社会参加仏教—法音寺と立正佼成会の社会活動と社会倫理	ランジャナ・ムコパディヤーヤ	四七六二円

〔シリーズ社会政策研究〕

福祉国家の社会学—21世紀における可能性を探る	三重野卓編	二〇〇〇円
福祉国家の変貌—グローバル化と分権化のなかで	小笠原浩一 武川正吾編	二〇〇〇円
福祉国家の医療改革—政策評価にもとづく選択	三重野卓 近藤克則編	二〇〇〇円
福祉国家とジェンダー・ポリティックス	深澤和子	二八〇〇円
「伝統的ジェンダー観」の神話を超えて—アメリカ駐在員夫人の意識変容	山田礼子	三八〇〇円
新潟水俣病をめぐる制度・表象・地域	関 礼子	五六〇〇円
新潟水俣病問題の受容と克服	堀田恭子	四八〇〇円
ホームレス ウーマン—知ってますか、わたしたちのこと	E・リーボウ 吉川徹・轟里香訳	三二〇〇円
タリーズ コーナー—黒人下層階級のエスノグラフィー	E・リーボウ 吉川哲監訳 松河美樹訳	二三〇〇円

〒113-0023 東京都文京区向丘1-20-6　☎TEL 03-3818-5521 FAX 03-3818-5514 振替 00110-6-37828
Email tk203444@fsinet.or.jp　URL: http://www.toshindo-pub.com/

※定価：表示価格（本体）＋税